新地域産業論
産業の地域化を求めて

伊藤 正昭 著

学文社

はじめに

　1990年代の半ばから産業集積ということばが頻繁に使われるようになり，地場産業や産地だけでなく地域と産業の関係をとりあげて，多様な視点から把握を試みる時代にある。産業と地域社会のかかわりの実態研究から，産業が地域社会に埋め込まれ一体化してこそ，地域と産業がともに発展できると確信するようになった。

　わが国には地場産業，産地企業，企業城下町など産業集積地域が数多く存在し，これらについて膨大な研究蓄積がある。しかし，産業集積の理論的な分析手法は未確立で，産業集積を動態的，構造的に把握する理論は発展途上にある。少なくとも経済学においては，新古典派理論と実態のギャップを埋める作業がはじまったばかりである。

　わが国の経済発展は，多数の熟練技術者の知恵と努力，技術を磨く学習意欲に支えられた技術革新の構造が組み込まれて実現した。熟練は，技能や技巧が個人に体化（embodied）して形成され，洞察力，直感，勘などが加わり暗黙知となる。熟練技能者の豊富な暗黙知が，次の時代の新技術と新知識を生み出すのである。

　同様な視点に立って，地域固有の技術や産業が地域社会に埋め込まれる「産業の地域化」を論じることができる。これは，近年とりあげられることの多い学習地域論にみるまでもない。産業優位の発想が根強いわが国では，企業が地域社会を利用することはあっても，地域が主体的に産業を取り込んで融合化しながら，ともに発展しようという視点は乏しかった。しかし，地域固有の技術が発展するなかで，人びとの生活価値観も産業を軸に形成される「産業の地域化」が観察される地域事例も多い。

　本書では，地域社会が主体性をもって産業と共存し，持続的に発展できる社会経済的基盤の構築に向けて，地域産業の構造や競争優位を多面的に検討することを目的としている。地域産業がもつ強み（advantage）は地域産業の競争優位であり，また，産業をとおしてみた地域がもつ長所，有利な条件や要因など

を地域優位と表現する。

　本書の地域産業分析では,「産業集積」を基本概念に据えているが,一方で産業の地理的集中,産業の地域的集中などの分析概念ないし用語を使う。一定地域に異業種・同業種企業,大中小企業が集中立地している状態は「産業の地理的集中」であるが,このような現象的側面に加え,集中した産業間,企業間に縦横の取引関係,ネットワーク関係が観察され,一方で競争と協調が同時的に成立している状態を産業集積のもっとも大きな特徴と考える。

　筆者が重視するもうひとつのキーワードは,地域原理にもとづく地域産業風土である。地域の人びとや企業経営者間の協同精神,企業と住民の地域産業を共通軸とする価値共有,経営者同士の信頼関係,経営者と従業員の信頼関係などは無形の社会資産である。こうした見えない地域資産の蓄積によって地域の産業風土が形成され,固有の地域産業風土が地域経済社会の発展をもたらすのである。

　本書の特徴は,産業集積の構造的多様性に着目し,地域産業の構造分析,競争優位の実態解明に力点をおいたことである。とりわけ,各地における地域産業システムイノベーションへの取り組みをとおして,地域産業風土,地域技術風土にふさわしい産業や企業を生み出す「地域創発」「地域産業創発」を提示したことである。

　本書は9章から構成されている。まず第1章では,産業の論理が優先される経済制度のもとでは,地域が主体的に産業を取り込む地域優先が困難になることを明らかにした。とくに,地域経済の実態分析において伝統的経済学が露呈する大きな弱点についてふれ,新制度学派経済学,埋め込み (embeddedness) 理論などのアプローチ方法の有効性を検討した。第2章では,マーシャルに始まる産業集積分析の理論的な多様性に言及し,第2の産業分水嶺の考え方,フレキシビリティ理論などを踏まえて,現代経済における産業集積の再評価を試みた。

　第3章では,地域産業の具体的な担い手は中小企業であるとの視点に立ち,二重構造論を軸とする中小企業研究パラダイムから,地域を軸とした中小企業パラダイムへの転換の必要性を論じた。また,地域産業の具体的な形態として産業集積に注目し,第4章では,都市を基盤に発展した機械金属関連中小企業

集積における企業間ネットワーク構造の実態を考察し，機械工業における農村型集積をとりあげて「産業の地域化」の様相を明らかにした。さらに第 5 章では，企業城下町型集積の内部構造の観察から，ネットワーク型への移行過程にあるピラミッド構造が埋め込まれた地域産業の多様な議論を整理した。ついで第 6 章では，現代経済学が議論を避けて通りがちな社会的分業をとりあげ，産地型集積における社会的仕組みの優位性を論じ，社会的分業構造を組み込んだ地域産業力，地域産業の構造転換力を考察した。

地域企業家精神の重要性と地域インキュベーションをとりあげた第 7 章では，とくに，地域における範囲の経済の実現に注目し，産学官（公）連携，企業間ネットワーク構築による地域資源の積極的な活用を論じた。第 8 章では，地域の産業風土にふさわしい産業や企業を生み出す「地域創発」の視点について論じ，最後の第 9 章では，国ではなく「地域による産業政策」が地域産業政策であるとの立場から，地域創発型の地域産業振興の選択について論じた。地域の風土と実態に適合した選択を実現するため，とくに地域における中小企業の多角的連携，戦略的連携行動を中心に自立的地域運営について論及した。

本書は，拙著『新版　地域産業論』（第 2 版，2007 年）をもとに内容の整理，地域産業にかかわる研究や新しい政策展開についての加筆，実態を反映するように統計データ等の更新を行い，『新地域産業論』として出版するものである。基本的な章構成に大きな変更をともなわないが，統計データや図表などは大幅に改訂，修正を施した。今回の大幅な手直しにおいて，代表取締役田中千津子氏をはじめ学文社の皆様には，多大なご迷惑をおかけすることになったが，快く対応していただくことができた。ここにあらためて心よりの感謝を申し上げたい。

2011 年 6 月

著　　者

目　次

第1章　地域と産業の相互作用と共進化 …………………………1

第1節　地域主義とは何か……………………………………………1
1　ヴァナキュラー・ユニバーサリゼーションと地域主義 ……………1
  (1)　ヴァナキュラー・ユニバーサリゼーション　1
  (2)　地域主義の多様性と本質　3
2　セミ・マクロとしての地域経済 ………………………………………6
  (1)　混在するマクロとセミ・マクロの視点　6
  (2)　地域経済に制約された国際化　8

第2節　産業の論理と地域の論理…………………………………11
1　閉鎖系の国民経済と開放系の企業……………………………………11
  (1)　地域からみた開放系の企業　11
  (2)　地域と域内経済循環　13
2　地域の産業化から産業の地域化へ……………………………………15
  (1)　内発的な地域産業振興　15
  (2)　ネットワークの地域への埋め込み　17

第3節　市場システムと企業および地域経済 ……………………20
1　新古典派経済理論からみた地域経済 ………………………………20
  (1)　新古典派理論の問題点　20
  (2)　外部経済の発生と共進化　24
2　市場と組織の相互作用およびネットワーク ………………………26
  (1)　取引コスト節約のための組織選択　26
  (2)　エンベデッド・ファーム──埋め込まれた企業群──　29

第2章　産業集積の形成と地域産業システム …………………36

第1節　産業地域分析の視点 ………………………………………36

1　工業化時代の産業集積 …………………………………………………36
　　　　(1)　マーシャルの産業地域論　36
　　　　(2)　20世紀型企業システムと産業集積　40
　　　2　情報化時代の産業集積とネットワーク化 …………………………42
　　　　(1)　フォーディズムとフレキシビリティ　42
　　　　(2)　ネットワーク型産業地域の発展　44

　第2節　産業地域の発展論理 …………………………………………………48
　　　1　規模の経済と市場の失敗 ……………………………………………48
　　　　(1)　地域特化の経済　48
　　　　(2)　都市化の経済　49
　　　2　収穫逓増と産業の地域的集積 ………………………………………52
　　　　(1)　産業集積の形成とクルーグマン　52
　　　　(2)　複雑系の経済学と地域的産業集中　54

　第3節　第2の産業分水嶺と柔軟な専門化 …………………………………57
　　　1　第2の産業分水嶺 ……………………………………………………57
　　　2　産業地域とフレキシブル・スペシャリゼーション ………………59

　第4節　学習地域の産業システム ……………………………………………61
　　　1　学習地域──ラーニング・リージョン── ………………………61
　　　　(1)　学習地域の構成要件　61
　　　　(2)　学習地域における暗黙知と形式知　64
　　　2　学習地域の産業システム・イノベーション ………………………66
　　　　(1)　企業間の提携，連携とネットワーク　66
　　　　(2)　中小企業における暗黙知と地域産業　67

第3章　中小企業の異質多元性と
　　　　地域産業のパラダイム転換 ……………………………………………73

　第1節　中小企業における異質多元性の深化 ………………………………73
　　　1　中小企業における異質多元性の再認識 ……………………………73
　　　　(1)　異質多元的な発展　73
　　　　(2)　中小企業研究の多様化と拡散　75

2　中小企業のパラダイムと構造変化……………………………………76
　　　（1）　中小企業のパラダイム転換―地域軸パラダイム―　76
　　　（2）　二重構造の理論および実態の変容　78

第2節　中小企業政策にみる地域視点 ………………………………………80
　　1　中小企業政策の転換と地域中小企業 ………………………………80
　　　（1）　1950年代から高度成長期の中小企業問題　80
　　　（2）　安定成長期と転換期の中小企業　82
　　　（3）　中小企業政策の転換と地域中小企業　83
　　2　地域中小企業政策の展開 ……………………………………………89
　　　（1）　構造改革と地域にみる中小企業観　89
　　　（2）　事業転換対策から始まる地域中小企業政策　91
　　　（3）　地域産業集積活性化対策への転換　93

第3節　中小製造業集積にみる企業間関係 …………………………………94
　　1　中小製造業集積の類型 ………………………………………………94
　　2　集積分析軸としての企業間関係 ……………………………………98

第4章　産業集積のネットワーク構造 …………………………………102
　　　　―機械工業集積にみるネットワーク―

第1節　大都市の工業集積……………………………………………………102
　　1　東京城南地域の機械工業集積 ……………………………………102
　　2　城南地域にみる機械工業集積の機能と特質 ……………………104
　　　（1）　機械工業のコモン・ルーツ　104
　　　（2）　加工機能の多様な集積　105
　　3　東大阪地域の工業集積との比較 …………………………………108

第2節　都市型集積の変質と技術の空洞化 ………………………………111
　　1　地域優位のあらたな形態 …………………………………………111
　　2　技術の空洞化とネットワークの危機―地域集積の新しい方向― ………113

第3節　地方圏における機械工業集積 ……………………………………118
　　1　長野県坂城町にみる工業集積の地域的特性 ……………………118

　　　　(1)　農村地域の工業集積　118
　　　　(2)　工業集積の形成過程にみる地域産業風土　119
　　　2　長野県東信地域にみる産業の地域化 …………………………………122

第5章　地域における企業間関係 ……………………………………128
　　　　──企業城下町型集積の内部構造──

　第1節　企業城下町型の工業集積と下請分業生産システム …………128
　　　1　企業城下町の形成と地域経済 ………………………………………128
　　　　(1)　工業の地域的展開と企業城下町の形成　128
　　　　(2)　大規模企業の特性と地域　130
　　　2　企業城下町が直面する構造的問題 …………………………………132
　　　　(1)　地域経済の空洞化　132
　　　　(2)　地域における技術展開の制約　135

　第2節　下請分業生産体制の変容 ………………………………………138
　　　1　産業財アウトソーシング・システム ………………………………138
　　　　──下請分業生産システム──
　　　2　下請分業生産システムの構造 ………………………………………142
　　　　(1)　社会的分業の組織化　142
　　　　(2)　長期継続的取引と取引コストの節約　146
　　　　(3)　取引特殊的資産と拘束的な継続的取引　149
　　　3　情報コスト低減のメカニズムとネットワーク ……………………152
　　　　(1)　範囲の経済と情報ネットワーク化　152
　　　　(2)　ハードな連携からソフトな連携へ　153

　第3節　企業城下町の地域産業システム・イノベーション …………155
　　　1　単数産業型と複数産業型城下町の構造的相違 ……………………155
　　　　(1)　企業城下町の多様性　155
　　　　(2)　柔軟性が問われる単一産業型企業城下町　159
　　　　(3)　複合産業型企業城下町の競争優位　161
　　　2　サポーティング・インダストリーと地域生産システムの
　　　　　イノベーション ………………………………………………………163

第6章　社会的分業による産地型集積の優位 ……………………167

第1節　産地型集積と社会的分業 ……………………………167
1　産地型集積の構造……………………………………………167
2　社会的分業がもたらす地域優位 ……………………………171
  (1)　ソーシャル・ストックとしての社会的分業体制　171
  (2)　産地型集積に埋め込まれた創業の場　175
3　産地型集積の構造的問題 ……………………………………177
  (1)　産地空洞化の進行　177
  (2)　国際経済環境の変化と産地の発展制約　179

第2節　産地の仕組みを活かす地域ダイナミズム ……………181
1　産地分解と産地の転換能力 …………………………………181
2　地域資産としての社会的分業の再構築 ……………………182

第3節　イタリアにみる産業地域の発展 ………………………186
1　第3のイタリア―マーシャルの産業地域― ………………186
2　第3のイタリアの産地構造 …………………………………189
  (1)　伸縮性のある専門化　189
  (2)　地域オーガナイザーと企業リスクの低減　191

第7章　地域と産業システムのイノベーション ……………196

第1節　地域の企業家精神と創業 ………………………………196
1　リスクの時代の企業家 ………………………………………196
  (1)　リスクと企業家　196
  (2)　企業家と経営者　198
2　地域の起業家精神への期待 …………………………………200
  (1)　開業と廃業による新陳代謝と創生　200
  (2)　創業を支える社会的分業とネットワーク　202

第2節　地域ベンチャー・ビジネス ……………………………205
1　ベンチャービジネス・ブームの意味 ………………………205
2　ベンチャー・ビジネスの地域風土 …………………………208

第3節　地域インキュベーション ……………………………………211
　1　企業誘致から地域インキュベーションへ ………………………211
　2　地域インキュベータの役割 …………………………………………214
第4節　地域生産システムのイノベーション ……………………………217
　1　地域生産システムと近接性 …………………………………………217
　　(1)　地域生産システムの展開　217
　　(2)　地域産業システムのイノベーションと近接性　221
　　(3)　新たな知識集積の形成　224
　2　範囲の経済とネットワーク行動 …………………………………226
　　(1)　規模の経済から範囲の経済へ　226
　　(2)　連結の経済とネットワーク　230
　3　範囲の経済を実現する地域中小企業 ……………………………231

第8章　地域創発型の産業振興と産業の地域化 ……………238

第1節　地域からの産業政策 ………………………………………………238
　1　地域主導の政策と個性ある地域づくり ……………………………238
　　(1)　地域産業風土を活かす地域づくり　238
　　(2)　地域の産業求心力―地域の魅力―　240
　2　地域経済循環の再設計と産業創出 ………………………………243
　　(1)　自立産業化のオプション　243
　　(2)　地域経済循環と産業間連関の形成　246
　　(3)　6次産業化と農商工連携　249
第2節　内発的地域振興の選択 ……………………………………………251
　1　地域における企業と産業の埋め込み ………………………………251
　　(1)　地域産業振興の二重経路―新規創業と既存産業の再構築―　251
　　(2)　技術の地域化　253
　　(3)　地域に埋め込まれた技術と情報化　255
　　(4)　産業の地域化を展開する人材　258
　2　産業が地域に埋め込まれるための条件 ……………………………261
　　(1)　地域リーダーの役割　261

(2)　魅力ある職場の創出とステークホルダーの経営　262
　3　内発的地域振興における小零細企業の役割……………………………264
　　　(1)　地域における中小企業の再認識　264
　　　(2)　地域産業をになう小零細企業　266

第 9 章　地域産業政策の新たな展開と実態……………………270
　　　　　　―クラスター，ネットワーク，連携―

　第 1 節　産業集積の形成から産業創発へ…………………………………270
　　1　産業集積の視点からの地域産業政策 ……………………………………270
　　2　既存産業集積の優位性とその活用 ………………………………………274
　　　(1)　地域産業集積の高度化　274
　　　(2)　モノづくり産業集積の維持と強化　276
　　　(3)　産業集積における企業創生　277
　第 2 節　地域における産業創発の形態……………………………………281
　　1　地域産業資源のネットワーク化 …………………………………………281
　　2　クラスター形成による地域優位 …………………………………………285
　第 3 節　地域における戦略的連携 …………………………………………289
　　1　地域中小企業の連携と経営資源の共有 …………………………………289
　　2　中小企業組織と地域における戦略的連携 ………………………………292
　　3　公設試験研究機関における地域機能の高度化 …………………………296

索　引…………………………………………………………………………303

第 1 章　地域と産業の相互作用と共進化

第 1 節　地域主義とは何か

1　ヴァナキュラー・ユニバーサリゼーションと地域主義

(1)　ヴァナキュラー・ユニバーサリゼーション

　現代世界は，一方で，近代国家の主権を相対化し，各国のボーダーレスな協力によって解決しなければならない問題を多くかかえるようになった。他方で，各国家の内部をみると地方分権化がすすみ，環境問題にみるように，より小さな社会単位において解決すべき問題やそこで形成される文化を重視しなければならない時代にある。

　このように今日の社会は，超国家的なユニバーサルな方向とローカルな地域の方向といった異なる方向を同時に追究しなければならない。これら相反する2つの方向を総合し，双方を同時的に追究する原理が地域の国際化であり，ヴァナキュラー・ユニバーサリゼーションの思想である。

　ヴァナキュラー（vernacular）は，歴史学者のイヴァン・イリイチ（I. Ilich）によって使われた言葉で，本来は「地方特有の」という意味である。彼はつぎのようにいっている。「ヴァナキュラーというのは，『根づいていること』と『居住』を意味するインド‐ゲルマン語系のことばに由来する。ラテン語としてのvernaculumは，家で育て，紡いだ，自家産の，自家製のもののすべてにかんして使用されたのであり，交換形式によって入手したものと対立する。（中略）……もしカール・ポランニーがこの事実に気づいていたなら，古代ローマ人によって受け入れられた意味で，ヴァナキュラーという言葉を使用していたかもしれない。すなわちそれは，生活のあらゆる局面に埋め込まれている互酬性の型に由来する人間の暮らしであって，交換や上からの配分に由来する人間の暮らしとは区別されるものなのである[1]」。

　地方や地域固有の文化であるヴァナキュラーな文化は，国民国家なしに存在

できない。ある国の問題はもはや一国の問題にとどまる時代にはなく，全世界が相互依存関係を強めており，ある国の問題でも全世界との関連で対処しなければならなくなった。これと同様に，国内のある地域の問題も国全体の問題となり，それがさらに世界の問題となって波及する例は多い。したがって，独立主権国家体制といった枠は，むしろ世界共同体や地球共同体の方向に向かうユニバーサリズムの観点から問い直しが求められているのである。しかし，これも歴史的に形成された「国民国家」の枠組みを否定するものではなく，リージョナリズムもグローバリズムも，国民国家を否定して成り立つと考えることはできない。(2)

　国家内部における地域主義もまた，国民国家の存在を前提にした地域に視点をおいたものであり，地域主義を支える価値観は「ヴァナキュラーな文化」にある。「国民国家」に揺らぎがみられるのであれば，「地域」の安定した生活もありえないだろう。国民国家の内部でヴァナキュラーな価値を追究していくことがいま求められているが，「地域」なくて「世界」はありえないし，「世界」なくして「地域」もまたありえないのである。

　世界的規模ですすむ地域統合と他方で1990年代初頭からの市場経済化のなかで，民族を単位とする地域ないし国家が存在を主張するようになった。そうしたなかでたとえば，欧州連合の場合，基礎科学のイギリス，科学技術や通信技術などの研究開発と産業化に強いドイツ，デザインに強いイタリア，思想面でリーダーシップを発揮するフランスといったように，それぞれの国が多様性をもって文化的な個性をつくりだしている。こうした異質性や多様性を相互に許容しながらも，それぞれの国家がまた自己主張していくなかで統合が展開している。これがヴァナキュラーな文化とユニバーサリゼーションの統合へのひとつの通過点を形成しているのである。

　イギリス国，ドイツ国，フランス国といった国別化した近代化以前のさまざまな個性をもつモザイク状のかつての共同体のラテン語世界を再確認しようとする動きだとみることもできる。しかし，これは昔の共同体へ戻ろうというのではなく，近代化の過程で忘れていたものを取り戻そうとしているのである。(3)

(2) 地域主義の多様性と本質

　1970年代までの石油漬けの経済成長から，オイル・ショックを契機に一転して低成長，安定成長に向かうのと時を同じくして，地方の時代とか地域主義ということばや概念が広く議論されるようになった。高度成長がもたらした政治・経済・文化などの変化に十分に対応できない近代科学主義の批判と反省から，学際的な研究も盛んになり，新しい思想が展開するようになった。そうしたなかに地域主義（regionalism）があった。

　地域主義をどのように定義すべきかとなると，「地域」の定義をはじめとして多様な見解がみられる。地方ということばも，もともと地方（じかた）から生まれ，「地形」すなわち土地の形状からはじまって，各地域の農業や民衆の生活のあり方を指し，ヴァナキュラーな文化の存在を前提とするものであった。それが行政用語として使われるようになり，明治以降における中央集権システムの確立と対応して，「地方（ちほう）」として「中央」との対立概念に閉じこめられてしまった。

　多様な地域主義のなかに，中央集権主義に対して地方分権主義を主張するものが多くみられるが，注目しなければならないことは，「『地域主義』の方向と展望は，劣位の『地方』として優位の『中央』に抵抗する従来の図式にとどまるものではない。さらに，この図式をこえてこれらの諸地域に自分をアイデンティファイする定住市民の，自主と自立を基礎としてつくりあげる経済，行政，文化の独立性を目ざすものといえる。……地域主義が構築する経済は，いきなり中央へとつながる効率本意の従来の市場経済ではない」という考え方である[4]。

　また，「経済生活はなによりも1つの協同関係であり，その土台は一定地域内での協同関係にある。そうした地域の自律性が基礎になって広域的な経済が成り立ち，さらに国家が成り立つという仕組みを形成し，そうした仕組みを基礎にして住民がさまざまな意思決定を行ない生活が成り立っていく」とし，行政の地方分権化と住民の自主管理を主張する考え方として，「地域主義を，地域を土台にして社会の再組織化をおし進めようとする考え方」とする定義も

(5)
ある。

　このように地域主義のとらえ方は多様であるが，明治以降の中央主導型の産業化に対する批判が出発点にあり，高度成長によってむしばまれた地域の再生を，地域を土台とした社会の再組織化の推進によって実現しようとするところに共通の問題意識がある。ヴァナキュラーな価値を実現する社会づくりを志向しているといってよい。

　ところで，地域主義は近代の物質主義に対するきびしい批判とエコロジーを重視するドイツ生まれでイギリスの経済学者であるシュマッハー（E.F. Schumacher）の思想に大きく影響されている。彼は，近代物質主義とこれから発生する巨大技術を批判し，定住の思想，経済活動と生態系の調和，経済の地域内循環の拡大のあり方に注目し，中間技術論を展開した。彼はまた，「20世紀後半のもっとも重要な問題は人口の地理的分布，つまり"地域主義"の問題である。しかし，ここで言う地域主義は，多くの国を自由貿易システムの中に結合させるという意味での地域主義ではなく，それとは反対にそれぞれの国の内部にあるすべての地域を開発する地域主義である。これは今日，事実上すべての大国の課題としてもっとも重要なものである」とのべている。
(6)

　合理主義的な思考から導かれる規模の経済にしたがうと，家族から部族，そして国家，国家の連合，最後に世界政府ができるとみられているが，こうした単線的な巨大主義は19世紀の遺物となった考え方であり，実際には，大きな単位は小さな単位に分裂する傾向がある。シュマッハーは，人間は，自由と秩序をともに必要とするが，小さくて自律的な多くの構成単位については自由を必要とし，世界的規模の統一と調整については秩序を必要とし，行動するときは，明らかに小さな単位を必要とするという。さらに，「人間は小範囲のグループの中でのみ，彼ら自身でありうる。したがって，われわれは小単位の多様性に対応できる1つの完結した構造という観点から考えることを学ばなければならない」とする。こうした考え方から，シュマッハーは，経済の地域内循環や中間技術（intermediate technology）を提唱したのである。
(7)

　地域主義における地域の自立は，経済面だけにかぎるものではなく，政治

的,文化的にも独自性をもとめ,中央からの独立をめざすものである。政治的な自立は地方自治拡大の志向であり,行政と財政の分権化の要求である。地方財政の仕組みからいえば,地域の産業構造のあり方がその地域の財政収入の水準と構造を規定するから,政治的な自立は経済的な自立の方向性と密接不可分な関係におかれるものである。

ヴァナキュラーな文化を再構築する文化的な自立は,コミュニティに歴史的に形成された伝統文化の継承と再発見ないし再認識が出発点になる。しかし,こうした動きにとどまることなく,地域発展をになう人材を地域で育成し地域社会に定着させ,また経済的自立に不可欠な企業家精神を涵養し,地域イノベーターに育てることも重要である。

さて,地域主義からみた経済的自立には多くの条件が必要であることはいうまでもないが,本書で念頭におく条件として,さしあたりつぎの5点をとりあげたい。

① 地域社会のなかに雇用機会が確保されていること。
② 地域の産業化にとって必要とされる人的資源が蓄積され,年々新たな人材が供給されていること。
③ ベンチャー的気風をもつ経営者が育つ風土があり,かつその地域に本社をおく企業が存在し発展していること。いいかえると,地域企業家精神の風土が存在すること。
④ 一国経済の国際収支とほぼ同様な概念である域際収支の均衡をはかる努力がみられること。現代経済は自給自足ではないが,地域に優位をもつ産業を育成しなければならない。地域の産業風土に立脚した産業が育成されていること。
⑤ 地域形成にあたって,地域による意思決定の自由があること。

地域主義は,地域の経済的自立に向けて地域内経済循環をどのように高度化していくかを重要な課題としている。各地域が地域内経済循環を高めることに成功できれば,企業利潤や従業員の賃金のかたちで地域内により多くの付加価値が生み出され,それがさらに新しい雇用機会,新しい創業機会をつくりだ

す。地域内経済循環のシステムをどのように構築するかが課題なのである。第1次産業，第2次産業が多様に展開し，それらが農商工連携のようなかたちで産業連関的にネットワーク化し，範囲の経済を地域で実現しているということが肝要である。そこでは，規模の経済を追求するモノカルチャー的な企業城下町の構造を避けることも選択肢のひとつである[8]。

地域社会は，自由な意思決定主体として自治に仕組みをもち，地域経済を支える産業を有し，緊密な人間関係，企業間関係，産業間関係が網の目のように形成され，そのネットワークを通してコミュニケーションが促進されるコミュニティとなるのである。

2　セミ・マクロとしての地域経済

(1)　混在するマクロとセミ・マクロの視点

一般に，経済学においてはマクロとミクロの2つのアプローチがあり，それぞれ分析枠組みが用意されている。しかし，現実には，このほかにセミ・マクロ（semi-macro）あるいはメゾ（メソ，meso）の中間領域があり，とくに産業間の適正な資源配分のために行われる産業構造政策，すなわち，産業政策をセミ・マクロの代表的な経済政策としてあげることができる[9]。この場合，ミクロは個別企業などの経済構造，マクロは総体的な国民経済の構造であり，この中間にあるセミ・マクロが産業構造と産業組織および地域経済である。

マクロ経済学とミクロ経済学はそれぞれ個別に発展し，両者を統合した経済学が確立されているとはいいがたい。ミクロ経済学から導かれた市場システムの優位性に注目した規制緩和をみると，極端な立場からは，マクロ経済学はまったく背後に追いやられる。ここにはミクロ経済の重視があり，ケインズ以後のマクロ経済学の否定を踏まえた二者択一志向が色濃い。これは，マクロ経済学とミクロ経済学に大きな溝があるために生まれる問題であるが，近年この溝を埋めるため「マクロ経済学のミクロ的基礎づけ」の研究がすすんできた。いわばミクロ経済学とマクロ経済学の中間領域の分析にも一定の進歩がみられ，マランボー（E. Malinvaud）の『マクロ経済学』やスティグリッツ（J.E. Stiglitz）

の『マクロ経済学』に多くとり入れられているように，セミ・マクロ的な分析視点がかなり一般化してきた。

宮澤健一は1960年代の早期に産業構造分析に関して，「現代産業分析は，微視的理論とも巨視的理論とも密接な関連をもちながら，相互に問題を提起しあって発展してきている。ただ，この両者の間には，いわばある種の媒介のための論理の中間項を必要としている」とし，ミクロとマクロの両者におけるある種の「媒介のための論理」をともなう中間項の必要性を指摘し，明らかに産業という単位は，ミクロ的にもマクロ的にも基本線の外側に位置づけられ両者の中間的な概念であるとされる。産業概念はセミ・マクロ的視角にたつ概念として把握され，そしてさらにセミ・ミクロの概念と同様な観点から，産業構造という用語に代えて「産業機構」の概念を提唱したのである。

このセミ・ミクロもまたメゾの概念であり，本書で使うセミ・マクロとほぼ同様な概念と考えたい。セミ・マクロというとき集計概念であるマクロの意味を汲み，複数企業の集計概念である産業という側面を重視している。同様に地域についても単独地域というのではなく多様な地域という集計的なニュアンスを含ませて使用したい。マクロとしても，あるいはミクロとしても取扱いがむずかしい地域経済は，この産業構造と同様にセミ・マクロの領域で取り扱うことでより効果的な分析対象になるのである。

企業や消費者といった経済主体（経済単位）が地域で経済活動を行ってその地域経済を構成し，複数あるいは多数の地域経済が連担して国民経済を形成する。ところが，従来は，国民経済を上位に位置づけ，地域経済は国民経済のあり方に規定され，マクロ経済の影響を一方的に強くうける「場」とみなされてきた。このような見方に反省が加えられ，地域主

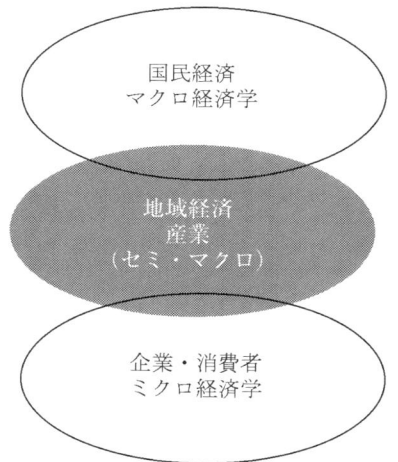

図表1-1　セミ・マクロの位置づけ

義，地域自立などの表現にみられるように，地域が実は国民経済を形成するうえで，きわめて重要でしかもアクティブな活動単位と考えられるようになったのである。高度経済成長から安定成長に転換すると，マクロ経済政策を効果的に運営するためにセミ・マクロの地域経済の安定した運営が必要条件になってきたことからも，この傾向は明らかである。

マクロ経済の観点から地域をみると，バランスのとれた国民経済のために地域という「場」を開発して，地域の経済活動水準の向上を促進する，遅れた地域の経済開発が経済政策の課題になる。後進的地域の先進的地域へのキャッチ・アップが，経済政策の大きな課題になってくるのである。この政策思想は，国民経済のマクロ的な経済メカニズムが生産性格差，所得格差などの地域間経済格差をもたらし，地域間経済格差が国民の生活水準に地域間格差を生み，地域からの観点よりもマクロ的な観点に立ってこの状況を改善しなければならないという発想に根源をもつ。

望ましい国土の利用，望ましい産業立地などは，地域間バランスを考慮して計画的に行われるべきであるというのが，わが国の地域開発政策に一貫した基本姿勢であった。しかし，現代はこのように国が地域経済をどう効率的に運営するかという側面だけでなく，自然，生活環境まで含めたトータルな生活水準の向上の観点から，地域それぞれにふさわしい地域運営が当然の前提になっている。この前提のうえで，国民経済において地域をどのように位置づけるべきかが大きな問題であり，その具体的な政策理念の確立が強く要請されている。むしろ，積極的，主体的に地域がイニシアティブをとって（ローカル・イニシアティブ），全体の国民経済のあり方を問い直す時代にあり，地域からの地域政策でなければならないのである。

(2) 地域経済に制約された国際化

地域経済の自立的運営は，ヴァナキュラー・ユニバーサリゼーションということばで示したように，国民経済の観点からにとどまることなく，国際経済との関係においてもその重要性が大きい。経済取引が領主経済，都市経済，国民

経済，国際経済へと広域化していく過程で経済地域が拡大してきたが，通常語られるいわゆるローカルな地域は相対的には独自性をもちながら，広域の取引関係に組み込まれてきた。そして，地域の独自性は解体の道を歩みながら国民経済に統合され，さらに，国民経済が単位になって経済取引が国際化してきた。

　国民経済は国際経済の動きに適応を迫られ，国際競争力に規定されて国民経済がつねに再編成されるなかで，グローバル化した世界経済において，国内の地域的多様性を保ちながら国民経済は自己主張していかなければならない。国民経済と国際経済の相互作用の狭間で，地域経済のあり方がその国民経済の構造に大きく反映し，脆弱な地域経済をかかえる国民経済は，その存立基盤が揺らぐだけでなく，国民経済が国際経済の場で強く自己主張できないのである。

　地域経済のありようによっては，その国民経済の主張が受け入れられない事態も発生する。その典型的な例を，補助金によって成り立つ農業地域をかかえるアメリカと欧州連合（EU）の一員である農業国のフランスが，ともに国内の農業地域の問題をかかえて衝突し，農業政策をめぐる対立と摩擦を生んだことにみることができる。

　日本の場合，企業城下町を形成してきた産業が構造不況に陥って地域経済が弱体化したことからとられた1970年代の不況産業対策は，同時に地域の不況対策であり，地域経済社会の崩壊を回避するための地域構造政策として実施されてきた。ところが，同じように不況に陥ったアメリカの自動車産業では，デトロイト周辺地域で発生した地域社会の混乱が問題になったが，アメリカの場合，有効な地域対策を講じることができなかった。そのため，この地域から発生する対日批判が自動車産業界のロビイストに活躍の場を与え，それがアメリカ議会をとおして貿易摩擦の象徴として日米の国家間の重大な懸案に発展した過去がある。日本では，1970年代から1980年代にかけて構造不況産業の産業調整が比較的順調に運び，国内の多くの地域がかかえるきびしい状況を国際的な場で，ことさら強調するにいたらなかったことは幸いでさえあった。

　ふたたびアメリカを例にとれば，かつて自動車，オレンジ，牛肉，米などで

日米貿易摩擦が激化したことがあったが、農産物に典型的にあらわれているように、農産物の生産地域の逼迫した状況が地元選出の議員を動かし、議会をとおして問題が国際化のプロセスをたどることが多い。つまり、地域経済の運営がうまくいかない場合、そのローカルな地域問題が国民経済に反映し、国際的に波及していくのである。

マクロの国民経済は、国内において市場原理で統合され、国家主権の範囲内で資源の効率的な配分を決定する。したがって、この場合の国民経済は閉鎖系であるが、円滑な地域政策が行われていれば、貿易面でもその国は開放的になりうるから、地域経済の適切な運営こそが開放的な経済政策の基本的な条件であることは明らかである。さらに、国際経済の次元では、国内の市場原理だけでなく地域運営が国際的な市場メカニズムに対応したもので、しかもその地域政策が環境変化にうまく対応したものであれば、国内外のダブル・スタンダード（二重の基準）に頼ることなく国民経済の段階でも開放的で国際的なスタンスがとれるのである。

国際経済との関連でみれば、海外直接投資の活発化など日本企業が世界化しており、相手国の地域経済にとって大きな貢献として歓迎される反面で、日本国内の地域経済に打撃を与える場合が発生している。海外で新規立地するときには日本国内でいずれかの地域にとってたんなる機会損失であるが、既存工場の海外移転が起こるときには、国内経済だけでなく、これまで工場が立地していた地域経済からみても「産業の空洞化」や「地域経済の空洞化」の現象が生じる。

このように、企業—地域経済—国民経済へと上方に向かって階層的な経済構造におけるメゾの経済構造である地域経済あるいは地域経済構造は、一方で国民経済を規定し、さらに国際経済における国民経済の地位や役割をも規定しているのである。従来、ともすれば、マクロの国民経済単位の構造に注目し、その重要性から政策もマクロ政策に重点がおかれ、地域経済あるいは地域の経済構造にかかわる経済政策は軽視されてきた。経済政策といえばこれまで国民経済政策を指し、経済がマクロでとらえられ、マクロ経済の運営に政策の中心が

おかれた結果，地域経済はこうしたマクロ経済とマクロ経済政策の動きの狭間で身動きがとれなくなり，適応を強いられるだけの存在になってしまったのである。

第2節　産業の論理と地域の論理

1　閉鎖系の国民経済と開放系の企業

(1)　地域からみた開放系の企業

日本の地域経済発展のプロセスをみると，国全体として産業発展や工業化を急ぐ必要があったこともあって，国の政策として産業をどの地域で発展させるべきかに力点をおいた地域経済開発の経緯を強く反映している。もっと直截的ないい方をすれば，規模の経済を軸とする産業の論理を基準に，地域を空間の効率的な利用対象に押し込んだきらいがある。

産業の論理が地域の論理に優先する時代が長く，しかも政府による産業中心の政策的支援もあって産業優先が容認され，産業政策のねらいと目標でもある工業化を短期間に達成できたと考えることもできる。

国民経済において一定資源を地域間でどう配分するかといった思考方法や政策は，資源制約を強く意識したものである。別のいい方をすれば，限られた資源をどのように地域間に配分すればより効率的かということである。このように，国民経済はその経済システムに資源制約が課されている状態にあり，ある経済主体がある資源を使用すれば，他の経済主体がその資源を使えなくなるトレード・オフの関係にあるから，それ自体で完結した閉鎖系である。

一方で企業は，資源制約が課されない開放系の経済システムのもとで活動を行っている。一般に，企業は開放経済の下にあるのに対し，国民経済は閉鎖経済の下にあるから，企業行動と国民経済のあいだに異なる原理が働いているという認識が必要である。開放系の産業や企業は独自の展開論理，立地論理をもっており，産業を構成する企業は企業間競争において利潤を追求し，この市場競争によって産業は成長する。さらに企業は原材料の確保，輸送の利便性，労働力確保の難易，市場の近接性といった立地因子の考慮から，どのような地域

に進出立地すればより大きな利潤が獲得できるか判断を迫られる。こうして，企業間競争をとおして地域をめぐる空間的競争が行われる。

一方，閉鎖系である国民経済の一部を構成する地域は，それぞれ文化的，社会的な同一性をもち，その維持と促進によってそこに住む人びとに安心を与える空間的なあるまとまりでヴァナキュラーな文化をもっている。それぞれの地域が，後進的であるとか，先進的であるとかはとくに問題なのではなく，地域アイデンティティを認識できることがもっとも大切なことである。

しかしながら，とりわけ日本のように全国的，画一的な発展志向（development oriented）を各地域がもつ場合，経済的な側面でみれば，企業立地が芳しくなく産業立地の対象になりにくければ，住民は遅れた地域という思いを強くすることになる。そこに，遅れた地域では，他の地域からの企業誘致や産業誘致にいっそう力を注ぐ刺激や動機が強まる要因がある。

地域の人びとからみて手っ取り早い企業誘致は，日本の数多くの例が示しているように地域発展のテコになる場合も確かにあるが，実際には他力本願的な地域経済の発展であることもまた明らかである。これと対照的に内発的地域振興に力を入れて，産業活動の拡大によって地域を活性化させようとするときでも，既存企業の育成よりもむしろ，先端的な企業や産業の育成に目がいきがちである。しかし，こうした地域の願望と先にのべた産業の行動論理は往々にしてすれ違いになる。ここに，地域の論理と産業の論理に不一致を示すある種のズレが生じるのである。

ここで，将来を占う先端技術分野における企業論理をとりあげてみよう。先端技術分野でベンチャー・ビジネスを育てる目的で各地にインキュベータ（incubator）が設けられている。この施設やシステムが成功しているとはいいがたいが，多くのベンチャー・ビジネスが育ったとしても，これらの先端分野はアメリカ，中国，台湾，シンガポール，インドなどのベンチャー・ビジネスもチャレンジしているから，日本で生まれた企業がそのまま国内で成長するよりも，集積の厚いアメリカなどに吸引され流出してしまうことも十分に考えられる。

現実に，一挙に企業が国際化してしまうとなれば，地域はどうなるか，先端分野でも直ちに地域の空洞化が起こりうる時代である。

地域間競争が激化するなかで各地が企業や産業を取り合う状況が続けば，地域の独自性を追求できるどころか，かえって別の問題を生むことにつながる。すなわち，かつて有限な資源を人為的に配分する名目で国主導の産業政策が実施されたが，ふたたび地域への他者の介入余地，すなわち，政府に政策的調整の口実と場を与える可能性が大きいのである。そこに，地域の自立的運営のためにも，地域産業を問い直し，地域と産業がどのような相互作用（インタラクション）にあるか考察する重要な意味がある。

(2) 地域と域内経済循環

地域主義は，地域の経済的自立に向けて，地域内の経済循環をどのように高度化していくかを重要な課題としていることは先にのべた。各地域が経済の地域内循環度を高めることができれば，地域内により多くの付加価値が滞留し，付加価値が地域で再投資され，それがさらに新しい雇用機会やビジネス・チャンスをつくりだすのである。

地域内市場や地域内需給関係を重視した地域経済の形成が求められるのであるが，地域イノベーションを活発にし，地域外へも市場を求めることのできる移出産業を育成していくことが必要である。閉鎖的な自給圏では豊かな地域経済は築けない。現代の地域経済においては，地域間比較優位産業を移出産業に育て，域際収支を改善しなければならないのである。地域比較優位産業の経済活動が比較劣位化していく産業の活動を補完，代替することによって，域際収支のバランスをとることになる。

もっとも，地域経済は閉鎖系の国民経済の枠のなかで存立しているとすると，域際収支が赤字になれば直ちに地域経済が破綻したとみるのは早計であるが，国からの財政移転などで域際収支のバランスをとるような事態になれば，地域経済の自立的発展は制約されることになる。国の補助金などでは必ずしも自立した経済発展が約束されないのは，これまでの実態をみれば明らかなので

ある。

　いったん移出産業が発展したとしても，地域間の競争が激しくなっているため，他の地域で代替的な産業や新しい産業が出現することによって，当該地域の優位性を持続的に維持することは困難である。したがって，現状において優位にある産業といえども，いずれ衰退する可能性を考えると，たえず新技術，新商品，新産業を創出するような地域イノベーションが行われなければならない。この地域イノベーションをになうのが地域の企業家精神をもつ人材である。企業家精神こそが地域経済の構造的な変革を主導するのであり，よって，企業家精神を維持，高揚できる地域独自の産業風土（industrial culture）の醸成が欠かせないのである。

　移出産業を育てることは，地域内にとどまることなく他地域との連担構造のなかで，より広域的な地域内で産業連関的な発展を促進することである。市町村合併の動きと関連した広域的経済圏の形成が各地でみられるが，現在のように1,750におよぶ市町村などの自治体単位では，地域内経済循環の形成は困難であり，産業行動がより地理的に広範囲になっていることに対応した広域的な地域間連携でなければならない。

　地域連担関係あるいは地域間の分担構造に注目した場合，一定の論理をもって地域に立地し生産活動を行う産業や企業と地域のかかわりを，"産業の地域構造"あるいは"工業の地域構造"とよぶことができよう。「工業の地域構造」は「工業地域の構造」と表現はよく似ているが異なる考え方である。工業地域の構造は，県，市町村，あるいは圏域などのある一定地域をとりあげて産業がどのように分布し，産業間にどのような連関が形成されているかを明らかにするときにしばしば使われる概念である。

　これに対し，工業の地域構造は，工業の立地・配置，工業地域の形成，工業地域の構造といった三者を統一した考え方で，たとえば，国民経済の地域構造という場合，一国の地域的分業体系を指し，国民経済がどのような地域的分業のもとに成立しているかが問題となる。機械工業の地域構造をひとつの例にとると，機械工業が一国の経済における地域間でどのように分業して，全体とし

て生産体制ができているかが問題になる。機械工業は大都市が研究開発や高度な基礎的加工機能を分担し、組立工場を地方圏の農村地域が分担するなどが工業の地域的分業の代表的な例である。

　限定された地域を論じるときも、産業が市場メカニズムのもとで行動していることを念頭におかなければならないが、そのとき、このような「産業の地域構造」と「産業地域の構造」の違いを十分に意識することが必要である。当然のことではあるが、残念ながら、地方自治体の産業政策担当者でもこのことを理解していない人が多い。もはや江戸時代の藩のような地域単位で分析できる時代にはなく、産業が広く日本という国民経済のすべての地域を巻き込み、グローバルに経済行動を展開しているのである。

2　地域の産業化から産業の地域化へ
(1)　内発的な地域産業振興

　1884（明治17）年、農商務省において前田正名を主任として編纂された『興業意見』の政策構想で、明治政府が遂行する殖産興業政策について、江戸時代から受け継いだ在来産業の十分な発展をまたずに、先進国から機械制工業を移植するのは間違いであるとした。わが国固有の工業を発達させるべきであるのに、足下をみずに近代工業を外から移植し発達させるのは誤った選択としたのである。前田は、地方産業において「地方在来工業」を「地方改良工業」へ、そして「地方機械工業」へと発展させ、そののちに機械工業や今日でいう先端技術などへ及ぶべきとした。[14]

　今更というほど随分と古いことをもち出したが、地域産業の現状を考えるために前田の産業観と歴史認識を見直しておかなければならない。彼は2つの大きな問題を提起している。ひとつめは、在来産業と近代的工業のどちらを先に育成するかという優先順位の問題であるが、これは今日的には、内発的地域産業振興か、企業誘致による外来的地域産業振興かにかかわる。2つめは、地方という場所や地域で産業が行動する具体的な「場」を意識するかどうかの問題である。

いま，ベンチャー・ビジネス論が盛んであるが，一方で，多くの中小企業が消滅し，わが国経済を支える中小企業が疲弊し活力を失いつつある。① 既存中小企業の活性化，② まったく新しい中小企業の創出という2つの選択肢が用意されているようにみえるが，実際には二者択一ではなく，その中間を選択すべきである。

21世紀に入って，リスクをとる中小企業の創出にウエイトがおかれているが，従来型中小企業や既存企業の育成をも十分に考慮した「第三の道」を歩む必要があると多くの人びとが思っている。前田の観点からすれば，ひとつめの問題にわれわれ現代人が真正面から取り組んでいるかということである。

もうひとつ前田の先見性は，産業や工業が発展したのは地方や地域という具体的な場所であることを強く認識していたことである。「わが国固有の」産業というとき，地場産業や産地などを念頭におき，やはり地域性や地域産業風土を強く意識していたに違いない。これは，内発的産業振興の重要性そのものであり，明治期からわれわれが求め続けるべき課題であったのである。

前田がユニークな産業政策論を構想した明治期以降，彼の主張に反して移植工業によってわが国は工業化を急ぎ，第2次世界大戦後も1970年代に重化学工業化が達成されるまで，アメリカなどから導入した借りた技術で産業を育成してきた。そのころには，伝統的な地場産業の多くが，為す術を見いだすことなく消滅するようになっていた。

また，重工業化のプロセスで，中央政府が地方を開発するために適当な地域を設定しながら産業を積極的に立地誘導したが，数次にわたる全国総合開発計画の策定と実施によって，地方とよばれる地域は地方自治体と住民ともに戸惑いながら，中央によって開発される受け身の主体になってしまった。他方では，1970年代の半ばから中央政府の財政逼迫につれて，中央が地方の面倒をみるというこれまでの政策方針が大転換を余儀なくされ，「地域は地域自身の手で発展を」になったがこれは地域が中央から戦い取った主体性（主権）でもなく，与えられた主体性を前に地域が立ちすくんだ。これが1970年代と80年代の実態で，まさにその後の20年間を失うのである。

経済発展パターンが国際競争力の強化を課題に単線的であったことから，複眼的な発想による産業論の展開が阻まれ，中小企業や地域に根ざした産業の存在，役割を十分に評価できなかったということである。

一方，地方分権化がすすんできたが，地域自身による地域づくりのノウハウの蓄積を怠った付けが今あらわれてきた。地域主義や地方分権の流れを受けて地域主権の考えが深まり，ようやく地域が主体である時代への受入れ準備に取りかかったことを示している。1970年代にはじまった地域主義が21世紀になって本格化してきたが，それにしても都道府県レベル，市町村レベルの地方自治体の動きは緩慢で，地域にふさわしい産業をどのように育てるべきか政策手法の模索段階にあり，戦略の策定に早急に取り組まなければならない。

行政は，地域産業とどのように向き合い，付き合おうとしているのか。地域産業としての地域の中核的な企業や産業が環境変化にうまく対応できず弱体化し，地域経済が疲弊する事例は，中核的企業が経営戦略を大きく転換し，地域に集積した関連企業が消滅する日立市や武蔵村山市の事例にみるまでもなく多くなっている。企業や自治体はこうした事態にみずからの知恵を絞り，地域にふさわしい道を探らなければならない。

(2) ネットワークの地域への埋め込み

産業論，企業論，中小企業論でいまネットワーク論が盛んである。[15] 中小企業を中心にみた場合，ネットワークの原型は産地などで発展した社会的分業にある。地場産業や産地は，わが国では古くから地域における重要な役割を果たす存在とみなされ，そのもっともすぐれた特性が社会的分業にあると考えられてきた。しかし，これもまた，高度成長期ころから経済の国際化のなかで産業構造の変化に対応できない産地や地場産業が急速に衰退するにまかせ，社会的分業という地域の強み（地域優位）までも崩壊させてきた。

産地の社会的分業構造のなかから時代を切り開く企業がリードして，新たな産地に脱皮した例も新潟県燕市の洋食器からハウスウェア，そしてハイテク機器関連企業への集積の高度化にみることができる。また，1970年代に多くの企

業を集積した東京都大田区や大阪府東大阪市，長野県坂城町，諏訪市などでも社会的分業構造をもち，時代の変化に対応して新たな集積へと脱皮してきた。地域産業に歴史なくして変身なしであり，地域産業のイノベーションの実態に関心がもたれる。

社会的分業構造をもつ産地は数多く，社会的分業が新しい産業を育む苗床として機能し，地域にとって既存の社会的分業構造はかけがえのない「社会的資産」である。分業構造は一朝一夕に形成できるものではなく，歴史によってはじめて深化するのである。産地はなぜ放置されてきたのか，忘れられた社会的分業の意義と役割にあらためて光を当てる必要がある。

近年は，この社会的分業はネットワーク論と絡めて研究されることが多い。そのネットワーク論で特徴的なことは，中小企業間で連携して製品開発，市場開拓に取り組み，範囲の経済を実現できる環境になった現状を踏まえていることである。戦略的連携によって新たな道が可能であり，既存の中小企業が築いてきた強みを企業間で相互に補完することに大きなメリットが生まれるようになった。また，ネットワークの構築によって生産性の向上が可能になり，その結果として製品開発や事業化のコストが節約できる。社会的分業が金のかからない生産システムとして発達したが，これからの企業間ネットワークは，情報交換と新規事業への進出においてコスト節約的なシステマチックな方法として発展するであろう。

ネットワークのもつ特性をまとめてみると，ネットワーク参加企業間の信頼と協調の両立性，ネットワークに参加する企業の組み合わせを変えることができる可変性による変種・異種の出現可能性，コスト低減の実現である。

1980年代に工業の地域的集積に関心がもたれるようになり，アメリカのシリコンバレーやイタリア経済復興の地域的な担い手となった「第3のイタリア」に形成されている集積力に注目が集まった。そして，アメリカやイタリアの事例から地域優位（regional advantage）が，信頼と協調の精神風土，相互尊重のルールの存在，競争と協調の背反的要素の両立，企業の組み合わせの可変性による変種・異種を生みだす地域能力にあることが明らかにされた。この企業

の組み合わせが目的に応じて変化する点が現代的なネットワークの大きな特徴であり，設備を分割することができない分割不可能性を前提する新古典派経済学では理解しにくいことである。

集積内の企業にみられる柔軟な専門化とネットワークを軸に欧米で発展した産業集積論によって，わが国の伝統的な産地や地場産業，そして企業城下町型集積などの中小企業集積の特徴があらたな視点から研究されるようになった。地場産業・産地という集積類型で十分と考えていたところに，1980年代になって産業集積の概念が導入されたのである。わが国の実態からみると，1970年代までの企業立地の誘導は「産業集積の形成」の役割を果たし，1980年代のテクノポリス法などは「産業集積の強化・高度化」をねらったものであり，さらに，1990年代後半の地域産業集積活性化法や中心市街地活性化法以降，21世紀になり，「産業集積の活用と活性化」に力点をおくようになった。

近年の産業集積論では，一定地域に異業種・同業種企業が集中的に立地しているという単純な意味にとどまることなく，むしろ集積内部における企業間の緊密な取引関係，競争と協調の二律背反的要素を同時に実現する企業間関係が地域で築かれていることに注目している。中小企業が地域的に集積し，集積した企業間の縦横の取引関係，競争と協力の関係を含むネットワークに視点をおいたとき，産地企業や地場産業の概念では収まりきれない新しい地域と産業の関係がみえてくる。ちなみに産業集積は「地理的に近接した特定の地域内に多数の企業が立地するとともに，各企業が受発注取引や情報交流，連携等の企業間関係が生じている状態を指す」と定義することもある。[16]

また，本書でしばしば取り上げるマイケル・ポーター（M. Porter）は，地域経済と集積に関連してクラスターの概念を示した。企業や機関が地理的に集中し相互に関連しあいながら「競争しつつ同時に協力している状態」とするポーターの集積理解は，経済主体間の取引ネットワークを基軸にした地域認識の方向性を示したもので，著者の産業集積の本質的理解と一致している。また，たんに企業や産業が地理的に集中している状態から，経済活動は持続的な社会関係のなかに「埋め込まれて」おり，近接立地の重要性を強調する点に同調したい。

地域は産業とならんで，しばしば「マクロ」と「ミクロ」の中間領域に位置する「メゾ」レベルの概念として理解されてきたことは，すでに本章で明らかにしたが，それを市場とハイアラーキーの間の組織形態であるとするポーターの議論は，「メゾ」が「メゾ」である所以を明らかにしたものとして注目される[17]。

地域でネットワーク的な関係をもちながら事業活動を展開する多数の中小企業の存在をとらえて，"社会に埋め込まれた企業・産業"（エンベデッド・ファーム，embedded firms）といっておこう。このような観点から，産業地域，産業集積という考え方が出てくるのであるが，これはたんなる企業の集まりという見方ではない。エンベデッド・ファームについては，次節で再論することにしたい。

ここで，百瀬恵夫が，その著書『企業集団化の実証的研究』において，協同原理にもとづく企業間連携を分析軸として家具産業を事例に産地形成にみられる風土性を実証したことに注目したい。地理的に集中する多数の家具関連業者の内部に協同原理にもとづく有効な集団化行動が育まれ，地域産業と地域社会が発展する様式を把握した[18]。伝統的な地域技術，業者の地域協同精神，企業間の信頼関係，企業経営における経営者と従業員の信頼関係など地域の目に見えないインタンジブルな地域の無形資産（intangible asset）が地域の産業に具体化していることを明らかにしたのである。産業をとおして地域資産の有機的結合が実現した状況に近似しており，こうした産業と地域社会の一体化を産業の視点からとらえて，本書では「産業の地域化」と表現したい。

第3節　市場システムと企業および地域経済

1　新古典派経済理論からみた地域経済

(1)　新古典派理論の問題点

地域と産業あるいは企業とのインタラクション（相互作用）を理論的に解明するひとつの道具に新古典派経済学がある。新古典派経済学の均衡理論を地域経済分析に応用することはかなり古くから行われてきた。ところが，地域経済

の実態に接近するにはこの理論は必ずしも効果的なツールでないことがわかってきた。むしろ，新古典派経済理論の部分否定によって地域経済を分析する方向にあるが，ここでは，現実と理論におけるギャップについて必要なかぎりにおいて検討しておきたい。

地域経済学は新古典派経済学，経済地理学の空間経済分析など多様な研究を含め，「人間の空間における経済行動の研究」を対象とする分野として発展してきた。しかし，一般に，伝統的経済学が一般均衡論として出発しているから，地域経済学の原点もまた空間的経済均衡論に原点が求められる[19]。

新古典派のように市場メカニズムを重視した場合，つぎのように考えることができる。すなわち，企業および産業と地域の関係は，市場メカニズムをとおして意思決定される企業や産業の立地活動を媒介に形成される。その産業立地は，企業経営における戦略的意思決定にもとづいた行動の結果である。

企業は資本を投下し労働者を雇用して生産活動を行うとき，まず，立地すべき地域を選択する。企業や産業がどの地域を選択して立地するかは，市場経済では企業の基本的な自由にゆだねられ，利潤極大化を行動原理とする企業は，経済論理にしたがって立地選択する。ここには空間的な市場システムが存在し，市場の論理が働いていることを無視することはできない。こうした企業の論理や経済に働くメカニズムを考慮すると，地域経済もまた，経済の論理や空間的に働く市場メカニズムの機能の枠からはみ出ることはできないのである。

ここで，完全競争モデルを念頭におく新古典派の経済理論では，生産活動の空間的な集中や経済の地域間格差は発生しないとされる。それというのも，競争経済では次の仮定がおかれているからである。

① 土地の質が均一であり，自然資源や技術が均等に分布している。
② すべての時点で生産が収穫逓減ないし収穫一定にしたがっている。
③ 財や生産要素の取引にかかる交通費やその他の取引費用がゼロである。

こうした仮定のもとでは，空間上のどの地域でも同一の生産条件が与えられ，各生産要素は限界生産力がどの地域でも等しくなるように配分される。したがって，生産活動がすべての地域で均一に分散し，工業集積といわれる地理

的集中は理解できないことになる。

　経済の基礎単位である家計や企業といった経済主体がどこに立地し，居住地や本社・工場をどのような地域に配置するかは，国民経済のあり方や国民経済における資源配分のあり方と密接な相互依存関係にある。

　まず，経済主体のなかで重要な位置を占める家計についてみれば，各家計がどのような地域に居住するかが地域問題を解く鍵になる。一般家庭がどこで職と所得をえて生活を営むかということからみれば，家計は居住地を選択する自由があるから，家計も企業と同じように立地行動をとっていることになる。家計は，生活水準の最大化をはかろうとして地域間で適切な居住地を選択し，よりよい雇用機会とより高い所得がえられる地域へと移動する。

　日本の高度経済成長期には，経済的あるいは金銭的な動機によって人口の移動が生じたが，理論的にみるとこのような家計の立地選択が広域にわたって行われ，その結果，過密・過疎の問題が深刻化したということができる。

　また，企業は，生産要素の価格（資本＝利子，労働力＝賃金，土地＝地代など）や市場の地域的特性，原料供給地と市場の空間的距離から発生する輸送費の大きさを計算したうえで立地選択をする。家計，労働者の居住地選択が効用最大化の原理にもとづくものとみれば，企業の場合は利潤極大化の原理にしたがった立地行動がとられる。

　家計からみても企業からみても，地域は立地選択の対象であり，各地域は相互に立地をめぐって競合関係にあり，空間的な競争にさらされているのである。しかし，このことから，地域間で労働力費用や土地費用，さらには輸送費が同じであるなら，同質の地域が連なって存在することになる。こうして，地域間の格差がなくなるという非現実的な結論が伝統的経済学から導かれるのである。

　理屈からいえば，生活水準の高い地域に移動することにより，家計の効用が大きくなるから，より高い報酬のえられる地域にそれぞれが移動すれば，地域間の報酬格差，すなわち，所得格差が解消し報酬均等化が実現する。より大きな利潤がえられるような地域へ企業が立地するなら，交互により高い資本への

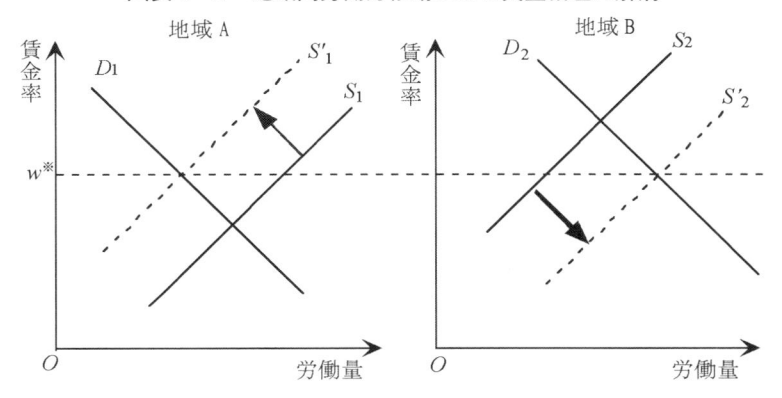

図表 1-2　地域間労働力移動による賃金格差の解消

地域 A　　　　　　　　　　　　地域 B

報酬をもとめて移動する結果，ついには，地域間の報酬は均等になる。新たな立地がみられる地域における限界生産力が逓減し，一方の流出した地域の限界生産力が逓増することによって，地域間の限界生産力は等しくなる。

こうして，家計や企業の経済主体が自由に立地選択をすることにより，地域間の資源配分が最適化に導かれるのである。これは，生産要素市場に市場原理が作用する結果である。

以上の理論から，地域間格差は必然的に縮小し，極端ないい方をすれば，地域間格差が消滅することになる。こうした非現実的な側面をもつところから，地域経済の研究においても新古典派経済学の弱点がしばしばとりあげられるのである。

資源の自由な地域間移動を仮定すると，効率的な資源配分が実現できると考えられるが，現実をみると資源は地域間で自由に移動するとはかぎらない。たとえば，家計のすべてがより高い報酬をもとめて絶えず自由に地域間を移動すると考えるには無理がある。日本では，高齢者をかかえた家族の問題，教育上の問題などから単身赴任のケースが多く，これに象徴的であるように，アメリカのように自由に職業を移動することも少なく，他の地域の魅力が大きくなっても地域間移動についてかなり慎重な態度を示すであろう。したがって，家計は理屈どおりの地域間配置を示すことはないし，もはやそれを期待すべき時代

でもない。

　このような労働の非移動性，地域粘着性が全体的な労働の地域間配分の構造にゆがみをもたらし，賃金の地域間格差を残していることも確かである。非移動的な性質そのものになんら問題はないとしても，ここから，なぜ，全国の地域が一様に同質の都市にならなくてはならないかという素朴な疑問が湧くのである。

(2) 外部経済の発生と共進化

　地域間の資源配分がうまくいかない原因として，上記の労働力に関する非移動性があげられるが，このほかに市場の失敗（market failure）がある。その例が集積の経済であり，市場の失敗には政府や自治体の政策介入を正当化する側面がある。第2章でくわしくふれるが，特定地域における産業集積がもたらす外部経済が集積の経済であり，さらに集積の経済はつぎのような経済をもたらす。

① 規模の経済
　　ある地点に立地する企業の規模拡大により，その企業に生じる平均費用の低下（企業の内部経済）

② 地域特化の経済
　　ある地点に同じ産業の企業が集積することにより，各企業に生じる平均費用の低下（産業にとっては外部経済であるが，各企業にとっては内部経済）

③ （狭義の）集積の経済
　　ある地点に異種産業が集積することにより，それら産業の各企業に生じる平均費用の低下（産業間の外部経済で，都市化の経済）

　このような経済が働くものとすると，それぞれの経済が有効に働く場合，地域経済にとって望ましい効果がえられるが，地域間競争を放置すると地域間にばらついた投資が行われて，国民経済全体からみて規模の経済の実現が妨げられるケースが発生する。各経済主体が，地域特化の経済や都市化の経済から構

成される外部経済効果を考慮しないで行動するとき地域間に重複投資が行われ，マクロ的にみれば資源の不適正な配分状況が発生する。このように，市場の失敗が発生する場合，資源の最適な地域間配分のために，これまでの産業立地政策のような政府介入が必要だとする結論が導かれることになる。

規模の経済が実現する方向で地域間に資源が配分されることは望ましいが，集積が過度になって過集積の状況になれば，今度は外部不経済が発生する。とくに，人口や工場の過密化により交通混雑，環境破壊など経済活動にともなう費用が急激に上昇することになる。このような市場メカニズムに依存しては解決できない問題について，地域政策として政府介入がもとめられてきたのである。

首都圏，なかでも東京への経済機能，情報機能，行政機能，人口の過度な集中は，マクロ的にみると効率的な資源配分とみなすこともできる。規模に関する収穫不変の生産関数を前提にすれば，ボーツ（G. Borts）とスタイン（L. Stein）が指摘するように，自由市場経済では農業から非農業部門への移動を含めより高い収益を可能にする諸部門へ，あるいは，諸地域へと資本と労働が自由に移動することが，諸部門および地域間の収益率を均衡させる傾向を生む。これが，競争的均衡のメカニズムである。こうして，国民生産を最大化する効率的な成長パターンに導くのであるが，[20]わが国の経済が全体としていかに効率的にできあがったとしても，地域空間の均衡のとれた利用という見方からは，不均衡な国土の利用である。これが，首都圏機能の地方移転にかかわる論点ともなっている。

さらに，地域経済においても，社会資本の供給や行政サービスの提供には市場が成立しにくいし，またそれが存在しない分野である。いいかえれば，空間的な市場システムの失敗が生じる分野である。市場にまかせては，こうした公共財は十分に供給されることができない。

社会資本の整備は地方自治体だけでなく，国の政策課題でもある。道路，港湾，通信網などの産業活動基盤である産業インフラストラクチャーだけでなく，生活基盤である生活関連インフラストラクチャーとしても，資源の地域間

配分をすすめるうえで重要である。交通や通信などの産業基盤が整備され地域間の費用格差が縮小すると，労働が地域間で移動しやすくなる以上に，企業の地域間移動の可能性が高まるのである。すなわち，産業活動のインフラは，企業の立地選択の条件緩和と充実を導き，生活関連インフラの整備によって家計の立地条件が有利になり，当該地域への労働力移動を促進するのである。

これまでみたように，地域と産業は強い相互作用関係にあり，新古典派経済学の主張どおりではなく，市場システムのもとで地域と産業は，2つの異性質の個体群が相互に関係しあってともに進化する共進化（co-evolution）の関係にあるのである。

2　市場と組織の相互作用およびネットワーク

(1)　取引コスト節約のための組織選択

市場経済の働きを新古典派経済学のように厳密にとらえてしまうと，企業は空間的に実態のみえない存在となり，現実の企業行動をうまく説明できない。そこで，1970年代から研究がすすんできた，取引費用をゼロと仮定する新古典派理論を修正した考え方をとりあげてみたい。

伝統的経済学は原子論的社会観に立っているが，これと異なる考え方をもつ制度学派の人びとは経済活動を，それが行われる制度的・文化的環境による制約とそれへの反作用という相互作用において理解しようとする。また，この相互作用はひとつの進化的過程であり，制度的環境が変われば経済行動の決定要因も変化すると考える。この進化過程において基本的に重要なのは近代技術と企業制度であり，環境変化に対応して企業構造・組織も変質していくという考えが底流にある。

このような制度学派の思想を受けついだのが新制度学派（new institutional school）で，オリバー・ウィリアムソン（O. Williamson）をはじめとする人びとが，伝統的な経済学が立脚する市場中心主義を修正した「市場か組織か」の選択から中間組織論を展開した。[21]

経済構造や産業構造の変化は，具体的には企業構造にあらわれる。産業構造

の変化に適合した企業組織がつねに形成されてきたが，そうしたなかに規模の経済を重視する組織形態として統合がある．統合には水平統合と垂直統合がある．水平統合は同一部門の統合であるため独占禁止政策との関係からアメリカでは例が少なく，垂直統合を選択したとしても必然的な組織規模の肥大化から非効率になる場合がある．このように非効率になった組織を再編成する方向に準垂直統合（quasi-vertical integration）があり，完全な統合の方向をとらず，しかも完全な市場依存の分散型組織でもないところから「中間組織」とよばれている．

　伝統的経済学は，市場機能に重点をおいた理論をつくりあげてきた．資源配分の調整システムを論じるとき市場の優位性が広く認められているが，しかし，企業という経済組織のあり方も資源配分に影響を与えている．ロナルド・コース（R. Coase）も企業理論の研究で，企業あるいは広くとらえれば組織が市場と同じ機能をもち両者は代替的であると認識していた．ここで，組織というのは，市場で取引コスト（transaction cost）がかさむとき，その費用を節約するために市場取引の一部を内部に取り込んで組織内決定する場であり，これが企業になるのである[22]．

　企業が経済活動を行うとき，最終製品の生産に必要な部品や半製品などを外部から購入するのは部品や半製品の市場をとおして調達することであるから，市場機能に依存した企業組織になるであろう．一方，すべての活動を企業のなかに取り込むのであれば，企業の組織にそれが反映される．この典型的な例が垂直統合である．

　もし企業がすべての活動を内部に統合しようとすれば，企業の規模はかぎりなく大きくなり，また，すべての活動を内部に依存するのであれば，企業内であらゆる技術や情報を蓄積し，あらゆる部門が必要とする人材をかかえなければならない．市場への完全な依存でも企業が存立できないだろうし，完全な統合もまた企業活動にとって非現実的である．したがって，市場に依存するか組織に依存するか，市場と組織のどちらを選択するかは，企業構造を考えるときにきわめて重要になる．実際には，どちらも極端で非現実的なことから，市場

図表1-3　2つのネットワーク組織

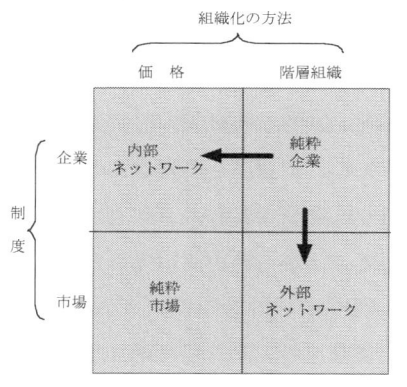

```
              組織化の方法
         ┌─────┴─────┐
          価　格      階層組織
      ┌  ┌─────────┬─────────┐
      │  │  内部    │  純粋   │
   企業│  │ネットワーク ◀━━━ 企業   │
      │  │         │         │
 制   └  ├─────────┼─────────┤
 度      │         │    ┃    │
      ┌  │         │    ▼    │
   市場│  │  純粋    │  外部   │
      │  │  市場    │ネットワーク│
      └  └─────────┴─────────┘
```

資料：J. Birkinshaw and P. Hafstrom (eds.), *The Flexble Firm*, New York : Oxford University Press. 2000, p. 9.

と組織の中間領域で組織がつくられることが多い。

図表1-3は，制度的な仕組みとして企業組織と市場のいずれかを選択する他に，中間組織として外部ネットワークの選択肢が存在することを示している。[23]

アメリカの企業は，しばしば多様な事業部門を企業のなかに取り込んだ組織によって成長したといわれ，他企業をM&A（合併・買収）によって吸収し，企業規模を拡大することで成長したのである。その一方で，日本の企業は完全な市場でもないが，完全に企業内組織ともいえない，いわゆる「中間組織」の形態による経済活動を行いながら成長してきたと考えられている。それが系列とか下請制とよばれるものである。

ところで，コースは，市場と組織の選択において交換取引の際に発生する費用が考慮されなければならないとし，価格メカニズムを利用する場合には不利益（費用）が存在するとしている。また，「ある種の品物ないしサービスの供給については，長期契約を結ぶことが望まれよう。その理由は，もし短期の契約を何度も結ぶかわりに長期にわたる契約を一回結ぶと，契約を結ぶ度に発生するある種の費用を回避できる」とした。[24]これと関連する長期継続的取引の発生要因については，本書の第5章でさらにくわしく取り扱う。

たとえば，アメリカの自動車メーカーは多様な部品部門を自社内にかかえ込む傾向が強かったが，もし垂直統合をしなければ，多数の部品メーカーと長期的に取引しなければならなくなって，取引コストが大きくなると判断したからである。ここで，長期的取引が産業の実態から当然の成りゆきだとしても，この長期的取引関係を「契約」によって明瞭にする必要があるなら，最初から垂直統合したほうが問題は少ないことにもなる。

一方，企業間の関係においても契約関係より信頼関係を重視する日本では，

中間生産物について，社会的分業を利用した下請関係が広範にみられる。汎用性のある中間生産物の取引には市場を利用した購入で十分であるが，特定企業の最終製品に組み込むために生産されるカスタム化した部品や半製品などの中間生産物の取引では，固定した供給者から長期にわたり継続的に調達すると結局コストが安くつく。どの中間生産物についても下請分業システムに依存すれば生産が有利になるというわけではないが，日本では市場と組織を折衷して活用した産業組織がつくりあげられてきた。

取引関係が長期的に継続すると，そこにある種の協調関係，信頼関係が生まれる。一回きりの取引では相手の行動がどうなるか予測が不可能であるが，取引が繰り返されるにつれて，取引相手の過去の行動をみながら自分の行動を決めることが可能になるであろう。繰り返しの取引のなかから，相互に協調したほうがよいという判断が成り立ち，いずれ信頼関係もつくられていくのである。[25]

以上のように，取引コストを基本的な分析概念として取り込むことで，日本的な長期取引関係，さらには長期的・継続的な取引関係の典型的なひとつの例として引き合いにだされる下請関係は，一回かぎりのスポット的，短期的な取引を想定する新古典派の考え方から一歩すすんだものということができよう。

地域産業を論じるとき，産業の地域間分業に言及することが多い。まず，産業の地域内分業のかたちとして，日本に多い企業城下町型産業集積における下請分業生産システムが想起されよう。これら企業城下町を観察するとき，これまでのべたような中間組織的な企業活動が行われているとみられ，長期継続的取引，信頼関係，協調関係といった企業間の関係に十分な配慮が必要になる。それは，新古典派的な市場システム中心の分析から，より現代の地域産業を的確に分析する理論になってきたからである。[26]

(2) エンベデッド・ファーム——埋め込まれた企業群——

カール・ポランニー（K. Polanyi）は，その著書『大転換—市場社会の形成と崩壊—』で，「経済システムは原則として社会的諸関係の中に埋め込まれて

いる。物財の分配は非経済的動機によって保障される」とのべている[27]。また，著書『人間の経済』において「物的財の生産と分配は非経済的種類の社会関係のなかに埋め込まれている」「分離した経済組織が存在しなくて，かわりに社会的な諸関係のなかに経済システムが埋め込まれているのであるから，労働の分割，土地の管理処分，仕事の組織，相続など，経済的生活の諸局面をつかさどる精巧な社会的組織がなくてはならない」という[28]。

つまり，19世紀的な人間観にもとづく伝統的な経済学は社会と経済システムの関係を認識できないというのである。したがって新しい経済学は，社会に埋め込まれた経済を扱うことができるものでなければならないとしたのであるが，このときの「埋め込まれた」というのがエンベデッド（embedded）である。

また，アナリー・サクセニアン（A. Saxenian）も『現代の二都物語』で，企業はその戦略や構造を形成し影響を受ける社会的・制度的な環境のなかに「埋め込まれている」とし，産業システムという概念は，企業の内部構造および企業相互の関係と特定地域の社会的な構造や制度とのあいだで歴史的に展開してきた関係を浮き彫りにしていると指摘している[29]。

マーク・グラノヴェター（M. Granovetter）も，ポランニーの「埋め込み」に言及しながら埋め込まれた状態（embeddedness）を考察している[30]。完全競争のもとでは，交渉とかバーゲニングあるいは人びとが相互によく知っていることから生じる相互信頼とか相互調整といったものが入る余地はほとんどないとハーシュマン（A. Hirschman）がいっているように[31]，グラノヴェターは，伝統的経済学では，他者との社会的な関係は競争市場を乱す構造的な厄介者としてしかみていないと指摘している。彼はまた，「古典派および新古典派経済学では，行為者が相互に社会関係を持つかもしれないという事実は，せいぜい競争市場を妨げる摩擦を起こすものとして扱われてきた」ともいっている[32]。

実際には，信頼とか背任行為を抑制する社会的な関係や社会構造があるから，こうした人的な社会関係や社会的な構造を重視しなければならない。人間の経済活動は現在の社会構造や社会的な諸関係に埋め込まれ，古典派経済学の

ように人間は原子化した存在で誰からも影響されることなく自己で判断でき合理的に行動するとした考え方に批判的である。

社会的構造は人間や企業の経済行動に大きな影響を与え，経済的取引においても過去の評判，社会的なモラル，トラブルの発生を未然に防ぐ制度的な取り決め，過去の取引経験からえられる情報にもとづく信頼，社会的な構造としてのネットワークといったものが，リスクを低減するうえできわめて重要な役割を果たしているのも事実である。グラノヴェターは，信頼（trust）が持続的な社会秩序にとって重要な要素であるが，制度的な取り決めとか一般化した社会的モラルなどよりも社会的な諸関係のほうが，信頼を形成するうえで大きな影響力をもっているとしている。

企業は社会のなかに埋め込まれているという見方は，ポランニーあたりからはじまったと思われるが，経済行動における社会構造や経済取引における社会関係の影響は最近しばしばとりあげられて論じられるようになり，社会的諸関係の影響はもはや経済学においても競争市場を攪乱する一時的な錨や重石ではなくなった。むしろ，社会的，制度的な環境状況に影響を受けながら，経済取引が行われているというのがエンベデッド・アプローチ（埋め込み論）であり，そうしたなかで存在する企業群をエンベデッド・ファーム（embedded firms）といっている。エンベデッド・ファームは，社会にとけ込んだ企業といっても差し支えないが，ここでは社会に「埋め込まれた企業」あるいは「埋め込まれた企業群」としておこう。[33]

この埋め込み論の接近方法に近いのが，先にとりあげた「市場と組織」のアプローチである。ただし，ウィリアムソンのケースでは市場と組織であるが，市場から組織の方向に向かって下請契約，フランチャイジング，ジョイント・ベンチャー，分散型プロフィット・センターといった中間形態があり，これらはいずれも取引を制御する手段でガバナンス構造といってもよい。

こうした市場と組織の相互浸透の過程で，ハイテク分野における戦略的連携にみられる協調的な関係，大企業における垂直統合とは反対のスティグラー（G.J. Stigler）のいう垂直的分解（vertical disintegration）の傾向，産業地域に

おける企業の協調関係などをみると，いずれにも共通して経済取引にネットワーク関係が観察できる。エンベデッド・アプローチは，企業群が社会に埋め込まれる条件として，このネットワークのあり方をもっとも重視している。

このような embeddedness は，多面的な企業間協調を大きな特徴として発展する産業地域（industrial areas）においてしばしば観察できると考えられている。とくに地域ネットワークのなかに協調関係が見いだされているのである。産業地域としてさし当たり，日本の場合では東京都大田区や大阪府東大阪市を中心とする機械金属関連中小企業の地域的集積，長野県諏訪市，岡谷市，坂城町にみられる機械工業集積，イタリアの「第3のイタリア」とよばれるエミリア・ロマーニャ，トスカーナ，ベネト，アメリカのシリコンバレーなどをイメージすればよい。とくにイタリアの産業地域は「イタリアにおけるマーシャル的産業地域」ともいわれ，いちはやく産業地域に着目したマーシャル（A. Marshall）にちなんだよび方がなされている。

こうした産業地域は特定製品を産出することが多いが，技術革新に力を入れたクラフト的（手工業的）伝統にもとづいた多数の中小企業が地域内で分業し，協調的な企業間ネットワークを形成している。ゆるい企業間関係によって，ある中小企業は取引企業以外の他企業との取引を始めることができるし，それによって自社の生産調整も可能になる。産業地域でもあるところから，地方政府の支援や破滅的競争を回避するような任意の生産者組合の協力もえられやすい。また，同質的な地域文化によって信頼感が増し，対話やコミュニケーションもスムーズに行われる。このように多様な社会的存在である産業地域では，企業は社会にうまく埋め込まれているのである。

注
（1） 玉野井芳郎・栗原　彬訳『シャドウ・ワーク─生活のあり方を問う─』岩波現代選書，1998年，118ページ。
（2） 田村正勝『新時代の社会哲学─近代的パラダイムの転換─』早稲田大学出版部，1995年。同氏『世界経済動態論─ナショナリズム・ユニオニズム・グローバリズム─』早稲田大学出版部，1983年を参照。

第 1 章　地域と産業の相互作用と共進化　33

（3）　鶴見和子・新崎盛暉編『玉野井芳郎著作集③　地域主義からの出発』学陽書房，1990年，30-31ページ。
（4）　玉野井芳郎・清成忠男・中村尚司共編『地域主義』学陽書房，1978年，6-7ページ。また，杉岡碩夫編著『中小企業と地域主義』日本評論社，1973年，玉野井芳郎『地域分権の思想』東洋経済新報社，1977年を参照。
（5）　清成忠男『地域主義の時代』東洋経済新報社，1978年，3ページ。
（6）　E.F. シュマッハー／斎藤志郎訳『人間復興の経済学』佑学社，1975年，55ページ。これと訳文は異なるが，E.F. シューマッハー／小島慶三・酒井　懋訳『スモールイズビューティフル―人間中心の経済学―』講談社学術文庫，1986年，95ページを参照。E.F. シュマッハー著／長洲一二監訳／伊藤拓一訳『宴の後の経済学』ダイヤモンド社，1980年。E.F. シューマッハー／酒井　懋訳『スモールイズビューティフル再論』講談社学術文庫，2000年。
（7）　シュマッハー／斎藤志郎訳，56ページ。
（8）　鶴見和子・新崎盛暉編『玉野井芳郎著作集③　地域主義からの出発』学陽書房，1990年，290ページ。
（9）　伊藤正昭『産業と地域の経済政策―セミ・マクロ経済政策研究序説―』学文社，1989年を参照。また，マクロ，メゾ，ミクロの三分法については，スチュアート・ホランド／仁連孝昭・佐々木雅幸他訳『現代資本主義と地域』法律文化社，1982年を参照。
（10）　マランボー，E. Malinvaud (1998), *Macroeconomic Theory : A Textbook on Macroeconomic Knowledge and Analysis : Economic Growth and Short-Term Equilibrium*, North-Holland. M. Maurice and A. Sorge (eds.) (2000), *Embedding Organizations-Societal Analysis of Actors, Organizations and Socio-Economic Context*, Amsterdam: John Benjamins Publishing Company, pp.16-18.
（11）　宮沢健一『産業構造分析入門』有斐閣，1966年，4-5ページ。
（12）　宮沢健一『産業の経済学』（経済学入門叢書16）東洋経済新報社，1975年，第1章を参照。
（13）　宮沢健一編『産業機構』（現代経済6）筑摩書房，1971年。
（14）　「日本現在の工業に二種あり，其一は我国固有の工業にして，其二は器械的工業是れなり。……我れの急務として此第一位に在る固有工業の発達を先にすべきは当然の順序なるべきに，之を捨て専ら心を第二の器械的工業に傾けたり。是れ固より順序を誤りしのみ，……」前田正名『興業意見・所見他』農山漁村文化協会，1976年，395ページ。また，祖田　修『地方産業の思想と運動』ミネルヴァ書房，1980年，85-97ページを参照。
（15）　関連文献として，小川正博『企業のネットワーク革新―多様な関係による生存と創造―』同友館，2000年，依田高典『ネットワーク・エコノミクス』日本評論社，2001年，中山　健『中小企業のネットワーク戦略』同友館，2001年，カール・シャピロ／ハル・R・バリアン／千本倖生監訳『ネットワーク経済の

法則』IDG コミュニケーションズ，1999年をあげておく。
(16) 中小企業庁編『2000年版中小企業白書』大蔵省印刷局，2000年，267ページ。
(17) 矢田俊文・松原 宏編著『現代地理学―その潮流と地域構造論―』ミネルヴァ書房，2000年，256ページ。
(18) 百瀬恵夫『企業集団化の実証的研究―日本家具工業高度化への展開―』白桃書房，1976年。また，『日本的風土における中小企業論』白桃書房，1968年を参照。
(19) 地域経済学の多様性については，宮本憲一・横田 茂・中村剛治郎編『地域経済学』有斐閣，1990年を参照。宮尾尊弘『現代都市経済学（第2版）』日本評論社，1996年。中村良平・田淵隆俊『都市と地域の経済学』有斐閣ブックス，1996年。
(20) G. H. ボーツ／J. L. スタイン／中川久成・坂下 昇共訳『地域経済の成長論』勁草書房，1965年。
(21) O. Williamson (1975), *Market and Hierarchies*, The Free Press. 浅沼萬里・岩崎 晃訳『市場と企業組織』日本評論社，1980年。C. Pitelis (1991), *Market and Non-market Hierarchies-Theory of Institutional Failure*, Oxford : Blackwell.
(22) R. H. Coase (1988), *The Firm, The Market and The Law*, The Chicago University Press. 宮沢健一・後藤 晃・藤垣芳文訳『企業・市場・法』東洋経済新報社，1992年。取引費用分析については，ポール・ミルグロム／ジョン・ロバーツ／奥野正寛・伊藤秀史・今井晴雄・西村 理・八木 甫訳『組織の経済学』NTT出版，1997年，31-42ページを参照。
(23) J. Birkinshaw (2000), "Network Relationships Inside And Outside the Firm, and the Development of Capabilities", in J. Birkinshaw and P. Hagstrom (eds.), *The Flexible Firm-Capability Management in Network Organizations*, New York : Oxford University Press.
(24) R. H. コース，前出訳書，44ページ。
(25) 浅沼萬里『日本の企業組織 革新的適応のメカニズム―長期取引関係の構造と機能』東洋経済新報社，1997年。
(26) 山倉健嗣『組織間関係―企業間ネットワークの変革に向けて』有斐閣，1993年は，多様な組織間関係の構造と機能を分析し，企業の地域戦略と組織間関係にまで論及した文献である。
(27) K. Polanyi (1957), *The Great Transformation-the political and economic origins of our time-*, Beacon Press, p. 272. カール・ポラニー／吉沢英成・野口建彦・長尾史朗・杉村芳美訳『大転換―市場社会の形成と崩壊―』東洋経済新報社，1975年，370ページ。
(28) カール・ポランニー／玉野井芳郎・栗本慎一郎訳『人間の経済Ⅰ』岩波現代選書，1980年，112ページ。

(29) A. Saxenian (1994), *Regional Advantage-Culture and Competition in Silicon Valley and Route 128*, Harvard University Press, p. 7. 大前研一訳『現代の二都物語』講談社，1995年，28ページ，山形浩生・柏木亮二訳『現代の二都物語』日経BP社，2009年を参照。

(30) M. Granovetter (1985), "Economic Action and Social Structure: the Problem of Embeddedness", *American Journal of Sociology*, Vol. 91, No. 3: 481-510. M. Granovetter (1973), "The Strength of Weak Ties", *American Journal of Sociology*, Vol. 78, No. 6: 1360-80. M. Taylor (1995), "Business enterprise, power and patterns of geographical industrialisation", in S. Conti, E. J. Malecki and P. Onias (eds.), *The Industrial Enterprise and Its Environment*, Avebury.

(31) アルバート・O. ハーシュマン／三浦隆之訳『組織社会の論理構造：退出・告発・ロイヤルティ』ミネルヴァ書房，1975年，岩崎　稔訳『反動のレトリック：逆転，無益，危険性』法政大学出版局，1997年。

(32) M. グラノベター／渡辺　深訳『転職―ネットワークとキャリアの研究―』ミネルヴァ書房，1998年，付論D「経済行為と社会構造：埋め込みの問題」参照。

(33) G. Grabher (ed.) (1993), *The Embedded Firm-On the socioeconomics of industrial networks*, London: Routledge. J. Curran and R. Blackburn (1994), *Small Firms and Local Economic Networks-The Death of the Local Economy ?*, Paul Chapman, pp. 170-172.

第2章　産業集積の形成と地域産業システム

第1節　産業地域分析の視点

1　工業化時代の産業集積

(1)　マーシャルの産業地域論

　地域産業について多くの著作が出版されているが，地域産業とはなにをさすのか，どのように定義されているのかとなると，かなり曖昧である。日本には多くの工業集積があり，伝統的な中小企業集積としていわゆる地場産業が数多く存在する。たしかに，地場産業は地域の特性に適合して形成されたものであるが，産業や企業が集積した地域はこうした地場産地だけではない。企業城下町型集積もあれば，大都市における中小企業を中心に形成された都市型集積とよばれるものも存在する。

　このような地場産業や大企業の周辺に中小企業群を配置した大企業関連産業などにかぎって地域産業としているわけでもない。広くとらえれば，商業やサービス業もまた地域に存在し，その社会に深くとけ込んだ存在であるから，これら多様な産業もまた地域産業（local industry）である。

　地域産業は上記の local industry を含み，地域の自然資源，労働力，人材などの生産資源を有効に活用し，その活用の仕方も地域内でよりシステム化されてこそ地域に埋め込まれた産業になる。したがって，地域の多様な資源のいっそう高度な活用システムが創造されるかどうかに，地域を支える地域産業の質的な重要性がある。[1]

　産業が地域に根づき，地域社会にみる生活様式などヴァナキュラーな文化的特性にとけ込むためには，① 企業間，業種間になんらかの連関性が存在する，② 地域資源を有機的に活用している，③ 技術や人材の地域蓄積に寄与する，④ 地域的な生産体系を形成する，などの方向をとり，これらが，⑤ 歴史的な要因によっていっそう強まることが必要である。そうして，はじめて地域と産

業が融和し地域産業となりうるのであり，産業，企業（経営者，従業員），取引関係者，サービス業者および一般住民に，この地域産業をベースとした共通の価値意識と行動パターンが形成され，それが地域の特性になるのである。

ここでは，厳密な地域産業の定義はともかくとして，地域と産業の共存あるいは産業や企業が地域社会に埋め込まれる状況を検討してみる。そこで，日本の工業化からサービス経済化にいたるプロセスで変容しながら発展した企業城下町型集積，都市型集積，産地型集積などのいわゆる産業集積への適切な接近方法を確立する第一歩として，既存理論のレビューから始めたい。まず，産業地域（industrial area）あるいは産業集積にはじめて真正面から経済学的な検討を行ったマーシャルをとりあげてみよう[2]。

工業地域ということばもよく使われているが，これは工業に限定するような響きがあること，都市計画における工業地域や準工業地域の概念とは異なるところから，ここでは産業地域といっておきたい。

産業の地域的集中化をとりあげ，はじめて経済分析を加えたのはアルフレッド・マーシャル（A. Marshall）である。マーシャルはその著書『経済学原理』（1890年）で「ある地域に集積された産業はふつう，たぶん正確な表現とはいえないが，地域特化産業と呼ばれている」とし，産業の地域的集中化の研究から外部経済の概念を明らかにした[3]。

マーシャルは，気象や土壌の性質，原材料の産出など自然的な要因によって産業の地域的集中が生じるとしたものの，「なぜ産業の集中的立地が発生するのか」という原因については明確に言及していなかった。しかし彼はまた，産業が立地してしまうと，ながくその地にとどまるようだとしている。近年，この集中的立地の理論的解明に新しい視点から取り組んでいるポール・クルーグマン（P. Krugman）は，マーシャルが『経済学原理』で指摘した地域集中化の特質をつぎの3つに集約している。

第1は，同一産業が1カ所に集中すると，それによってできる産業の中心地に特殊技能労働者が集まって労働市場を形成し，この特殊労働者市場は，労働者にも企業にも利益をもたらす。第2に，産業の中心地が形成されると，その

産業に特化したさまざまな非貿易投入財（各種サービス）が安価で提供されるようになる。第3に，産業が集中していれば情報の伝達も効率よくなるため，いわゆる技術の波及が促進される[(4)]。

マーシャルはまた，地域内で技術が波及していくと，やがて近隣に補助産業が起こり，その一方で当該産業の生産規模が大きくなるにつれて，たとえ個別企業の資本規模がそれほど大きくなくても，高価な機械の利用がよく行われるようになると指摘している。各企業がそれぞれ生産工程の一部分を分担し，補助産業も高度に特化した機械を利用できるようになるのである。分業との関連で彼は，「産業の局地化は，技能や洗練さの教育および技術的知識の拡散を促進する」といっている[(5)]。

マーシャルはさらに，「ある種の財の生産規模の増大に由来して起こる経済を2つに区分してさしつかえない」とし，産業の全般的発展に由来するものを「外部経済」とし，特定地区に同種の小企業が多数集積する産業立地とよばれる現象における外部経済に詳細な検討を加えた。そこから，産業の地域的集中によって経済環境が変化し，その変化した環境から企業や個人が受ける有形，無形のプラスの間接効果を外部経済としたのである。これらのプラスの効果として，関連産業の発達や運輸通信手段の改善，需要の創出，雇用の多様性の利点から発生する熟練労働力の供給などがあると考えていた。

これらは何らかの条件があって産業集積が形成されると，集積自体によって新たに生み出されるものであるが，集積を新たに形成する必然的な条件であることを意味するものではない。むしろ，これらは集積が形成されていることによって生み出される効果なのである。

こうして，産業の地域的集積や産業地域の経済的分析を行う過程で，マーシャルは工業化時代の産業集積の基本的な特徴をほとんど把握していたことになる。

ところでマーシャルのイギリス（Marshall's Britain）では，刃物類のシェフィールド，鉄製品のバーミンガム，レース編物のノッティンガムなどに産業地域が形成されていた。こうした当時のイギリスの実態から，イギリスの経済学者によって産業地域が定義されるようになったのであるが，1914年ごろまでに

は，その産業地域はダイナミズムを失い，第2次世界大戦後までほとんどの産業地域は細々ながら存続していたにすぎなかった。

この間，イギリスの産業地域は当初，消費財を中心に生産していたが，19世紀から20世紀にかけて資本財を生産する産業地域に転換していった。資本集約的な製品を産出するようになると今度は，大企業が産業地域の主体である多くの中小企業を合併や買収を通じて規模の経済を求めるようになった。そのため，とりわけ1940年代から1970年代まで産業地域に決定的な変化が生じた。大企業体制が整うにつれて，中小企業がいちじるしく減少しただけでなく，これまで大企業に支配されることなく独立的に活動を行っていた中小企業は，全国レベルの企業の下請などの立場に追いやられ，地方の大企業も衰退し，産業地域は崩壊していったのである[6]。

このように地域経済は国民経済に飲み込まれていったわけだが，全国市場を対象にした大企業への集中が激しく，しかも大企業が価格競争面だけで競争優位を維持しようとしたため，中小企業の発展はいちじるしく制約されたのである。こうした結果，イギリスでは今や「第3のイタリア」やドイツのバーデン＝ビュルテンベルク（Baden-Württemberg），フランスのローヌ・アルプ（Rhône Alpes），アメリカのシリコンバレー（Silicon Valley），ボストンのルート128（Route 128）などのような発展している産業地域はほとんどみられなくなってしまった。

さらに，1960年代から1970年代の国際競争が激しくなる過程で大量生産体制が確立してくると，中小企業集積による生産体系を特徴とする産業地域は存立が難しくなった。マーシャルが関心をもったようなイギリスの産業集積による小規模生産の地位はいちじるしい後退を余儀なくされ，一般的にいえば，20世紀になって大量生産システムが求められるようになると，19世紀的な中小企業の社会的分業を中心とする産業地域は衰退していったのである。もっとも，最近のイギリスにおいても，新しい産業地域が形成されつつある[7]。

⑵ 20世紀型企業システムと産業集積

　先進国を中心として，1970年代までの工業化の時代における経済発展を支えたのは大企業であった。大企業は垂直統合，準垂直統合を繰り返しながら取引を内部化し組織による経営原理を生み出した。画一的な消費市場を背景に大量生産システムをつくることで，企業も成長できた。鉄鋼業や石油化学工業などのように，生産工程を1カ所に統合し，生産過程を一貫化することで規模の経済を得ることもできた。大量生産技術という産業技術の特性から大企業体制は，この時代には合理的な存在理由があったのである。

　大量生産方式は，アメリカを中心として発展した産業システムであるが，この産業システムは，アメリカの経済発展という特殊な環境のもとで典型的な資本主義生産様式として形成された。豊かな土地と資源をもつアメリカで，各地域が同時期に均質的な需要の成長がみられ，輸送ネットワークの完成とともに大量生産・大量販売のシステムをつくりあげたのである。つまり，イギリスで発展した科学技術を使いこなすところから出発し，それを標準化する過程で技能的な洗練や伝統的な職人芸を排除し，各国の市場からアメリカ的な製造方式以外の適正技術を追い出してしまったということになる。[8]

　この標準化に基礎をおく大量生産体制は，市場では標準化によって契約の世界ができあがった。すなわち，標準化された製品の取引では，最初から取り引きする製品の品質はわかっており，残る取引を左右する要素は価格だけになる。こうして，標準化にもとづく契約が一般化し，労働力についても専門化がすすみ，その専門性にもとづいて能力と仕事量が測れるようになり量的にも契約できるものとなったのである。

　しかし，1960年代から70年代にかけて，産業技術におけるパラダイム・シフトが起こった。マイクロ・エレクトロニクスを生産技術に適用できるようになったことやデジタル革命といわれる技術革新が起こり，製品・サービス生産における工程の分離あるいは分割可能性が広がった。一方で，多様化し高度化する需要に応える製品の構成要素にも変化があらわれ，要素技術の革新テンポも速くなった。取引を内部化しようとする垂直統合では対応できないような多様

で複雑な環境になったのである。むしろ，垂直的統合とか大量生産体制といった，いわば大企業体制が適さない産業領域が広がってきたというべきだろう。

多様な産業技術が蓄積され，多数の新しい企業が誕生しながら専門技術を蓄積するようになると，産業技術の新しい組み合せが可能になり，新しい製品やサービスが供給されるようになる。産業技術の組み合せや企業間の分業が可変的になり，企業間の戦略的連携や企業間協調ができる環境になったのである。ここで重要なのは，従来，ともすれば硬直的な分業あるいは，固定的な下請タイプの分業がみられたのであるが，分業の多様性と可変性が進展したことから，柔軟な分業である伸縮的な専門化（フレキシブル・スペシャリゼーション）が多くなったことである。

新制度派経済学では第1章でみたように，企業は市場と組織のあいだで選択をしながら企業組織をつくっていくとみる。市場から組織へという極端な選択がありうるが，しかし，その中間のグレーゾーンもある。企業組織のあり方と産業システムの観点から産業地域，産業集積をみると，アメリカにもシリコンバレーのような企業間ネットワークを中心に発展する地域と，ルート128の産業地域のように，垂直統合を繰り返し各企業が従来型の大型組織を追求するところもあるのである。

多様な集積のなかでも，垂直統合のように取引をすべて企業内部に取り込まないで，市場と組織のあいだで発展したのが日本に典型的にみられる下請分業生産システムである。下請分業生産システムを組み込んだ企業城下町にみられる日本型産業集積を念頭におくと，工業化時代の産業集積は，個々の企業や個々の生産単位が規模の利益を達成するのではなく，集積全体として規模の経済を実現しているということができる。しかも，集積内部では企業間に細かい分業が発達し，多様な産業技術の要素が蓄積し，そうした特性を企業間ネットワークで連結しているのである。

日本の産業集積はシリコンバレーなどにみられる柔軟なネットワークと違って，柔軟性に欠ける固定的な企業関係を軸としたタテ型の構造をもっているので，これをケイレツ・モデル（系列型）とよぶこともある。[9]

2　情報化時代の産業集積とネットワーク化

(1)　フォーディズムとフレキシビリティ

　第2次世界大戦後から1960年代ないし1970年代にかけて，大量生産と大量消費の体制が確立した。レギュラシオン学派の人びとは，これをフォーディズム（Fordism）といっている。フォーディズム的な大量生産技術はすでに20世紀初めには成立していたが，大量消費が戦後になって形成されたのはなぜか，この問いに対して，制度のあり方を問題にするのがレギュラシオン学派の特色である。

　このフォーディズムは，1970年代の初めから危機に陥った。レギュラシオン学派は，テーラー主義によって単調な繰り返し作業を求められた労働者が反抗するようになったこと，投資効率（資本の限界効率）も低下したこと，さらに需要が多様化しフォード的な少品種大量生産による規模の経済による生産性の上昇効果を実現しにくくなったことなどを，フォーディズムの危機要因として指摘している。生産性と賃金が上昇し，消費が投資を誘発して総需要を拡大し，総需要の拡大と経済成長によって技術革新が刺激され，ふたたび生産性を上昇させる循環的な作用をもつマクロ的回路が働かなくなったのが，1970年代以降であるというわけである。[10]

　こうしたフォーディズムが支配的な1960年代から1970年代のはじめにかけて，大量生産と大量消費が一体化し，先進国では例外なく経済が成長した。したがって，この時代には大量生産を実現するために規模の経済の追求はまさに大きなメリットをもたらしたのである。しかし，1970年代のオイル・ショック後の世界経済の長期低迷によってフォーディズムの終わりが語られ，経済活性化をどのような体制によってはかっていくかが議論されるようになった。

　新しく構築されるべき代替案のひとつが，フレキシブル・スペシャリゼーションである。これは，ピオーリ（M. Piore）やセイベル（C. Sabel）といった人びとが，イタリアの産業地域の実態研究を重ねるなかで明らかにしたものである。ピオーリおよびセイベルが明らかにしたフレキシブル・スペシャリゼーション（柔軟な専門化）については後述するが，産業地域の成功や繁栄において

鍵となる重要な要因と考えられているフレキシビリティ（flexibility），すなわち柔軟性についてみておこう。フレキシビリティは，ポスト・フォーディズムの生産体制を特徴づけるとされるものである。

　フレキシビリティは，マクロ・レベル，メゾ・レベル，企業内のレベルの3つの局面で観察される。[11]

　まず第1のマクロ・レベルにおけるフレキシビリティは，フランスのレギュラシオン学派の分析でよくみられるもので，先ほどふれたようなフォーディズムの生産体制に限界があり，その限界によって経済成長が制約されるというものである。そこでは，需要の多様化に対応して進展する製品差別化，コンピュータ制御による工作機械の利用などで，ダイナミックなポスト・フォーディズムがフォード主義的な大量生産による経済発展にとって代わるということから，柔軟性を含んだ制度や体制へと移行するのである。

　第2はメゾ・レベルである。分析単位が産業地域の場合，産業地域はマクロ・レベルと企業レベルとの中間であるところからメゾ（meso）である。この産業地域内部で熟練労働者によって19世紀的な手工業的なクラフトマン的生産が行われ，一方で柔軟に対応できる設備を多く利用するところから，フォーディズム的な未熟練労働や少品種大量生産向きの専用設備と比べれば，はるかに柔軟な生産体制となる。市場需要の変化に柔軟に対応できる生産システムとしてこのほかに，産業地域内の企業間のネットワークの存在も重視される。

　第3は，企業における内部組織の柔軟性である。マイクロ・プロセッサーや電子技術の応用によって，生産設備はよりいっそう柔軟になった。電子制御による機械によって小規模な市場を対象とする製品や多様な製品の生産が可能になり，こうした柔軟性がフォーディズム的な生産体制の変化を促進している。

　柔軟性であるフレキシビリティは，一般的には，セイベルが指摘しているように，「市場需要における急激な変化への対応能力」ということができよう。企業におけるフレキシビリティはフレキシブル企業とも表現され，理想的かつ典型的なフレキシブル企業は，つぎの3種類のフレキシビリティの確保に努めてきた企業とされる。第1は，数量的なフレキシビリティで，労働力を製品の

需要変化に応じて迅速,容易に変化させる能力,第2は労働者が異なる仕事に従事できるような能力であり,これは機能的フレキシビリティとされ,ひとつの方向に単能工から多能工化がある。第3は,賃金支払いのフレキシビリティであり,これは第1および第2の機能を発揮させる能力である。[12]

(2) ネットワーク型産業地域の発展

現代的な産業地域として,イタリアの一部の地域である「第3のイタリア」やアメリカのシリコンバレーがしばしばとりあげられる。いずれも,多様な産業が集積した地域で,企業がヨコのネットワークによって結ばれ,経済環境に柔軟に対応する能力を示しているところから,環境変化が急速な現代経済にあって「発展する産業地域」として世界中の研究者から注目されている。[13]

第3のイタリアとシリコンバレーはともに発展する産業地域として言及され,海外の研究文献はこのところ際だって多くなっている。ここでは,シリコンバレーをとりあげて,発展する産業地域の特徴を明らかにしておこう。

シリコンバレー(Silicon Valley)は,サンフランシスコの南東部にあり,スタンフォード大学を核としてハイテク企業がサンフランシスコ湾岸地域に多数集積した地域である。半導体製造に不可欠のシリコンの名をつけてシリコンバレーと呼ばれるようになったのは1970年代であり,正式な名称はサンタクララバレーである。歴史的には,スタンフォード大学の南にあるスタンフォード工業団地を起点として南方に広がり,そこからさらに2つの方向に分かれるなど限定された地域というよりも,むしろときとともにその地理的範囲は広がりつつある。

シリコンバレーでは,1960年代は半導体ラッシュ,70年代にはコンピュータ・ラッシュによって発展し,90年代以降になってソフトウェア,テレコミュニケーション,バイオ・テクノロジーなどのハイテク関連産業が活発である。サービス関連産業のうちではコンピュータ・サービスを中心とするビジネス・サービス,エンジニアリング・サービスを中心としたエンジニアリング・マネジメントサービスが多く集積している。

さらに，研究開発型の複雑な分業構造が形成されている。新たに開発された製品や部品を生産するための投資財産業が発展しており，サポーティング産業である金属一次製品，金属加工品などの供給業者が存在し，投資財の開発にあたって最先端の開発成果を加工に結びつける役割を果たすエンジニアリング・サービスが発展している。

また，最終製品メーカーと部品メーカーのあいだで開発段階から両者の協力で行われるデザイン・イン（design-in）がみられる。組立は最終製品メーカーや部品メーカーが内製している場合もあるが，外注も多くなっており，企業間には長期取引がみられる。

ところで，シリコンバレーに関する書物は多いが，アメリカの2大ハイテク産業地域でありながら停滞する産業地域のボストン郊外のルート128と，発展する産業地域のサンフランシスコ郊外のシリコンバレーの比較を行ったアナリー・サクセニアン（A. Saxenian）の研究をみておこう。彼女は，地域経済を産業システムの観点からとらえ，シリコンバレーを地域ネットワーク型システム，ルート128を独立企業型システムとして，その態様をくわしく分析した。この2つの地域は，出発点と技術には共通点があるが，第2次世界大戦後，根本的に異質な産業システムを築いてきた。[14]

ボストンを一周する環状ハイウェイであるルート128は，マサチューセッツ工科大学（MIT）やハーバード大学に近く，技術者や研究者にとって住宅環境にも恵まれ，職住近接など技術立脚企業にすぐれた立地条件を提供している。半導体やエレクトロニクス産業が早くから集まっており，シリコンバレーと並んでアメリカのハイテク産業の2大集積地のひとつである。このルート128の産業地域では，少数の比較的独立性の高い企業が圧倒的な力をもってきた。研究，設計，生産，販売などの機能の垂直統合をすすめて，生産活動の多くを社内でまかなう自己完結型企業の集合体であるところに特色がある。

この独立型の産業システムは，市場が安定しており技術変化も遅い環境では大きな力をもち，大手メーカーも規模の経済と市場支配を享受してきた。しかし，融通のきかない専用設備や専門化した技能に経営資源をつぎ込んできたた

め，時代遅れの技術や市場に制約されるようになり，技術革新の激しい環境への適応力が低下した。垂直統合を繰り返しながらつくりあげられてきた階層構造組織への依存によって，環境条件の変化への対応力が乏しくなってきたのである。

　一方，シリコンバレーでは，企業間のゆるやかなネットワークが存在するだけでなく絶えざる競争（competition）と，これと対立すると考えられがちな協力（co-operation）が共存し，ネットワークと競争・協力のパターンをさまざまに組み替えながら発展している。つぎつぎに誕生する企業は，エレクトロニクス技術がもたらす無限と思える機会にチャレンジし，自社の製造技術や応用技術を差別化しつつ，それぞれが隙間をみつけ，その分野でトップに立とうとするので，製品やサービスがますます専門化していくのである。

　専門化と細分化がすすむにつれて，多様性による適用力をそなえた産業システムが，この地域に組み込まれてきた。企業はマーケット・シェアと技術的優位を求めて激しい競争をしているが，シリコンバレーには，企業間の協力という地域固有の慣行も存在する。不断の技術革新のためには，企業同士の協力が必要だという認識があり，これが個人的，社会的，職業的な各種のネットワークをうまく機能させ，ネットワークそのものが情報や技術をもち，スムーズな情報・技術の伝播を可能にしているのである。

　ここに，発展する産業地域には，ゆるい企業間の連結であるネットワークの存在，そして「競争と協力」の特徴がみられることになる。さらに，この分散型産業システムにみられる地域特有の社会関係を基盤とするコミュニティや技術基盤のネットワークによって，地域の起業家精神が育くまれ，そしてまた積極的なベンチャー・キャピタリストが企業育成のノウハウを豊富に蓄積していることも注目に値する。

　こうして，1970年代に世界の電子のリーダーであった2つの地域では，企業組織，産業システムの違いから，地域経済の発展に大きな差をもたらした。権限集中型の垂直統合に成長を求めようとしたルート128は衰退傾向をもつようになり，分散型の産業システムを形成したシリコンバレーがめざましい発展を

第 2 章　産業集積の形成と地域産業システム　47

図表 2 - 1　産業集積研究の動向と特徴

主 な 研 究 者	研　究　成　果
マーシャル（A. Marshall） 『経済学原理』（1890）	産業の地域的集中による環境変化から企業や個人がうける有形, 無形の間接効果を「外部経済」とし, 外部経済の観点から産業集積の特徴を明らかにした。 　地域内で技術が普及してくると, 近隣に補助産業が起こり, 当該産業の生産規模が大きくなるにつれて, 個別資本規模が大きくなくても, 高価な機械が利用できるようになる。各企業がそれぞれの生産工程の一部分を分担し, 補助産業も高度に特化した機械を利用できるようになる。
サクセニアン（A. Saxenian）の分析 　社会学的分析視点	シリコンバレーとルート128 　シリコンバレーには,「競争」と「協調」が併存し発展する産業地域にみられる特徴があり, ルート128は大企業の垂直統合型（集中型）。 　スマートバレーには, ゆるい企業間関係のネットワーク, コミュニティ意識, ベンチャー・キャピタルやエンジェルなど投資インフラが整備されている。
クルーグマン（P. Krugman）, アーサー（B. Arthur） 『複雑系の経済学』 『経済地理学』 『空間経済学』	企業や産業では「規模に関する収穫逓減」が一般的であるが, 産業全体の規模に関する収穫逓増の現象もみられ, とくに, 物財ではなくソフト的な財の生産では産業の収穫逓増現象が顕著である。 　シリコンバレーのようにいったん産業集積が始まると, 産業地域が形成され, 集積そのものが収穫逓増現象を見せるようになる。 （藤田他著『空間経済学』東洋経済新報社（訳書）など）
第 2 の産業分水嶺（industrial divide） ピオーリ・セーブル『第二の産業分水嶺』	ポスト・フォーディズムとフレキシビリティ 　NC工作機械の使用などにより柔軟な生産が可能になるとともに, 需要変化に柔軟に対応し多品種少量生産への対応ができるようになった。このとらえ方の延長線上で, 企業間ネットワークの存在とネットワークの可変性に注目している。 　第 1 の産業分水嶺……20世紀初頭において大量生産が産業組織の支配的形態としてクラフト生産体制を圧倒した時点 　第 2 の産業分水嶺……1970年代, オイル・ショックと消費者行動の多様化によって大量生産が限界に達した時点
ポーター（M. Porter）のクラスター（cluster）論 『国の競争優位』 『競争戦略論』 　その他論文	クラスターは「葡萄やサクランボの房」で, ポーターは「ある特定の分野に属し, 相互に関連した, 企業と機関からなる地理的に近接した集団」とし,「特定分野における関連企業, 専門性の高い供給業者, サービス提供業者, 関連業界に属する企業, 関連機関（大学, 規格団体, 業界団体）が地理的に集中し, 競争すると同時に協力している状態」といっている。 　最近, 海外で出版される文献がきわめて多くなっている。クラスターが未成熟であることは, 今後日本の弱点となるか。経済産業省と文部科学省のクラスター構想を参照。
スコット（A. Scott）の新産業空間論, フロリダ（R. Florida）の学習地域論, その他に近接性論（proximity）, 地域生産システム論（local production system）	産業集積における企業間取引に注目し, 企業活動や研究開発における近接性のメリット, 地域の産業発展における近接性の優位性に関心が集まっている。 　空間的な地域生産システムのイノベーションに注目し, 地域の産業環境（industrial milieux）がイノベーションに有利な場合, 知識経済を基礎に学習地域が成立すると考える。
ネットワーク論 S. Park, J. C. Jarillo	社会学的なネットワーク論, 経営学的な戦略の観点からのネットワーク論, 組織論的なネットワーク論など多様な研究がみられる。

アメリカの典型的な2つの産業地域と比較してみると，日本の産業集積では大量生産とプロセス・イノベーションを志向する傾向が強いのに対し，量産型の組織体質を志向している点では似てはいるもののルート128はプロダクト・イノベーション志向が強く，この点は大きく異なる。さらに，日本およびルート128とシリコンバレーの違いは，シリコンバレーが柔軟な組織によるプロダクト・イノベーションを大きな特徴とするところである。

第2節　産業地域の発展論理

1　規模の経済と市場の失敗

(1) 地域特化の経済

すでに第1章で若干ふれておいたが，ここであらためて，産業集積ないし産業地域と地域特化の経済について整理しておこう。

新古典派経済学では，「すべての時点で生産が収穫逓減ないし収穫一定」と仮定するから，企業は規模の経済を享受できないというタイトな条件を与えられている。さらにこのことから，地域間の資源配分は均等化し地域間の格差は発生しないし，したがって，ある地域にながく産業が集中し続けることはできないというのが論理的な帰結である。しかし，実際に多く観察できるような収穫逓増が支配する状況では，企業も規模の経済を享受していることになる。すなわち，規模の経済が存在すると，地域間格差が存在しないという一種の競争的均衡状態は必ずしも達成されず，パレート最適の完全競争均衡は達成されないのである。

地域間の資源配分が新古典派の考えるように均衡がとれない状況にいたる原因に，「市場の失敗」がある。規模の経済をはじめとする集積の経済（agglomeration economies）の存在がそれであった。

同種類の産業や企業が特定地域に集中すると，同一産業内で種々の取引費用が低下し，産業全体として規模の経済が発生する。このように，同一産業内の複数企業が特定地域に集中立地することによって，産業全体として生産量が増

大する場合，産業規模に関する収穫逓増現象があらわれるが，これを企業レベルの規模の経済と区別して「地域特化の経済」(localization economies) という。共同で原材料の調達や製品出荷をすることで輸送費用が削減され，施設や機械を共同で購入して利用し，当該産業に関連するさまざまな情報を共有することで，企業はお互いに外部経済を享受することができる。

多数の企業が集団立地していると，企業間の取引費用や輸送費用を節約できるだけでなく，企業間の分業である社会的分業にもとづく効率的な生産ネットワーク・システムの構築によって地域の比較優位（regional advantage）を生み出すことができる。また，企業が集中している地域では，労働市場の規模が大きくなり，失業しても他の企業に再雇用先を容易にみつけることができるメリットが生まれる。このように企業が集団立地する地域では，企業側も欠員が生じても容易に労働力の補充ができるというメリットがある。

日本の地場産業は，この地域特化の経済によって説明される典型的な例で，一方，企業城下町では親企業と下請企業が近接立地し，企業間の取引費用や輸送費用を節約し，企業間の垂直的分業によって効率的な生産ネットワークを形成している。これは，企業における規模の経済と関連業種の集積を促進する「地域特化の経済」が複合したケースである。

このように，地域特化の経済は，単一産業内における規模に関する収穫逓増が働くことによって実現するとみることができる。これはまた，新古典派理論では説明しにくい現象なのである。

(2) 都市化の経済

多種多様な産業が特定の地域に集中立地することによって地域の経済活動の水準が高まり，個別企業の産出量が増加するとき都市化の経済（urbanization economies）が働いている。多種多様な企業や産業が地域的に集中することによって，取引が可能な多くの潜在的な取引相手が近くに存在するので取引先の選択幅が拡大し，ある取引の減少を他の取引先の開拓で代替できるから，需要と供給の変動にともなうリスクを分散できる。この都市化の経済は，このよう

に企業や産業にとっては外部経済をもたらすが、都市全体にとっては内部経済である。

都市化の経済が発生するのは、地域特化の場合と同様に、多様な財やサービスを共同で利用し、取引費用や輸送費用を節約することができるからである。製造業の本社の多くは地域に設けた自社工場に近いところに立地することは少なく、むしろ大都市の中心部に立地することが多い。これは、自社工場との連絡よりも、銀行や商社、コンサルティング、情報関連産業など他業種企業との取引の重要性が高まり、その取引にかかる費用が大きくなれば、多業種が集中する大都市中心部に立地するメリットがいっそう大きくなるからである。

経済活動が高度化し産業の連関構造が複雑になるとともに、ますます他業種との緊密な連携が重要になり、都心部に立地する傾向を強める。これは、収穫逓増の現象とみてよい。

ところで、「都市」のうち「都」は人間の頭脳にあたる中枢機能を意味し、「市」は流通機能とこれに関連する金融・保険・物流などの補完機能である。2つの機能が統合されると全体として都市機能として高いパフォーマンスを導く。都市の規模が拡大するにともなって、この都市機能がもっとも充実し質的にも高度化した地域が一国の首都機能を担当するようになる。

こうして、一国の首都機能と各企業の本社機能が一体化して、企業の本社機能は大都市であるほどより高い機能を発揮できるようになる。大企業では本社機能が大都市を離れると、むしろ企業全体の発展が制約されるというデメリットが大きくなるのである。

このような都市化の経済は、具体的にはつぎのような要因から実現される。第1に、大都市には多様な業種が共存し、企業間で専門化と分業化が網の目のように行われているから、企業活動のすべてを自社内で行うよりも、業務の一部を都市の内部で発展する対事業所サービス業（ビジネス・サービス）などに外注した方が効率的な場合が多いことである。いわゆる外部資源調達であるアウトソーシング（outsourcing）の活用であるが、大都市であるほど、その活用には大きなメリットがある。

また，これに加えて，異業種企業間の取引には多様な情報の交換が必要であるが，取引者の双方が直接出会うフェイス・トゥ・フェイス・コミュニケーション（face to face communication）は，ICT（情報通信技術）が発達した今日でも，密度の高い大量情報の収集と伝達においてすぐれた手段で，都市であるからこそ人的接触が頻繁に行われ，情報が迅速かつ正確に伝わる。大都市には多くの事業所が集中して立地しているため，コミュニケーションに費やす移動時間とそれにともなう費用など取引コストが節約できる。東京都心部のオフィスの賃貸料が高いにもかかわらず，企業が都心部に事務所を構える要因であることを考えれば納得のいくことである。

　第2の都市化の経済を実現する要因は，大都市の労働市場が大きいことである。大都市部では，労働市場の規模が大きく多種多様な職種があるので，労働者からみると，失業した場合でも再就職先を容易に見つけることができる。また，大都市には多様な技術をもった人材が豊富であるから，企業や産業では雇用量の調整が容易であるばかりでなく，欠員が発生してもそれに代替しうる人材を容易に確保できる。

　以上のように，規模の経済が働くような収穫逓増を仮定すると，企業や産業の地域的集中が促進される。たとえば，ニコラス・カルドア（N. Kaldor）は域外へ移出する産業部門に集積の経済が働くと，他の地域を出し抜くことができる競争優位を獲得した地域はよりいっそう成長すると指摘した。地域の産出量が増加するにつれて集積の経済を享受できるようになるから地域の生産性も向上していく。これは，バードーン（P. Verdoon）の法則（Verdoon Law）とよばれているが，逆にその地域の労働生産性が向上すれば，産出量の成長率も高くなる。こうして，地域の成長はさらなる成長をうながすポジティブ・フィードバックの関係のなかで地域発展のプロセスが累積的になる傾向を示し，逆に衰退地域ではより衰退していくと考えられている[15]。

　また，大都市は異質なものが接触し融合する場所の役割を果たし，多様性と異質性を含む社会基盤のなかから新技術が容易に開発され，新製品がつぎつぎと生み出されてくる。新たなビジネス・チャンスが生まれ，新規企業が参入す

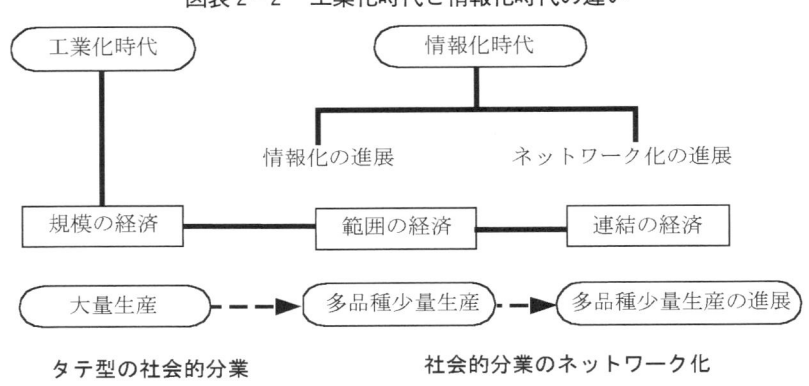

図表 2-2　工業化時代と情報化時代の違い

```
   工業化時代              情報化時代
      │              ┌──────┴──────┐
      │         情報化の進展    ネットワーク化の進展
      │              │              │
   規模の経済 ─── 範囲の経済 ─── 連結の経済

   大量生産  --→  多品種少量生産  --→  多品種少量生産の進展

 タテ型の社会的分業          社会的分業のネットワーク化
```

るにとどまらず，異業種交流や融合化などによっても新しい産業が生まれる。こうして，大都市では累積的な経済発展プロセスをたどることになる。

　大都市では消費財市場が大きいことから，規模の経済（economies of scale）だけでなく範囲の経済（economies of scope）も働きやすく，都市のなかから生まれる多様な消費者ニーズに対応した多品種少量生産が活発になる。多様な製造業もまた大都市であるからこそ存立し発展できるのである。

　先進国のなかでも日本の場合，都市の特化度が低く，欧米のように明確な機能分担型の都市システムになっていない。東京には金融機能，情報機能など中枢機能が集中しているだけでなく，このような多様かつ巨大な生産機能までもかかえる都市形態をとっている。ニューヨークやパリ，ロンドンなどではサービス業が集積しているものの脱工業型の都市構造であるが，東京は製造業，そしてハイテク産業の一大集積地であるところに大きな違いが認められる。東京という大市場の吸引力からこのようになっているのであるが，生産とサービスの両分野において，東京には範囲の経済が組み込まれているのである。

2　収穫逓増と産業の地域的集積

(1) 産業集積の形成とクルーグマン

　ポール・クルーグマン（P. Krugman）は，これまでの国際貿易の分析におい

て国家を扱う場合，通常，実際の空間的な広がりを無視し，「点」としてあらわしているという。そのため，生産要素が費用をかけずに瞬時にある活動から他のある活動へ移動すると仮定し，すべての貿易財にかかる輸送費がゼロとするのはあまりにも非現実的すぎると主張する。

　むしろ，国が空間的な広がりのなかで物理的に存在する現実を無視しすぎてはならないし，国際経済の動きを理解するために，それぞれの「国内」でなにが起こっているかを理解しなくてはならないだろう。国の成長率の違いを理解するためには，国内の地域ごとの成長の違いの理解からはじめ，国際分業がなぜ起こるかを理解するには，まず一国の地域分業からみてみる必要があることも確かである[16]。

　そこで，一国の経済活動をみると，地理的側面におけるもっとも大きな特徴として「集中化」が観察される。都市部には産業の特化が顕著であり，結果として，さまざまな産業の生産が都市部にいちじるしく集中しているのが実態である。

　こうした「生産の地理的集中」は，ある種の収穫逓増が大きな影響力をもつことの明白な証拠であるが，この実態を理論的に明らかにするうえでひとつ問題が生じてくる。それは，収穫逓増が収穫不変や収穫逓減よりも明らかにモデル化しにくいということである。収穫逓増が企業にとって純粋に外生的なものであれば，完全競争分析の手法を使うことができるが，外部経済は実際には分析が難しく，実証的にもつかみどころがない。一方，収穫逓増が企業にとって内生的なものであると考えると，今度は，不完全競争モデルが必要になるという問題に直面してしまうのである[17]。

　実際に産業の地域的集中をみると，収穫逓増はもはや避けて通ったりたんなる仮定として退けてしまうものではなく，むしろ収穫逓増にもとづいて地域特化が発生していると考えなければならないだろう。またクルーグマンは，少なくとも，国際的な生産特化はきわめて偶発的な要因によって起こるものだと確信しているとし，国内の生産立地に目を向けると，ニコラス・カルドアが「非力な均衡経済学」と揶揄する新古典派経済学にそぐわない現実はいくらでも出

てくるという。そこから，歴史と特定の出来事は生産立地に無視できない影響を与えており，ひとつは収穫逓増が実際に経済全般にわたって影響を与えているということ，もうひとつは，この収穫逓増は生産立地を規定するうえで歴史的経緯に大きな役割を与えているのではないかといっている。

　自動車産業が集中立地しているデトロイトやハイテク産業が集積しているシリコンバレーをみた場合，輸送上の便益によって集積（locking-in）がしばしば生じることが明らかである。これは収穫逓増にともなう集積過程によって引き起こされているものであって，需要の存在，収穫逓増，輸送費の3者の相互作用が地域発展の集積過程を促したことを示していると考えられる。

　少なくとも経済活動の立地に関する限り，それは歴史的経緯によって決定されているものであり，理論がどうあれ，クルーグマンが主張するように，産業の地理的集中は明白な事実である。そうだとすれば，産業の地理的集中についても歴史的経路依存性（historical path dependence）の考え方に注目すべきであろう。

　これは，多様な制度の形成やその変化，ひいては一国全体の経済システムは，なんらかのたんなる偶然の結果であることが多いという見方であり，クルーグマンも，誰かが織物の手作り仕事をはじめたら，周囲の人びとが真似をしていつか地域全体で織物生産をするようになり織物業が地域的集中するなど，たまたま偶然な出来事を契機として産業の地域的な集中が生じたことにしばしば言及している。いわば，経済の発展様式が国ごとに異なり，アメリカにはアメリカの，日本には日本の発展様式がみられ，世界には多様な制度が混在するのが当然とも考えられるのである。[18]

(2) 複雑系の経済学と地域的産業集中

　なぜ産業の地域的集中が生じるのか。マーシャルの産業地域に関する叙述をみても，地域特化の経済や都市化の経済の概念でも，産業が地域的に集中していることを前提にしている。産業の地域的集中あるいは地理的集中は，狭い地理的範囲に多くの企業が集まった状態をさすが，すでに明らかにしたように本

図表 2-3　複雑系の経済学における集積要因

	伝統的経済学	複雑系の経済学
技　　術	規模に関して収穫不変	規模に関して収穫逓増
市　　場	完全競争	不完全競争
集積要因	外生的な資源の不均等配分	内生的な集積の経済
境　　界	行政的な境界（国境）	交通費用
歴　　史	歴史的経路依存性から独立	歴史的経路依存性

書では，集中した企業の間に形成された取引をとおした競争と協調の関係に注目し，構造的特質を強く意識して産業集積といっている。

ところで，産業の地域的集中が促進され，集中そのものから得られるメリットを明らかにすることはできても，なぜ地理的集中が起こるかについては，ほとんど明らかにされていない。さきのクルーグマンが明確に指摘しているが，経済学のいわば常識となっているように，収穫一定として完全競争のメカニズムを持ち込むと，産業集積がなぜ起こり，なぜ産業地域がますます発展するかは理論的に説明できなくなる。実際には，大きな集積はさらに成長しているにもかかわらず，その理論的な説明を困難にしているのである。

現実に，半導体関連の技術革新が進展するにともなって，それを応用した新製品やコンピュータ，さらには多数のコンピュータ・ソフトが開発され，相乗的に産業が周辺産業を巻き込んで発展している。こうした現象に注目して複雑系（complexity）の理論を地域経済の分析に応用するようになっている。[19]

半導体を中心としたエレクトロニクス産業の発展形態をみれば，生産量の増大とともに平均費用が低下していく収穫逓増の現象を無視して，費用が一定であると仮定することはおかしなことになる。現代の産業発展においては，収穫逓増の現象が存在することを明らかに認めなければならないだろう。

収穫逓増，すなわち規模に関する収穫逓増（increasing returns to scale）には，2つの次元が考えられる。

①　個別企業の規模に関する収穫逓増

②　産業全体の規模に関する収穫逓増

前者の企業の規模に関する収穫逓増はしばしば存在し，ある程度の規模に達

図表 2-4　収穫逓増と収穫逓減

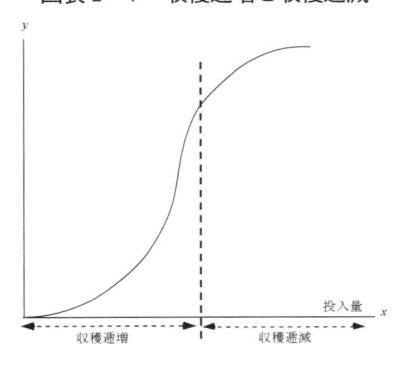

すると逆に収穫逓減の状態になることも確かである。しかし，②の産業全体に働く規模の経済は，産業全体の規模に関する収穫逓増の現象をもたらし，この現象はなんらかの成長の限界にぶつかるまで持続する可能性がある。

　産業の市場規模が拡大するとともに，個別企業にとって専門化が有利になり，拡大する市場をターゲットに新規参入する企業があらわれる。市場の大きさが分業の深化の程度を決定するわけであるが，分業が細分化するほど，企業の専門化した担当分野で研究や改善の余地が生まれ，製品の品質が改善され，コストが低減される。すると今度は，品質の向上と低コスト化が新しい市場を生み出す。また，企業が専門化していくほど，より専門化した財やサービスの投入を必要とするから，その新しい需要と市場をめざして専門のサービス業や流通業がいっそう成長する。

　こうして，とくに情報技術などの技術革新の過程で，産業間の相互依存性の連鎖が累積し，産業連関はますます複雑で多様になる。相互依存関係の累積によって多様な産業にとって規模の経済が実現していくとすれば，企業と企業のあいだの関係を中心とする経済メカニズムが形成され，その企業が属する産業における収穫逓増はいうまでもなく，多様な産業を巻き込んだ産業発展のなかに収穫逓増現象があらわれることになる。

　ブライアン・アーサー（B. Arthur）は，収穫逓増というのは，成功している者はいっそう隆盛する傾向，優位性を失った者はますます優位性を損なう傾向のことであるという。そして，市場，ビジネス，産業において，成功を勝ち取った者をさらに強くし，ダメージを受けた者をさらに弱めるポジティブ・フィードバックのメカニズムが存在すると主張している。彼はまた，「収穫逓増のメカニズムは，すべての産業に働いている収穫逓減と併存する。概して，収穫逓減のメカニズムは，経済の伝統的な分野，すなわち製造業において支配的

である。一方，収穫逓増は，経済の新しい分野，すなわち知識主導型の産業を支配するものである」ともいう。[20]

収穫逓増のもとで運営される経済は，まず，知識はさほど重要でなく，本質的には物質的資源であるような鉄鉱石や石炭などの原材料を凝縮，圧縮してある製品を生み出し，マーシャルの収穫逓減の原理にそって運営される大量生産の経済である。もうひとつは，わずかな物質的資源を使って，本質的には知識の凝結である製品を生み出すような知識主導型の経済である。

大量生産の世界では，一般的に標準的な価格があふれ，生産活動は反復的になる傾向があり，多くの製品が日々，年々，同一でありうる。それゆえ競争は，製品を供給し続けたり，品質を向上させようと努力したり，コストを下げたりすることを意味する。しかし，ハイテク産業などでは，商品や製品の数に限りがなく，製品のサイクルも短く，製品はすぐに時代遅れになり，絶えず流動して変化する世界である。この分野では，シリコンバレーにみられるように，ひとたび企業が集積すると一種の固定化であるロック・イン（lock-in）効果があらわれ，産業地域が形成され，集積そのものが収穫逓増現象をみせるようになり，いっそう発展していくのである。

第3節　第2の産業分水嶺と柔軟な専門化

1　第2の産業分水嶺

今日にみられる経済活動の衰退は，単能機械の使用や標準的製品の生産に携わる半熟練工の労働などによって構築される大量生産体制にもとづく産業発展モデルによって引き起こされたと考えることができる。こうした大量生産体制は19世紀後半にはじまり，巨大企業を生み出してきた。

巨大企業を生み出した大量生産体制は同時に，経済社会の制御思想と方法においてケインズ主義を生み出した。ケインジアンの政策によって政府が総需要を創出するのであれば，供給側では大企業の大量生産体制の存立と維持および拡大が保障される。しかし，エネルギー資源供給の限界が明らかになった1970年代から，経済も低成長時代に入り，経済成長の速度をコントロールしようと

する現代の国家介入がかえって産業の活力を阻害している。すなわち，消費者行動が多様化し高度化するなど産業を取り巻く経済環境が変化したことから，大量生産体制そのものが限界を露呈することになったのである。

近代的大企業が発達させた工場の運営方式とマクロ経済のコントロール手法が，現代経済の危機を招いているのである。これは，第2の産業分水嶺に今あるということである。[21]

ピオーリとセイベルは，技術的発展がどのような経路をとるかを決定する短い瞬間を，産業分水嶺（industrial divide）とよぶことにしよう」という。[22]「第1の産業分水嶺」は，20世紀初頭において大量生産が産業組織の支配的形態として，クラフト的生産体制を圧倒した時点をさしている。市場，技術，制度が

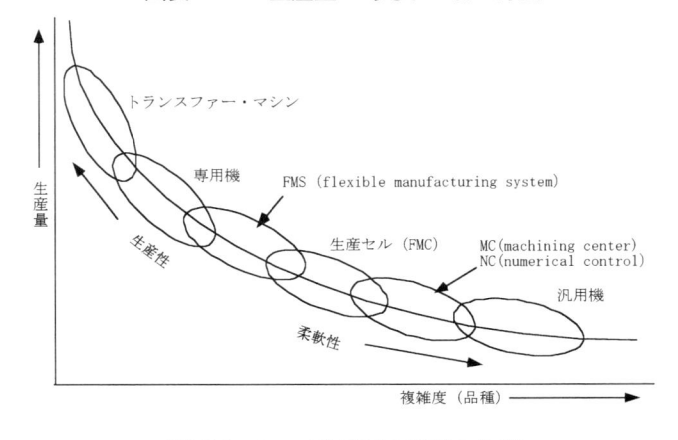

図表2-5　生産量に対応する加工方法

（生産量）
- トランスファー・マシン
- 専用機
- FMS (flexible manufacturing system)
- 生産セル（FMC）
- MC (machining center) / NC (numerical control)
- 汎用機

生産性／柔軟性／複雑度（品種）

図表2-6　工作機械の特徴の比較

汎用機	専用機	NC工作機
機械の購入費用が少ない	製品の品質が安定する	1人で多台数の機械操作が可能
機械機能に融通性がある	未熟練工が利用できる	熟練工が必要
工程能力のバランスをとるのが容易（機械の台数が少なくてすむ）	省力化できるためコストが低減できる	相当に複雑なものでも精度よく，能率よく加工できる
修理費・メンテナンス費用が安くすむ	生産期間が短縮できる	省力化が進み，無人運転も可能

大量生産体制を生み出したのであるが，産業資本主義を歩んだ国のあいだでも，各国がたどった産業資本主義の歴史をみても，アメリカのように第1の産業分水嶺で形成された技術的発達のある方向に固執した国と，日本やドイツのように手工業的，クラフト的生産の原則を保存した国の2種類に色分けすることができる。

しかし，大量生産体制が壁にぶつかっている今日，選択できる戦略に，既存の技術原理にこだわらず，第1の分水嶺で姿を消したクラフト的生産技術にもう一度立ち返ろうとする方向がある。では，第2の分水嶺にあって，企業レベルでどのように対応すべきであろうか。そのひとつの主要な形態は「柔軟な専門化」である。ネットワークのなかに見いだされる柔軟な専門化は，永続的な革新をめざす戦略ではなく，絶えざる変化を制御するものでもない。むしろ，多様な変化に付き合っていこうとするものとされる。多目的に応用できる柔軟な設備を土台に，これを使いこなす熟練労働者が存在し，さらに，政治的支援のもとで，企業間競争を柔軟な技術革新に限定する産業コミュニティの創設をめざすものである。柔軟な専門化による生産体制の埋め込みは，第1の産業分水嶺の時期に片隅に追いやられたクラフト的形態の復元を意味している。

2　産業地域とフレキシブル・スペシャリゼーション

地域発展に果たす産業地域の役割は，1990年代以降になってとくに大きな注目を浴びている。1970年代以降の経済の停滞にあって，中小企業が地域的に集積するいわゆる産業地域の研究が世界的な規模で行われるようになった。とりわけ，ILO（国際労働機構）の研究プロジェクトなどによって，イタリア（第3のイタリア）における工業地域（産業地域）の精力的，集中的な研究が行われ，その成果がその後の産業地域論の発展に大きな影響を与えた。

それらの研究を通して，大企業体制の行き詰まりから将来の経済原理が見いだせないなかにあって，「第3のイタリア」のあり方がひとつの選択肢としてクローズアップされている[23]。

産業地域の第1の特徴は「組織」にあるが，組織といっても企業のグループ

ではなく，同業種企業の集積でかぎられた地理的範囲で事業活動を行う企業の相互関係のあり方である。特定製品の生産に向けて専門化と下請取引などを通して中小企業のあいだで強い「ネットワーク」がみられるのがもっとも大きな特徴である。このネットワークが働く産業地域における産業は，上流と下流の工程および関連サービス業を含みながら，同一産業部門（same industrial sector）に属しているのも特徴であろう。

　企業間には協調（co-operation）がみられ，情報を共有し，情報の共有も非公式に個人的なレベルでの接触によって行われ，場合によっては同業者組合，雇用者協会とか労働者協会といった制度によって促進されることが多い。

　新規企業の創出を可能にするような企業家的ダイナミズム（entrepreneurial dynamism）が保持されていることも，産業地域における特徴である。大企業が中心となった地域に比べると，産業地域は柔軟性をもっており，しばしば，柔軟性と特定の生産単位とが結合する産業地域においては，フォーディズムに対抗する柔軟な専門化（flexible specialisation）とよばれている。

　もっとも，こうした産業地域の存立は労働力の存在を抜きにして論じることはできない。直接的な労働費用を削減することによって地域のパフォーマンスを高めるというのではなく，直接的というよりも間接的にコストを低減させる仕組みが当事者間に働いており，信頼と協調が重要な役割を果たしている。この信頼と協調こそが，産業地域のコミュニティのあり方を決定づける要素である。[24]

　ところで，柔軟な専門化の技術的前提条件はコンピュータの普及によって実現しつつある。専門化した機械は生産効率が高くなるが，作業に機械が専門化するのであるから仕事が機械に適合させられる。製品が変更になるたびにそれに適合する機械をつくらなければならない。しかしこれと異なってコンピュータ技術の場合，ハードな装置を作業にあわせるにはソフトウェアのプログラムを変えるだけで既有機械を新しい用途に使うことができる。これによって，生産量が多い場合よりも受注量や生産量が少ない場合のほうが有利になる（図表2‐4および2‐5を参照）。

たとえば、1970年代半ばまで、アメリカではコンピュータ制御の工作機械は大工場でしか経済的には有効に使えないと考えられていた。その後、半導体やコンピュータの急速な技術進歩によって、NC（数値制御）、CNC（コンピュータ数値制御）による工作機械が開発され、中小企業で続々と利用されるようになった。NC工作機械は簡単なプログラミングによって多様な作業を可能にした。専用機に代わるこうした数値制御の汎用機は、とくに金属加工で少量多品種生産を行う中小企業に適したものになるわけである。

一定の用途に専門化した機械が半熟練労働者、未熟練労働者を支配するような技術進歩によって経済が発展する時代は終わり、コンピュータの出現とNC工作機械の利用などによって、人間が生産過程を再び支配できるようになった。このように、柔軟性は、生産要素の組み替えや再配置によって生産過程を環境変化に対応して絶えず改造していく能力だということもできる。

第4節　学習地域の産業システム

1　学習地域——ラーニング・リージョン——

(1)　学習地域の構成要件

いずれの先進国でも地域風土のなかで育った地域中小企業の技術革新を促進し、地域経済の発展によって安定したマクロ経済の運営を行おうとしている。このような、まず"地域中小企業ありき"は比較的新しい考え方である。

先進国の低成長、中国をはじめとする発展途上国の急成長、世界的な市場経済化の進展などによって国際経済の枠組みが大きく変わった。こうした経済のグローバル化にたいし、いずれの国でも地域中小企業の活力を引き出して地域間競争に勝たなくてはならなくなった。メガ・コンペティション（大競争）においてこそ、地域中小企業の役割が高まっているのである。

地域生産システムを見直して再構築を急がなければ一国の存立さえ揺らぐ。地域イノベーション、地域産業のイノベーションが課題になるわけであるが、何もないところから産業を振興するのは容易な事業ではない。幸いにも、わが国には多様な地域産業資源が蓄積されている。人材、資本やモノづくりのノウ

ハウは高いレベルにあり，すでにわれわれが保有している諸資源を有効に活用すれば，地域産業は変身することも大いに可能である。まったく新規の資産形成に取り組むよりもコストの安くつく既有資産をうまく活用する方法を編み出すことが，わが国にとって必要である。地域の知的・技術的ストックを活用する新しい取り組みのひとつとして学習地域の構築と地域における産学連携の意義を取り上げてみよう。

1990年代に学習組織（ラーニング・オーガニゼーション，learning organization），学習経済（ラーニング・エコノミー）に関する議論が多くみられた[25]。とくに学習組織については野中郁次郎と竹内弘高の著書『知識創造企業』[26]が海外でもよく引用されている。これは両著者によって英語で出版され別の人が日本語に訳したものであるが，海外の文献では頻繁に使われている[27]。

学習は企業が知識を創出し取得するプロセスであるが，この著書は日本企業の競争における強み（競争優位）が，単発的にとどまることなく連続的にイノベーションを起こしていく知識創造型の学習組織を構築している点にあることを明らかにしている。組織全体が学習する機能を組み込んでいくことによって，知識を創造しながら環境変化に対応していくのである。

そして，この10年ほどの間に学習組織の考え方が空間理論，地域論に取り込まれ応用されるようになってきた。地域産業や地域生産システムのイノベーションが必要であるというとき，企業間連携や産学連携など地域をベースにしたネットワーク行動が戦略的に重要であり，これもネットワーク行動をとおした地域学習である。

下請分業システムに慣れ親しんだわれわれには，企業間の戦略的連携，戦略的同盟といわれてもそれほど違和感がない。ところが，親企業とか下請企業あるいは孫請けといったことばがない国ぐにでは独立の経済主体である企業同士の「ゆるやかな結合」でさえなかなか理解されにくい。わが国は企業間関係をとおした知識取得，知識創出の経験が比較的豊富であり，学習組織という面では先進国といえよう。

ドラッカーは，知識集約的な社会のあり方，イノベーションのあり方に鋭い

図表 2-7 大量生産から学習地域へ

	大量生産地域	学 習 地 域
競争力の源泉	自然資源，肉体労働力にもとづく比較優位	知識創造と継続的な改善・向上による持続的競争優位
生産システム	肉体労働，研究開発と生産の分離による大量生産	継続的創造，価値源泉としての知識，技術開発と生産の統合
製造基盤	近接した供給業者との関係	イノベーションの源泉としての企業間ネットワーク，供給システム
人的基盤	相対的な低技術・低コスト労働 テイラー型労働力 テイラー型教育・訓練	知識労働者 人的資源の持続的・質的な向上 継続的な教育・訓練
物的・コミュニケーション基盤	国内志向の物的インフラ（基盤）	グローバル志向の物的・コミュニケーション基盤
産業統治システム	対立的な関係 指令と管理による調整構造	相互依存的な関係 ネットワーク組織 柔軟な調整構造

資料：R. Florida, "Toward the Learning Regions", *Futures*, Vol. 27, No. 5, 1995 を参考に作成。

考察を加えたが，彼が指摘するように，経済成長はイノベーションに依存し，イノベーションは知識の創造や応用に依存する。そして，ドラッカーの重視する知識創造と応用は学習と関連し，学習組織の理論が成り立つのである。さらに，学習は企業などの組織だけでなく空間的にみると，当然のことであるが地域と関連する。こうして学習地域（ラーニング・リージョン，learning regions）の考え方が成り立つ。

学習地域というのは，知識を創出しイノベーションを起こす地域のことで，知識創出や応用がここでいう学習（ラーニング）である。学習地域と訳されるが実際には知識創出や新しい知識を積極的に応用していく地域であり，"学習する地域"といってもよい。[28]

過去15年間における先進国の経済成長はイノベーション（技術革新）に依存し，イノベーションは具体的には知識の創出・普及・応用に依存してきた。そして，知識の創出や応用の学習（ラーニング）は空間（space）と関係があり，地域との関連でとらえられるようになったのである。[29]学習する地域の基本的な構成要素は，①知識，②学習，③技術革新，④ネットワーク，⑤多様な組織・機関の存在，⑥地域空間の6つである。学習地域は知識，アイディアの

地域への流入や学習を容易にする一連の基盤インフラである。製造基盤としては企業間ネットワークがあり，知識労働者を引きつける人材面における基盤，フェイス・トゥ・フェイス・コミュニケーションを可能にする地域のコミュニケーション基盤などが前提となって学習地域が構成される（図表2-6参照）。

学習地域を厳密にとらえると現実から離れてしまうが，地域産業が今後めざすべき方向を示しているという点で示唆に富みこだわってよい考え方である。

(2) 学習地域における暗黙知と形式知

地域産業は，実際に地域をベースとした組織的な学習を行ってきたのだろうか。中小企業が競争力を確保・強化するためには製品開発力，生産技術力などの面で技術革新に積極的に取り組む必要があるが，このとき地域に基盤をおく技術革新のことをいうのか，あるいは一般的に技術革新への取り組みが欠かせないというのか，この点を明確にして論じることが少なかった。

中小企業の技術革新について過去の「中小企業白書」に遡ってみても，地域を土台にした技術革新の取り上げ方は少ない。地域を基盤として初めて中小企業が事業活動を行うことができることが明らかでありながら，前提となるはずの地域や地域性をほとんど問題にすることもなく，中小企業の技術革新への取り組みを論じてきたのである。その結果，政策支援においても地域性に十分な配慮がなされることはなかった。少なくとも1997年の「地域産業活性化法」以前はそうであった。その後，モノづくりの空洞化のなかで「ものづくり基盤技術振興基本法」が制定されたが，この法律はとりわけ地域性を強く意識したものとなっている。

学習組織では組織的知識創造が鍵になるが，そのときの知識は形式知（codified knowledge）と暗黙知（tacit knowledge）の2つに分けることができる。また，学習組織の概念が地域に応用されたラーニング・リージョン（学習地域）においては，埋め込み（embeddedness）が重要な概念であるが，知識のタイプでは「埋め込み型知識（embedded knowledge）」である。データ，科学方程式などで容易に伝達・共有できる知識が形式知であり，ことばや数字で表

しにくい知識が暗黙知である。ノウハウのようにはっきりこれだと示すことが難しい技能や技巧など熟練技術者がもっている知識は暗黙知であり，個人の洞察，直感，勘なども伝達や共有が難しい暗黙知である。

一方，企業のハードな資源にパッケージ化された知識は形式知であり，これらの知識はハードな資源の移動にともなって企業間や国家を超えて移動できる特徴をもっている。ある製品の設計図が入手できれば，その製品の生産に関する技術知識を手に入れることができる。また，入手した工作機械や完成品の機械を分解することで，機械の生産技術に関する知識を獲得できる。発展途上国が先進国の製品を輸入し，その製品を分解して生産技術を短期間に取得して，自国製品として先進国に輸出するのも，このような知識が移動型知識であり形式知であるからである。暗黙知が埋め込み型知識であるとすれば，形式知は移動型知識（migratory knowledge）に対応する。

カール・ポランニーの弟マイケル・ポランニーは，社会生活における暗黙知の役割に注目し，暗黙知が創発（emergence）に大きく関係し，根本的な革新を導くと指摘している[30]。実際に，比喩の活用やコンセプトのあいまいさ，冗長などのなかから新製品を開発して成功をおさめた自動車メーカー（ホンダ）のように，わが国の企業は暗黙知を絶え間なく形式知に変換することをとおして国際競争力を獲得してきた。こうした知識創造型企業がわが国の企業が追求してやまない企業モデルであり，経営モデルである。

学習地域論では，地域産業の社会経済的な分析アプローチをとおして埋め込み（エンベデッドネス）を重視していると先にのべた。知識を創出する積極的な地域では，地域に埋め込まれた知識をいっそう開発し，技術面のイノベーションだけでなく地域産業システムのイノベーションに結実させていくことが期待されている[31]。

地元企業と公設試験研究機関，大学などの高等教育機関，技術移転機関（TLO）とのネットワークをとおしたインタラクション（相互作用・交流）によって，イノベーションが生まれる[32]。とくに形式知の場合，このような相互作用による学習（learning by interacting）が効果的であるが，地域産業では形式

知よりも暗黙知が豊かに埋め込まれており，これをフェイス・トゥ・フェイスの人的接触によって具体化し伝達と共有を実現できる。このときまさに地域のなかで企業間ネットワークによる接触の利益が生まれ，地域産業のイノベーションがみられることになる。知識が地域で組織的に増幅する循環構造が形成されるのである。

このときもちろん，企業間ネットワークに参加するメンバーのあいだでは，金銭で購入できない高度な相互の信頼（trust）が重要であり，参加企業がウィリアムソンの指摘した機会主義的行動（opportunistic behavior）をとらないことが重要な条件であることはいうまでもない。

なお，学習地域に関連して近接性（proximity），産業風土（industrial milieu）などの概念も重要であるが，これらのいくつかについては第7章でくわしくとりあげよう。

2　学習地域の産業システム・イノベーション

(1)　企業間の提携，連携とネットワーク

近年，大企業を中心に選択と集中の経営戦略のもとで，同業種大企業同士による事業提携や包括的提携が頻繁にみられるようになった。企業提携は，自社に不足する能力を補い，他社と協力して新たな目標を達成するために，競合企業や供給企業（サプライヤー）と緊密な関係を築くことである。大手電機メーカー同士が提携し競合分野を調整し無駄を排除しながら利益を確保し，相互に新規産業分野への膨大な投資資金を確保するという事例が多い。

このように，企業の製品ラインの相互調整を行い，製品を迅速に市場に供給する体制を整備するのは「製品の連鎖」の構築である。このようなたんなる製品の連鎖を超えて，企業が提携をとおして相互学習に取り組み，新たな知識創造に成果を求めることが必要になっている。組織学習を目的とした企業間ネットワークが，求められている「知識の連鎖」につながるのである。知識の連鎖において，埋め込まれた知識である暗黙知が人間関係や企業間関係をとおして移転に成功すれば，ネットワーク全体の本質が変革されるのである。

ところで，地域産業を構成する企業は中小企業がほとんどであるが，大学などとの連携によって「新しい知識を吸収できた」「人的なつながりができた」「新しい技術を確立できた」などの具体的な成果もみられるようになっている。中小企業はニーズ追求型技術を求めており，自社製品の開発や自社固有技術の高度化に取り組む企業にとっては，産学あるいは公設試験研究機関を含めた産官学，産学公の連携は有効である。中小企業のなかでも企画・提案および研究開発の能力をもつ企業では，一歩進んで産学連携に積極的な企業も増えている。

　学習する地域になるためには，企業集積のなかで企業同士がフェイス・トゥ・フェイスで結ばれ，近接性の利益を連携やネットワークで活かし，地域産業に関わりのある研究分野を擁している地域の大学と連携しなければならない。地域産業を背景に設置された繊維や鉱山技術関連などの地域の学部が産業規模の縮小を反映して再編成されているが，ぜひとも地域産業に顔を向けた組織に変質することを期待したい。

　いま公立，私立を問わず大学は少子化などの環境変化を受けて新たな生き方を模索し，産業界との連携強化をはかっている。実業と距離を置いてきた大学が，実業が大学に接近する以前にみずからその距離を縮めようとしている。大企業を向いていた大学もまた生き残りのために，中小企業の側から大学へアクセスしやすい道を広げている。地域産業，地域中小企業にとって，大学の知的資産を使わない手はないという時代に入ったのである。

(2) 中小企業における暗黙知と地域産業

　わが国の現状では，大学と企業の関係はアメリカのようなビジネスを軸とした関係に至っていない。国立大学などを中心に地域共同研究センターが設置され，地域産業の技術的バックボーンになろうとしているが，まだ成果を得るまでには時間がかかる。また，技術移転機関である TLO (technology licensing organization) として認定された機関もあるが，大学の保有する技術を企業に移転できた事例はまだ多くない。

ところで，大学の研究は科学的原理に裏打ちされた形式知を重視する傾向が強い。したがって，企業側からすると自社自身も科学的知識を蓄積し保有していないと，大学の研究者と接触しにくいという問題が生まれよう。中小企業の経営者から「大学は敷居が高い」とよくいわれる。多くの中小企業の現場では，熟練やノウハウというような暗黙知（埋め込まれた知識）がもっとも重要な知識資源である。科学的原理にもとづいていることは確かであるとしても，技術が人間に体化した（embodied）技術である熟練をことばでもって正確に理路整然と表現するのはきわめて困難である。

　おそらく中小企業においては形式知に劣らず暗黙知が大切な世界であるから，知識をすりあわせる「場」ともなる産学連携において，このことが十分に理解されていなければならない。形式知を優先する大学と暗黙知に重きをおく中小企業の接点をどこに見いだすかが問題になるのである。たとえば，特許権をはじめとする知的所有権の面からみると，中小企業の多くで特許権に抵触する可能性のある各種技術を応用してモノづくりが行われているのも実態である。むしろ，特許権に触れそうな部分で周辺技術を自社技術としている場合も多い。実際，このあたりに暗黙知が埋め込まれているのである。

　大学や公設試験研究機関などでは権利関係に配慮し，中小企業が特許権などに関係あるいは抵触しそうなときには連携相手として注意を払わざるをえない。反面で，権利抵触のおそれをいだく中小企業は企業間ネットワークへの参加や大学との連携関係を避けることになる。暗黙知が重要な経営資源となっている中小企業にとって，形式知の面では企業間連携，産学連携に取り組むことができるが，暗黙知に関してはこのような別問題が潜んでいることにも配慮しなければならない。

　産学連携のほかに「産」「学」「官（公）」の連携も進展している。このとき行動様式，組織形態の異なる3種類の連携であるから機能分担が不明になりやすい。ほとんどの場合，行政機関である公設試験研究機関などの分担する役割が不明確であり，また果たすべき役割があったとしても機関組織ではなく，その組織に属する者が個人の資格として参加する事例が多くなる。

第 2 章　産業集積の形成と地域産業システム　69

　結論からいえば，官の組織としては連携の支援に回るべきであり，必ずしも主役である必要はない。連携における行政機関の役割は，研究開発などを側面から助成する制度や企業では負担しきれない環境整備に力を注ぐことであり，公設試験研究機関なども企業と大学などの「連携の場」づくり，環境づくりに力を入れるところになる。実際に県や市などで商工部や商工観光課などからこのところ産業政策課，地域産業支援課などに再編成されるところが目立つようになったが，産学連携を仲立ちする県や市の産業「支援」セクションも多くなっている。

注
（1）　伊藤正昭「地域産業の視点」百瀬恵夫・木谷一松編著『地域産業とコミュニティ』白桃書房，1986年。
（2）　松原　宏「集積論の系譜と『新産業集積』」『東京大学人文地理学研究』13，1999年，83-110ページで，マーシャル，ウェーバーからクルーグマン，ポーターまでをとりあげて産業集積論の流れがまとめられている。「特集　立地論のすすめ」『地理』第45巻第4号，2000年，「特集　立地論で考える」『地理』第46巻第3号，2001年を参照。
（3）　馬場啓之助訳『マーシャル経済学原理III』東洋経済新報社，1966年の第10章「産業上の組織続論　特定地域への特定産業の集積」を参照。M. Bellandi (1989), "The industrial district in Marshall", in E. Goodman and J. Bamford, with P. Saynor, *Small Firms and Industrial Districts in Italy*, London: Routledge.
（4）　P. Krugman (1991), *Geography and Trade*, MIT Press. 北村行伸・高橋亘・妹尾美起訳『脱「国境」の経済学──産業立地と貿易の新理論──』東洋経済新報社，1994年，49-52ページ。P. Krugman (1996), *The Self-Organizing Economy*, Oxford: Blackwell Publishers. 北村行伸・妹尾美起訳『自己組織化の経済学』東洋経済新報社，1997年では，企業立地の決定に遠心力と求心力が働くがどちらか一方が強すぎるということがなく，両者のあいだに緊張があるといっている（40-41ページ）。
（5）　A. マーシャル and M.P. マーシャル／橋本昭一訳『産業経済学』関西大学出版部，1985年，66-67ページ。
（6）　J. Zeitlin (1995), "Why are there no industrial districts in the United Kingdom?", in A. Bagnasco and C. Sabel (eds.), *Small and Medium-Size Enterprises*, London: Pinter.
（7）　J. Curran and R. Blackburn (1994), *Small Firms and Local Economic*

　　　　Networks : The Death of the Local Economy, Paul Chapman.
（8）　今井賢一「日本の企業ネットワーク」伊丹敬之・加護野忠男・伊藤元重編『日本の企業システム　第1巻　企業とは何か』有斐閣，1993年。
（9）　清成忠男・橋本寿朗編著『日本型産業集積の未来像』日本経済新聞社，1997年を参照。
（10）　山田鋭夫・須藤　修『ポストフォーディズム』大村書店，1991年。須藤　修「企業とネットワークの政治経済学」『分岐する経済学』（岩波講座社会科学の方法）岩波書店，1993年。
（11）　J. Wiklund and C. Karlsson (1994), "Flexible companies in an industrial district : The case of the Gnosjo region in Sweden", in J. M. Veciana, *SMEs : Internationalization, Networks and Strategy*, Aldershot : Avebury.
（12）　N. ギルバート・R. バローズ・A. ポラート編／丸山恵也訳『フォーディズムとフレキシビリティ――イギリスの検証』新評論，1996年，5‐6ページ。
（13）　C. F. Sabel (1989), "Flexible Specialisation and the Re-emergence of Regional Economies", in P. Hirst and J. Zeitlin (eds.), *Reversing Industrial Decline ?- Industrial Structure and Policy in Britain and Her Competitors*, New York : Berg. C. F. Sabel and J. Zeitlin (eds.) (1997), *World of Possibilities*, Cambridge University Press.
（14）　A. Saxenian (1994), *Regional Advantage-Culture and Competition in Silicon Valley and Route 128*, Harvard University Press. 大前研一訳『現代の二都物語』講談社，1995年。A. Saxenian (1996), "The origins and dynamics of production network in Silicon Valley", in Z. J. Acs (ed.), *Small Firms and Economic Growth*, Volume II, Edward Elgar Publishing. A. Saxenian (2000), "Regional Networks and Innovation in Silicon Valley and Route 128", in Z. J. Acs (ed.), *Regional Innovation, Knowledge and Global Change*, Pinter.
（15）　H. Armstrong and J. Taylor (1993), *Regional Economics and Policy*, Harvester Wheatsheaf, pp. 77-81. H. アームストロング and J. テイラー／大野喜久之輔監訳『地域振興の経済学』晃洋書房，1991年，80-86ページ。また，H. アームストロング and J. テイラー／坂下　昇監訳『地域経済学と地域政策』流通経済大学出版会，1998年を参照。
（16）　P. Krugman (1991), *Geography and Trade*, MIT Press. 北村行伸・高橋亘・妹尾美起訳『脱「国境」の経済学――産業立地と貿易の新理論――』東洋経済新報社，1994年。北村行伸「クルーグマンの複雑系アプローチ」週刊ダイヤモンド編集部／ダイヤモンド・ハーバード・ビジネス編集部共編『複雑系の経済学［入門と実践］』ダイヤモンド社，1997年。ポール・クルーグマン／伊藤隆敏監訳『経済政策を売り歩く人々――エコノミストのセンスとナンセンス』日本経済新聞社，1995年の第9章，ポール・R・クルーグマン／高中公男訳『経済

発展と産業立地の理論―開発経済学と経済地理学の再評価―』文眞堂，1999年を参照。
(17)　同上，北村訳，16ページ。
(18)　青木昌彦・奥野正寛編著『経済システムの比較制度分析』東京大学出版会，1996年，34-35ページ参照。
(19)　M. ミッチェル・ワールドロップ／田中三彦・遠山峻征訳『複雑系』新潮社，1996年。アーサー・ブライアン「経済社会がまったく変わる『収穫逓増の経済学』入門」『週刊ダイヤモンド』11月2日号，1996年。
(20)　ブライアン・アーサー「収穫逓増とビジネスの新世界」週刊ダイヤモンド編集部／ダイヤモンド・ハーバード編集部『複雑系の経済学』ダイヤモンド社，1997年，51ページ。「経済社会がまったく変わる『収穫逓増の経済学』入門」『週刊ダイヤモンド』11月2日号，1996年。W・ブライアン・アーサー／有賀裕二訳『収穫逓増と経路依存』多賀出版，2003年を参照。
(21)　P. Hirst and J. Zeitlin (1992), "Flexible specialization versus post-Fordism", in M. Storper and A. J. Scott (eds.), *Pathways to Industrialization and Regional Development*, London : Routledge.
(22)　M. J. Piore and C. F. Sabel (1984), *The Second Industrial Divide-Possibilities for Prosperity*, Basic Books. マイケル・J. ピオリ and チャールズ・F. セーブル／山之内靖・永易浩一・石田あつみ訳『第二の産業分水嶺』筑摩書房，1993年，6ページ。
(23)　それらのなかに次の研究成果がある。W. Sengenberger, G. W. Loveman and M. J. Piore (eds.) (1990), *The Re-emergence of Small Enterprises*, ILO. F. Pyke, G. Becattini and W. Sengenberger (eds.) (1990), *Industrial Districts and Inter-Firm Co-Operation in Italy*, ILO. F. Pyke and W. Sengenberger (eds.) (1992), *Industrial Districts and Local Economic Regeneration*, ILO. F. Cossentino, F. Pyke, W. Sengenberger (1996), *Local and Regional Response to Global Pressure : The Case of Italy and Its Industrial Districts*, ILO.
(24)　H. Lorenz (1992), "Trust, community, and cooperation-Toward a theory of industrial districts", in M. Storper and A. J. Scott (eds.), *Pathways to Industrialization and Regional Development*, London : Routledge. H. Ernste and V. Meier (eds.) (1992), *Regional Development and Contemporary Industrial Response-Extending Flexible Specialisation-*, Belhaven Press. M. Perry (1999), *Small Firms and Network Economies*, London : Routledge.
(25)　学習経済については，S. Conti and P. Giaccaria (2001), *Local Development and Competitiveness*, Kluwer Academic Publishers, pp. 208-213 を参照。
(26)　野中郁次郎・竹内弘高『知識創造企業』東洋経済新報社，1996年。また，ピーター・M. センゲ／守部信之訳『最強組織の法則』徳間書店，1995年を参照。
(27)　たとえば次の文献を参照。F. Boekema, K. Morgan, S. Bakkers, R. Rutten

(2000), *Knowledge, Innovation and Economic Growth-The Theory and Practice of Learning Regions-*, Edward Elgar Publishing Limited, pp. 7-8. J. C. Jarillo (1988), "On Strategic Networks", *Strategic Management Journal*, January-February.

(28) R. Florida, "The Learning Region", in Z. J. Acs (ed.) (2000), *Regional Innovation, Knowledge and Global Change*, Pinter. R. Florida (1995), "Toward the learning region", *Futures*, Vol. 27, No. 5, June. ラーニング・リージョンに関する他の文献としてつぎのものがある。D. Keeble and F. Wilkinson (eds.) (2000), *High-Technology Clusters, Networking and Collective Learning in Europe*, Aldershot : Ashgate. P. Cooke and K. Morgan (1998), *The Associatiobal Economy-Firms, Regions, and Innovation-*, Oxford University Press. Z. J. Acs (ed.) (2000), *Regional Innovation, Knowledge and Global Change*, Pinter.

(29) F. Boekema, K. Morgan, S. Bakkers, R. Rutten (2000), *Knowledge, Innovation and Economic Growth-The Theory and Practice of Learning Regions-*, Edward Elgar Publishing Limited, p. xiii.

(30) マイケル・ポラニー／佐藤敬三訳・伊藤俊太郎序『暗黙知の次元――言語から非言語へ――』紀伊国屋書店, 1980年を参照。

(31) R. Florida (1995), "Toward the learning regions", *Futures*, Vol. 27, No. 5 を参照。

(32) D. Felsenstein, M. Taylor (eds.) (2001), *Promoting Local Growth-Process, Practice and Policy-*, Aldershot : Ashgate Publishing Limited, p. 85.

第3章　中小企業の異質多元性と
　　　　地域産業のパラダイム転換

第1節　中小企業における異質多元性の深化

1　中小企業における異質多元性の再認識

(1) 異質多元的な発展

　中小企業研究において先駆的な業績を数多く残された山中篤太郎は,「中小工業が異質多元の集群(1)」であるとし,中小企業は「内容も決して単純,均質でなく,前からわたしの指摘しているような異質多元,複雑多岐なのである」と一貫して主張された(2)。

　第2次世界大戦後も戦前と同様に,大企業の発展を阻む中小企業群の存在に注目する者は多かったが,これに対し山中は,中小企業が多様な存在であり,けっして一括りして論じる対象ではないと主張し続けたのである。いまや中小企業の存立形態は,下請企業,自社製品をもつ独立企業,急成長企業,新分野・新技術に挑戦するベンチャー・ビジネス,ニッチ市場で世界マーケットを独占する小規模なオンリーワン企業などのように異質多元的であり,さらにその異質多元性はいっそう深まっている。

　したがって,中小企業の共通分析枠組みとしてのパラダイムを求めるとすれば,中小企業実態の多様性を的確に組み込むことのできるものでなければならない。

　いま,大企業を中心に根本的な事業再構築に取り組んで企業競争力や国の競争力を強化しなければならない。しかし,事業分野の見直しと資源の集中によって新規事業分野を開拓し,企業競争優位を獲得すべきにもかかわらず,経済成長によって経済問題が解消するという「循環的」な思考を捨てきれないまま,企業の「構造的」な改革に取り組もうとしているのである。

　このように大企業体制が大きく揺らぐなかで,大多数を占める中小企業部門

でもシステム改革の必要性がこれまで以上に強まっている。とりわけ，経済活力の源泉である中小企業層の厚さを決定づける開業と廃業の面で，廃業が急増する一方で開業や創業が停滞している。経済が順調にが拡大する時期には水面下で進行しても，問題として顕在化することが少なかったが，最近の中小企業数減少はいちじるしく，経済システムになんらかの不可逆的かつ構造的問題が存在していることを示唆している[3]。これは，中小企業の多様化を阻む危険な兆候である。

ところで，わが国の中小企業の地位は図表3-1にみられるようにかなり高く，また図表3-2で企業規模別にみると，299人以下を中小企業としても実際

図表3-1　全事業所数および全従業者数に占める中小企業の比率（2006年）

	中　小　企　業						大企業	計
	製造業	建設業	卸・小売業	サービス業	その他	計		
事業所数（万）	54.5	54.9	158.1	108.1	184.5	560.1	5.1	565.2
中小企業の比率	99.4	100.0	98.7	99.2	99.1	99.1	0.9	
（うち小規模）	84.1	939.0	67.9	77.0	86.6	75.0		
従業者数（万）	736.6	401.2	976.6	598.6	1,485.4	4,198.4	1,196.3	5,394.7
中小企業の比率	74.2	96.8	79.0	71.2	87.3	77.8		
（うち小規模）	25.3	63.7	22.3	22.4	29.1	25.6		

資料：総務省「事業所・企業統計調査」より作成。

図表3-2　製造業の事業所数と従業者数の規模別構成（2008年）

	事　業　所		従業者（千人）	
		構成比(%)		構成比(%)
4～9人	127,064	48.3	746	9.0
10～19人	60,162	22.9	818	9.8
20～99人	61,442	23.4	2,450	29.4
100～299人	10,787	4.1	1,753	21.0
300～999人	2,921	1.1	1,435	17.2
1,000人以上	537	0.2	1,127	13.5
4～299人	259,435	98.7	5,767	69.2
300人以上	3,458	1.3	2,562	30.8
合　計	262,893	100.0	8,329	100.0

資料：経済産業省「工業統計表」より作成。

には19人以下の小零細企業に大きく偏っている。中小企業は数の面で過多であり，規模の面で過小であるために，中小企業には多くの問題があるといわれてきたが，近年は企業数が減少する傾向にある。そのため，企業数や規模の側面よりも，既存中小企業の技術革新志向，研究開発志向を支援し，個別企業の経営体質強化をはかって高付加価値経営を実現することがもっとも重要な課題になっているのである。

わが国の中小企業は，大企業と対比して中小企業群として一括することが常識になっていたが，ここまで確認してきたように多様な存立形態がみられ，またベンチャー企業のような新たな形態も加わってきた。まさに中小企業の多元性がいっそう明確になってきたというべきである。

(2) 中小企業研究の多様化と拡散

日本経済の活力を維持，向上するためには，新技術の開発，新技術の事業化を刺激し創業環境を整備し，まず中小企業の数を増やしていくことが重要な課題である。売上高に対する研究開発費の割合が高い研究開発型の中小企業をベンチャー・ビジネスとよぶことが多い。これまで1970年代に第1次ベンチャー・ブーム，1980年代に第2次ベンチャー・ブーム，そして1994年ごろから第3次ベンチャー・ブームとよばれる時期があった。ところが，これらのブームは断続的，不連続でブームの去った後には何も残らなかった。今後は，これまでの反省に立って連続的にベンチャー・ビジネスを生み出せる経済環境をつくっていくことが必要である。

中小企業は，これまでも環境変化に柔軟に対応してきた。21世紀においても環境にうまく適応して存在し続けることはいうまでもないが，絶えず変化する環境への適応や対応だけでなく，環境変化をいち早く察知し事業環境をみずから変えていく力を身につけなければならない。技術革新的な企業像が描かれるが，それを具体化するにはさまざまな方法や手段がある。ベンチャー・ビジネスの創業あるいは新分野の創造は，いまのところ独立企業による自立的な事業展開が主流であるが，ネットワーク社会の時代においては複数企業のネットワ

ーキングによって技術革新的活動を展開すべきである。

　社会が複雑化，高度化するにしたがって，企業においても事業活動に必要な資源（経営資源）はますます高度化し，それらを入手し蓄積するコストがかさむようになる。また，単独企業であらゆる経営資源を保有し高度化することは，中小企業には限界がある。そこで，とりわけ中小企業にとって，複数企業が相互に経営資源を補完する企業間の連携行動がますます意義を高めてくるのである。

　産業間にまたがる連携，業種間の連携も多くみられているが，従来のように同一業種に閉じこもることなく，より広い視野に立ち共同で事業に取り組むオープンなネットワーク活動が有効である。従来の規模の経済を超えて，範囲の経済が効果的に実現できる時代にあることを強く意識すべきである。いまは，企業間の多角的連携，さらには地域を単位とする中小企業，自治体・中小企業支援団体・大学などの知的資産を結びつける産官学の協力関係の構築によって，新技術や新分野を開拓することが十分可能な時代である。

　こうしてみると，後述のような二重構造論が中小企業パラダイムの基礎であった時代からすると，中小企業が多様化するだけでなく，中小企業のとらえ方もまたきわめて多様化している。近年，諸外国でも経済学，地域経済学，経済地理学，経営学，社会学などから中小企業研究に取り組む人びとが増えている。中小企業研究を軽視した20年前から比べると，この10年をみても多様な分野から中小企業研究が行われるようになっており，アプローチ方法は戸惑うほどバラエティに富み，トーマス・クーンが提起したパラダイムが中小企業研究者の間に構築されていないことがよくわかる。

2　中小企業のパラダイムと構造変化

(1)　中小企業のパラダイム転換──地域軸パラダイム──

　トーマス・クーン（T. Kuhn）は著書の『科学革命の構造』で，実際の科学研究において専門家集団のあいだでは法則，理論，応用，装置などを含んだ知識の体系があり，それが一連の科学研究の伝統をつくるものになっていると

し，こうした枠組みをパラダイム（paradigm）とした。科学の進歩はひとつの理論のなかでの進歩であり，それがある段階に至ると行き詰まり別の理論が生まれる。そして，従来のパラダイムに支配されている科学は新しいパラダイムに移行し科学革命になるという。ある集団の成員によって共有される信念，価値などの全体を示すパラダイムの転換が起こるのである。[4] 専門家の研究活動は，パラダイムが示している現象や理論の解決に向かうか，解くべき課題はクーンの表現では，パラダイムのもとで「パズル解き」が大切なのである。

中小企業の事実認識の分析枠組みは，長いあいだ二重構造論を軸とするパラダイムであった。このパラダイムのもとで，遅れた部門の中小企業の近代化なくして国民経済の発展は期待できないと考えてきたのである。世紀の転換点において科学革命とよぶまでには至らないが，このパラダイムに大きな転換が生じた。すでに1970年代の半ばから中小企業のパラダイム転換を求める現象がみられ，底流の構造的変化に対応して中小企業の研究枠組みのイノベーションも強く要請されていたのである。

地域という空間（space）を軸とする中小企業研究は比較的手薄で，経済地理学などの分野では先行していたが，十分な経済学的，経営学的分析が加えられていたとはいいがたい。最近は地域中小企業の役割や機能に強い関心が寄せられるようになり，中小企業が学際的に分析される傾向にある。地域経済を論じるとき，明示的でなくても中小企業の存在を前提している。こうして，中小企業のパラダイムは大きく変わってきたのである。

前章で論じた地域に埋め込まれた企業は，実際には地域の中小企業である。そして，たんに地域に存在しているというだけでなく，地域内で多様な企業間取引関係，人間関係を形成し，ネットワーク型企業間関係が観察でき，その企業間関係が相互の信用，信頼に基礎をおいていることなどが共通している。そこで，地域経済の基盤を構成する中小企業はどのような視点からとらえられてきたかをパラダイム・シフトの観点から明らかにしておく必要がある。

これまで，中小企業がその小規模性から多様な中小企業問題をかかえる存在とみなすことが多かった。中小企業の過小過多性という考え方が中小企業パラ

ダイムの主要な構成要素とされ，実態把握の枠組みであるこのパラダイムに拘束されることも多かった。重要なことは，中小企業研究アプローチの分散・拡散から収斂をもとめるとき，中小企業の多様性を認めるパラダイムでなければならないことである。

(2) 二重構造の理論および実態の変容

　ごく最近まで，人びとにもっとも強い影響を与えてきた中小企業観は，二重構造論に立つものであった[5]。1960年代には，日本経済の発展には中小企業部門と農業部門の生産性向上が不可欠で，国際競争力を備えるためには中小企業の設備近代化，経営近代化の推進が必要とされ，この目的を実現するため中小企業基本法が1963年に制定された。第2次世界大戦以前から，わが国では中小企業の政策支援がつねに課題であったが，1950年代の初めに提起された二重構造論にもとづく中小企業は弱者という見方が，その後，中小企業基本法における理念を軸に社会の隅々まで浸透したといえよう。

　1960年代後半から1970年代半ばまでの短期間の高度成長のなかで，中小企業の事業活動がきわめて活発になり中小企業の技術力が急速に向上し，中小企業の「低生産性」とこれに起因する「低賃金」，さらには「経営の不安定性」といった中小企業のもつ国民経済的な問題にもかなりの改善がみられた。大きかった規模別経済格差が縮小し二重構造が緩和されたことから，1970年代に入ると，もはや中小企業は弱者ではないという中小企業観もあらわれるようになった。高度経済成長期に中小企業が蓄積した高い技術力と自立化の動きに注目して，中小企業観も「保護すべき中小企業」から「活力ある中小企業」へと変わったのである。

　1980年代になると1970年代から進展していた経済の成熟化と低成長の傾向がいっそう強まり，こうした環境変化に対応して下請企業から自立化する中小企業，新分野を開拓する企業，研究開発型企業があらわれるなど中小企業の存立形態も異質化，多様化してきた。この時期になると，中小企業は生産性が低い，低賃金で人材が集まらない，新分野進出が難しいなど問題点が数多く残っ

ているものの，中小企業を一律に弱者と把握する必然性は希薄になった。

今日の中小企業がすべて強い体質を備えているとか，中小企業はとくに問題をかかえていない，もはや政策支援の必要性は乏しいとする見方が一人歩きしがちであるが，この点については大いに疑問がある。しかし，中小企業はもはや弱者ではないというとき，一定の留保条件が必要であることはいうまでもないが，これまで弱者であり保護すべきとして実施されてきた中小企業政策が実態に対応しないことも明らかである。⁽⁶⁾

さきに，中小企業は弱者ではないというとき一定の留保条件をもとめた。それは，従来型中小企業政策がまだ必要であることを意味している。すなわち，中小企業の生産性を向上して高い賃金を支払える能力を備え，より魅力的な賃金の提示によってすぐれた人材に依存した高付加価値経営を可能にすることは，企業の大小にかかわらず永遠の課題である。

しかし，活力ある中小企業に注目して，強い体質をもつ中小企業を数多く生み出す中小企業政策も重要性を増している。研究開発（R&D）を重視し新しい産業分野，技術分野にチャレンジするベンチャー・ビジネスが活力ある中小企業の代表的なタイプである。とくに未確立なマーケットに進出する場合，失敗の確率も高く大きなリスクを負うことになるが，このリスクにあえて挑戦するのがベンチャー・ビジネスに共通する大きな特性のひとつである。

ベンチャー・ビジネスだけでなく，すべての企業が多様なリスクをかかえていることはいうまでもない。ベンチャー・ビジネスへの期待は，大きなリスクに挑戦し新規産業分野を開拓し，雇用機会を増やし経済を牽引することにある。イノベーションについては，大企業と中小企業でどちらが技術革新的かなど，技術革新に強い関心を持っていたシュンペーター（J. A. Schumpeter）以来さまざまな議論が展開され，中小企業の技術革新性にも多くの研究者が時間を割いてきた。⁽⁷⁾現状においては大企業が事業再構築に体力を消耗し，膨大な研究費の調達にも苦慮しているところから，中小企業の技術革新能力に大きな期待を寄せざるを得ないということもできる。

第2節　中小企業政策にみる地域視点

1　中小企業政策の転換と地域中小企業

(1)　1950年代から高度成長期の中小企業問題

　わが国における中小企業政策の歴史は古く，政策も体系的に展開され諸外国からの評価も高い。[8]中小企業政策は本来，経済合理性にもとづく経済政策と経済非合理性に配慮した社会政策的な側面をあわせもちながら，経済政策をとおして中小企業問題の解決をはかる目的をもっている。

　中小企業政策をふりかえると，経済政策の一分野に位置づけられるものの，おもに経済政策のサブシステムである産業政策領域の政策として展開されてきた。しかしながら，いわゆる産業政策が「産業」を基準にした政策であるのに対し，中小企業政策が「企業規模」を基準にしているところには鮮明な政策意識が確認できる。その意味では，中小企業問題の明確な認識こそが効果的な中小企業政策の基礎条件である。中小企業基本法や関連法律において，政策対象資格（eligibility）を明確に限定する必要から，各法律により適用対象の中小企業の範囲を定めているのである。

　中小企業問題が存在しなければ中小企業政策は成立しえないが，中小企業問題はすぐれて企業規模の違いによって発生しているという考え方の説得力や現実との整合性に検討を加える必要がある。

①　戦後復興から1950年代の中小企業

　第2次世界大戦後，わが国の産業は壊滅状態にあり，乏しい資源を特定産業に集中して利用する傾斜生産方式が採用された。これは，石炭産業に資金，資材，労働力を集中的に投入し，石炭を増産しながら鉄鋼生産を拡大し，この鉄鋼資材を石炭産業に回すことで両者の循環を形成し，石炭，鉄鋼，化学肥料，ついで機械産業の復興と発展をねらったものである。この政策には一定の評価がなされているが，しかし，終戦後の混乱のなかで生まれた多数の中小企業にとっては，資金や資源が不足するという問題が深刻化した。

　その後の朝鮮戦争によるいわゆる特需景気によって中小企業も一息つくが，

その後の反動のなかで売上の不振，資金調達難がふたたび深刻になった。こうした状況のなかで，大企業は生産能力不足の補完と競争力強化のためのコスト削減の必要が強まり，さらに景気変動にともなうリスク分散をはかるため部品や半製品の外注を一般化し，下請取引形態が多くの産業で広がった。戦前からみられた下請制（度）がこの時期に復活し，下請形態の普及によって中小企業は急増したのである。

とくに，この時期には中小企業の金融問題が広がってきたため，国民金融公庫（現在の日本政策金融公庫）が設立され，朝鮮戦争による特需景気後の不況における中小企業の金融問題に対処するため，中小企業金融公庫が設立された。戦後の中小企業問題は，1950年代を通して金融問題の深刻化と問題を内包する下請制の復活と普及に集約することができる(9)。

② 高度成長時代の中小企業

1955年の『経済白書』は「もはや戦後ではない」としたが，わが国の経済活動はこの時期にようやく戦前の水準に回復した。しかし，この復興過程で生産性，賃金，技術レベル，資金調達力における大企業と中小企業の格差が拡大してきた。1957年度の『経済白書』はこれらの格差の存在を「二重構造」の問題として指摘したが，同年の大企業と中小企業との格差は，付加価値生産性ではおよそ46％，賃金でおよそ53％であり，それぞれ大企業の半分程度と大きな格差であった(10)。その後，賃金格差は縮小したが，中小企業の賃金が大企業の20％ほど低いアメリカと比較した場合，1997年に62.6％となっているわが国の賃金

図表3-3　大企業を100としたときの中小企業の水準（格差指数） (％)

年	1988	1989	1990	1991	1992	1993	1994	1995	1996	1997
賃金格差	61.1	61.9	62.5	63.3	64.9	64.8	64.1	63.7	62.9	62.6
付加価値生産性格差	46.5	45.9	47.4	49.5	51.7	51.5	50.6	48.8	48.2	49.0
資本装備率格差	52.7	53.3	54.6	56.0	57.4	57.5	58.9	58.7	61.0	61.0

注：賃金＝現金給与総額／従業者数
　　付加価値生産性＝年間付加価値額／従業者数
　　資本装備率＝有形固定資産／従業者数
　　賃金，付加価値生産性は従業者数4人以上の事業所，資本装備率は従業者数30人以上の事業所について集計。
資料：通商産業省「工業統計表」より作成。

格差は十分に解消したわけではない（図表3-3参照）。

　高度成長前期（1955～62年）は，「投資が投資を呼ぶ」かたちで設備投資がリードする経済循環が形成されて国民所得が増加し，経済が急速に成長した。高度成長の過程で二重構造論において指摘された諸格差の解消をはかるために1963年には「中小企業基本法」が制定された。これは，企業間格差を解消してわが国経済の国際競争力の強化をねらったものであるが，高度成長後期（1963～72年）以降になると，1人当たりの国民所得は先進国の水準に近づき，また輸出市場の拡大によって経済が急速に成長したため労働力不足となり，その結果，中小企業の賃金が上昇して大企業との諸格差は縮小するようになった。

　高度成長前期から生産技術の高度化や専門化がすすみ，技術面で信頼できる下請企業への期待が高まった。全般的な技術進歩が中小企業部門にも波及し，下請取引をとおして技術に自信をもつ中小企業が多くなった。この時期の特徴は，戦後復活した下請分業構造が低コスト生産のメリットを活用した役割分担構造にとどまらず，技術を軸とした分業関係に変質したことである。親企業から下請企業への管理機能の移譲がすすみ，高度成長前期から後期にかけて，下請企業の重層化であるピラミッド構造が形成されたと考えられる。

(2) 安定成長期と転換期の中小企業

　オイル・ショックの発生した1973年から経済の国際協調が本格化する1984年までが安定成長期であり，プラザ合意の行われた1985年から今日までが転換期にあたる。安定成長期を特色づける1973年に発生した第1次オイル・ショックを機に高度成長は終わり，安定成長，低成長期に入った。市場拡大が鈍化し，大企業が下請企業に発注していた外注を内製に切り替え，大企業が従来の中小企業分野へ進出し，大企業と中小企業が直接競合する場面が多くなった。

　こうした背景のなかで大規模小売店舗の出店を規制する「大規模小売店舗法」や中小企業分野への大企業の進出を抑制する「分野調整法」などがこの時期に成立した。

　一方，国内では情報機器の急速な技術革新によって情報化がすすみ，中小企

業でも情報化への対応が大きな課題になった。情報化への対応しだいで、企業間に大きな経営格差が生まれる時代になったのである。また、サービス経済化の傾向もいっそう強まり、中小企業にも新たな事業機会が増えてきた。

　経済の国際化も急速で、ボーダーレスといわれるほど資本、技術、人材が国や地域を超えて移動するようになった。国際間の相互依存関係が強まるなかで、1985年のプラザ合意が行われ急激な円高となり、翌年には円高不況となったものの、これまでの輸出主導型の経済体質を内需主導型に転換する過程で、経済政策の失敗からバブル経済に突入した。

　円高で人件費コストが大幅に上昇したため生産力を海外に移転する企業も多くなったが、国内の産業空洞化がすすんだ。中小企業においても海外進出するものが多くなり、大企業が海外進出したため仕事を失う下請企業も多くなった。高度成長期に形成された下請分業構造は、生産工程の複雑化や加工の高度化などを反映してレベルを高めたが、親企業の海外進出などから生まれるリスクを分散するために脱下請をめざす中小企業が多くなった。

　バブル経済の崩壊によって日本経済の活力に大きな翳りがみられるようになり、経済活性化をはかるためにドラスチックな経済構造改革が必要となった。その重要な担い手としての中小企業の活力に強く依存するようになったが、中小企業部門をみると、新陳代謝機能の健全性の有力な指標ともなる新規創業数がいちじるしく減少しているところから、日本経済の構造調整と活性化の手段として中小企業数をいかに増やしていくかが大きな課題になっているのである。1995年にはいわゆる（以下同じ）「中小企業創造活動促進法」、98年にはテクノポリス法を吸収して「新事業創出促進法」が制定され、中小企業技術革新制度（SBIR）などを具体化した創業支援、ベンチャー企業創出が中小企業政策の重要な柱に位置づけられたのはこのためである。

(3) 中小企業政策の転換と地域中小企業

① 活力ある多数派

　地域産業政策は、国や地方自治体の中小企業政策と連動して具体的に展開さ

れる。この中小企業政策も,わが国の中小企業を取り巻く環境がいちじるしく変化したことをうけて大きく変容し,とくに1999年12月に改正された中小企業基本法によって,新たな視点から中小企業政策が展開するところとなった。(11)

中小企業基本法は先述のように1968年に制定されたが,当時はわが国が経済成長によって二重構造を解消しなければならないといわれ,低生産性と低賃金によって存立する農業部門と中小企業部門の近代化を促進して,相対的に高い生産性を実現しつつあった大企業に近づけ,全体としての国際競争力を強化する必要性が叫ばれていた。このような背景をもって制定された中小企業基本法は,その前文で,企業間の生産性格差,賃金格差が国民経済で解決すべき大きな課題であるとし,第1条ではこうした諸格差を是正することが中小企業政策の目標だと明記していた。

旧中小企業基本法では,弱者の中小企業を保護しながら育成するという視点から具体的な政策が実施されたが,実態的には1970年代から生産技術の高度化,技術蓄積に前向きな中小企業,研究開発に力を入れた自立的な中小企業が多くなり,80年代になると多数のベンチャー企業が生まれるようになった。

70年代から80年代にかけて自助努力によって積極的に新技術開発,新分野進出に取り組む中小企業がみられるようになって,「中小企業は弱者である」とする通念に変化を求める「中小企業は活力ある多数派」という中小企業観が力を増してきた。さらに,90年代に入ってバブル経済の後遺症から大企業がリストラに体力を消耗するかたわらで,コンピュータや情報関連分野,ニューサービス分野を中心に新たな中小企業が多数生まれるようになった。

新しい分野で誕生する企業は,従来の中小企業政策とほとんど関係なくみずから活躍の場を見いだしており,創業支援策が整備されれば自然に新規企業が創出されるとみるのは早計である。むしろ,こうして出現する中小企業の周辺でなおいっそう多くの中小企業が生まれるためには,どのような環境で企業が創出されるかといった実態研究が必要であり,その実態を的確に反映した環境整備に取り組まなければならない。

中小企業基本法は,もともと個々の中小企業がどのように将来ビジョンを描

くか，また，中小企業を支援する政策がどのように体系化されるべきかを示す基本原理を備えるべきである。基本法が制定されてから30年の間に日本経済は高度成長から低成長へ，成長型から成熟型へ，輸出主導型から内需主導型へ，投資主導型から消費主導型へと経済構造も質的に変容し，工業中心のハードな経済から多様なサービス産業が成長するソフトな経済へと産業構造の面でも大きな変化が生じた。

経済のグローバル化によって拍車がかかって経済構造，産業構造が急速に変化するなかで，事業活動を展開する中小企業にも相当大きく変質が求められている。ところが，従来の中小企業基本法のフレームワークではこうした中小企業を取り巻くパラダイムの変化に十分に対応できなくなり，1999年の改正をみたのである。[12]

② 自助努力の支援

新しい基本法の理念は，中小企業の柔軟性や創造性，機動性に注目し，その目的は中小企業の自助努力の支援にある。旧基本法は，非近代的な中小企業構造の克服にその理念をおき，大企業と中小企業の諸格差の是正を中小企業政策の目標とし，すべての中小企業を保護育成しようとする傾向が強かった。だが新基本法では，積極的に事業活動に取り組み，研究開発やその事業化に熱心な中小企業の「自助努力」を正面から支援するとしており，政策資源をやる気のある企業に集中的に配分するという方向に変った。

重点施策においても，中小企業の高度化等として設備の近代化や企業規模の適正化あるいは事業の共同化といったスケール・メリットを追求する施策から，中小企業の経営革新と創業の促進へと大きく転回した。

新基本法で「設備，技術，個人の有する知識及び技能その他の事業活動に活用される資源」と示される「経営資源」の充実にかかわる施策が経営革新の支援である。これについては，基本法のほかに従来の中小企業近代化促進法（近促法）の廃止にともない1999年に「中小企業経営革新支援法」が制定され，特定業種を対象にした近促法とは異なり，全業種を対象に経営革新支援が行われるようになった。[13]

図表 3-4　新旧中小企業基本法の理念と体系の比較

	旧・中小企業基本法	新・中小企業基本法
基本理念	企業間における生産性等の「諸格差の是正」 →	独立した中小企業の多様で活力ある成長発展 〈中小企業に期待される役割〉 ○新たな産業の創出 ○就業機会の増大 ○市場競争の促進
政策体系	中小企業構造の高度化 （生産性の向上） ○設備の近代化 ○技術の向上 ○経営管理の合理化 ○企業規模の適正化 ○商業及びサービス業 ○商業の転換 ○労働に関する施策	経営の革新・創業の促進（自らがんばる企業の支援） ○経営革新の促進（技術、設備、ソフト面の支援等） ○創業の促進（情報提供・研修、資金供給円滑化等） ○創造的事業活動（ベンチャー）の促進 　（研究開発、支援人材、株式・社債等による資金調達等）
	事業活動の不利の補正 （取引条件の向上） ○過度の競争の防止 ○下請取引の適正化 ○事業活動の機会確保 ○国等受注機会確保 ○輸出振興 ○輸入品との関係調整	経営基盤の強化（経営資源の充実） ○経営資源確保 ・設備 ・技術（中小企業技術革新制度〈SBIR〉、産学官連携等） ・人材・情報 ・中核支援拠点等の整備 ○連携・共同化の推進 ○産業集積・商業集積の活性化 ○労働に関する施策 ○取引適正化 ○国等受注機会確保
	→	経済的社会的環境変化への適応の円滑化（セイフティネットの整備） ○経営安定、事業の転換等の円滑化

資料：経済産業省・中小企業庁／中小企業総合事業団「新中小企業時代の中小企業政策」（2000年1月）より作成。

　基本法の改正によって，基本的施策として先の経営革新の促進のほかに新しい柱のひとつとして創業促進が加えられたことに注目したい。1990年代のはじめまで，経営資源の充実など既存中小企業を中心とした中小企業構造の高度化が政策の大きな目標であったが，80年代以降になって環境変化に対応できない中小零細企業が多数廃業したことから，開業を促進する手だてを用意しなけれ

ばならなくなったのである。

　かつて中小企業部門は過小過多がその最大の特徴とされ，わが国の中小企業は企業規模が小さ過ぎる（過小，too small），数が多過ぎる（過多，too much）とみられていた。過小過多ということから中小企業が過当競争に陥り，利益を獲得して積極的に事業展開することができない制約された存在と考えられてきたから，そこには当然のこととして企業数の増加をうながす創業や開業を支援する政策発想はなく，創業支援の必要もなかった。ただ，ベンチャー企業の創出をねらって1995年に制定された「中小企業の創造的事業活動の促進に関する法律」（中小創造法）で，初めて創業支援が政策課題として認識され具体的に対策が講じられたことを付記しておく。

　ところで，わが国の廃業率（2001～04年には6.4％）が開業率（同4.2％）を上回るような事態がつづき，企業数が減少傾向にあるのに対し，アメリカでは開業率（2001年に10.4％）が廃業率（同9.8％）を上回り企業数は実質的に増加している。[14]

① わが国は開業率と廃業率が逆転した状態にある。
② わが国は開業率と廃業率のなかで，開業率がいちじるしく低下している。
③ アメリカの開業率と廃業率はともに高率であるが，とくに開業率の高さがきわだつ。

といったことから，わが国は創業を刺激して中小企業数の増加によって経済の活性化をはからなければならないのである。

　産業構造の変化につれて，時代に合わない産業や時代に対応できない企業は廃業などで縮小・撤退し，新しい時代のニーズに適合した産業や新分野を掘り起こした企業が開業することで産業や企業が交代するが，こうした開業と廃業こそが経済の健全性を維持する役割を果たし新陳代謝を促進するのである。したがって，開業と廃業の動きは経済の健全さの重要な判断指標であり，なかでも開業率の低下は新しい企業を生み出せないなんらかの構造的問題や障害の存在を意味している。アメリカのきわだって高い開業率が，現在の長期的な経済

成長の源泉と認識されており，わが国の開業率を改善するために新規創業を支援する政策の必要性が強まったのである。[15]

③ 不十分な地域視点の表出

1999年12月の中小企業基本法改正にともない関連諸法律も一挙に改正されたのであるが，中小企業の活力を引き出して経済の長期的低迷から脱する途を開くため，政府は中小企業国会と位置づけて中小企業政策を包括的に議論することにしていた。しかしながら，政治の混乱から十分な議論もなく，さらには国民に中小企業の経済における役割や政策の重要性について認識を深める機会を失ったまま，中小企業政策の方向を変更したということもできる。

ところで，中小企業政策に関心をもつ人びとには，国レベルにおける中小企業政策の充実はみえても，地域を具体的な実施の場とした中小企業政策の姿がみえないという不満は大きい。地域の観点から中小企業基本法をみると，第17条において，「国は，自然経済社会的条件からみて一体である地域において，同種の事業又はこれと関連性が高い事業を相当数の中小企業者が有機的に連携しつつ行っている産業の集積の活性化を図るために必要な施策を講ずるものとする」とし，第18条で，「国は，相当数の中小小売商業者又は中小サービス業者が事業を行う商店街その他の商業の集積の活性化を図るため，顧客その他の地域住民の利便の増進を図るための施設の整備，共同店舗の整備その他の必要な施策を講ずるものとする」と定めている。[16]

地方分権がすすむ時代にあるところからみると，製造業の地域的集積や地域商業集積の活性化に関連して，もっと具体的に地域の経済政策主体がどうあるべきかを示唆する必要がある。もっとも，中小企業政策研究会の報告書では，[17] 国と都道府県との役割分担，都道府県レベルの中小企業振興公社等を含めた公設試験研究機関など中小企業支援機関における役割分担，市町村レベルでの商工会や商工会議所などさまざまな中小企業関連機関における役割分担について言及しているが，地域から政策実施主体の全面的な見直しを行っていないという問題点が依然として残り，いずれ修正を迫られよう。[18]

2　地域中小企業政策の展開

⑴　構造改革と地域にみる中小企業観

　経済のグローバル化や世界規模ですすむ市場経済化のなかで，わが国の経済構造は硬直化しこれまで評価された環境変化への柔軟な対応力，適応力がみられなくなった。こうして多面的な構造改革が必要になったのである。なかでも，中央政府の財政構造改革が不可避なところから，地方の時代になって地域経済の中核をなす中小企業の活性化を急ぐ必要性が強まった。一方，地方分権が進展するなか，各地で広域市町村合併が計画されている。

　現在の市町村の数はおよそ1,720（2011年）であるが，今後これを1,000ないし600程度にまで減らす方向にある。したがって，地方分権を実質化するためにも各地域でそれぞれの地域にふさわしい産業，地域中小企業の育成と成長が必要になっている。地方の時代，地域の時代にあって地域経済を支える地域中小企業の存在は従来に増して大きくなったのである。

　廃業率が開業率を上回る状況がつづき中小企業数が減少し，かつて過小過多といわれ小規模企業が多すぎると思った時代ははるか昔に遠のき，いま新規創業を支援して企業数を増加させることがわが国で取り組むべき優先的な課題になっている。大企業のリストラ（事業再構築）によって増加する失業者に所得機会を提供する場となる中小企業の創出にかかる期待はこれまでにも増して大きいのである。

　中国の世界工場化がすすむなかで地域の中核的企業が生産を海外に移転し産業空洞化の心配が強まった地域では，地元中小企業の新分野進出と事業拡大による雇用力の向上は喫緊の課題である。

　地域政策の主体は国から地方に変わり，とくに地方自治体の責任が大きくなったが，中小企業政策をみても，これまで国が政策を立案し地方自治体はそのまま実施するというものであったため，地域の政策主体としての市町村では各地域にふさわしい独自の中小企業政策の立案能力をほとんど培ってない。地域で必要とし，地域にふさわしい中小企業政策のノウハウを蓄積する努力もしなかったとはいえ，地域中小企業が必要とする政策ニーズを謙虚に的確に把握す

図表3－5　地域視点の中小企業政策

1970年代	1980年代	1990年代	2000年代	2010年代

1971.4　中小企業特恵対策臨時措置法
1971.12　国際経済上の調整措置にともなう中小企業に対する臨時措置に関する法律 1976.12
1976.11　中小企業事業転換対策臨時措置法 1986.2　　1986.2　特定中小企業者事業転換対策臨時措置法（新転換法）1993.2
1978.10　特定不況地域中小企業対策臨時措置法（城下町法）1983.4
1983.4　特定不況業種関連地域中小企業対策臨時措置法（新城下町法）1986.2　　1986.2　特定地域中小企業対策臨時措置法 1991.3
1979.6　産地中小企業対策臨時措置法 1986.2

1992.5　特定中小企業集積の活性化に関する臨時措置法 1998.3
1997.3　特定産業集積の活性化に関する臨時措置法 2007.6
1991.5　特定商業集積の整備に関する特別措置法 1998.7
1998.7　中心市街地の整備改善及び商業等の活性化の一体的推進に関する法律　2006.6 中心市街地の活性化に関する法律
2005.4　中小企業の新たな事業活動の促進に関する法律
2007.6　企業立地の促進等による地域における産業集積の形成及び活性化に関する法律
2007.5　中小企業による地域資源を活用した事業活動の促進に関する法律
2008.7　中小企業者と農林漁業者との連携による事業活動の促進に関する法律
2009.8　商店街の活性化のための地域住民の需要に応じた事業活動の促進に関する法律

1974.5　伝統的工芸品産業の振興に関する法律

1963.7　中小企業基本法 1999.10　　（改正）中小企業基本法

ることから出発しなければならない。これからは，今後の10年，20年をみすえて，地域中小企業政策を地域自治体がみずから構築しなければならないのである。

　後述するように，地域中小企業政策の視点からみると，1986年に新転換法（「特定中小企業者事業転換対策臨時措置法」）と特定地域法（「特定地域中小企業集積活性化臨時措置法」）が制定されて地域中小企業の事業転換がすすめられてきたが，92年には中小企業集積の活性化を目的とした集積活性化法（「特定中小企業集積の活性化に関する臨時措置法」）が，97年には地域産業集積活性化法（「特定産業集積の活性化に関する臨時措置法」）が制定されて，わが国の「モノづくり基盤」と産地型集積の活性化をはかることになった。

　商業部門の中小企業に関しても，1991年に商業集積整備法（「特定商業集積の整備に関する特別措置法」），1998年には「中心市街地活性化法」が制定され，地域中小商業の活性化支援に力が入れられた。

　近年の工業部門と商業部門で実施されている中小企業政策は，ほとんどが経済構造改革との関連である。期待の大きいベンチャー企業だけでなく一般の中小企業にとっても，意欲ある企業が前進できるような環境整備にさらに努めるのが地域の産業政策担当者の責務となっている。

(2)　事業転換対策から始まる地域中小企業政策

　1963年に施行された中小企業基本法は1999年に一新されたが，改正前の中小企業基本法にもとづく中小企業政策は，規模を基準としながらも基本的には業種を単位として近代化政策を押しすすめてきた。しかし1970年代後半になると，地域視点にたつ政策が多く実施されるようになった。最初の政策は，近代化促進法にもとづく構造改善制度の運用によって1973年に生まれた地域単位の構造改善制度である。

　この地域を単位とする構造改善制度は，①企業数が多い業種などでは全国一律に計画を策定しても実効性が乏しい，②産地など品種の地域性が強い場合がある，③地域によって構造改善の意欲や計画に差異があるなどから，地

域別の中小企業近代化計画を作成するのが望ましいという観点にたつものであった。

　1974年には，地域伝統技術の将来性に懸念が生まれたことから「伝統工芸品産業の振興に関する法律」が制定された。伝統産業が「民衆の生活の中ではぐくまれ受け継がれてきたこと及び将来も存続しつづける基盤があることにかんがみ，このような伝統的工芸品産業の振興を図り，もって国民の生活に豊かさと潤いを与えるとともに地域経済の発展に寄与する」(第1条)ことにその法律の目的をおいている。伝統工芸品の指定により，振興計画を策定し後継者の確保・育成，技術保存，需要開拓などの事業を行うものであり，地域に視点をおいた初めての中小企業政策ということができる。

　また，中小企業政策のなかで円高やオイル・ショック後の不況対策として，「中小企業特恵対策臨時措置法」(1971年)，「中小企業事業転換対策臨時措置法」(1976年)，「特定中小企業者事業転換対策臨時措置法」(新転換法，1986年)によって事業転換対策が講じられていく。1975年に「中小企業近代化促進法」が改正され新分野進出計画制度ができ，さらに中小企業が需要の伸び悩む分野から収益性が高く経営の安定性が期待できる分野に進出しようとする場合に支援するために，事業転換対策として1976年に中小企業事業転換対策臨時措置法が制定された。輸出構造の変化によって事業活動に支障がでた業種，そのおそれがある業種で特定地域に集中する業種が施策対象になった。1986年にこの法律が廃止されると，これにかわって「特定中小企業者事業転換対策臨時措置法」が制定されたのである。

　新転換法は，貿易構造の変化，競合品の技術革新による需要の減退，原材料の確保難などの構造的要因をかかえる業種を全国と地域にかぎって指定し，その業種に属する中小企業の事業転換を促進しようとしたものである。この新転換法は当初，緊急経営安定対策も含んでいたが1988年以後になると緊急経営安定対策は失効し，事業転換対策に一本化された。こうして，構造変化にともなう社会的摩擦を最小化するいわば消極的な対策から積極的に構造変化への対応をすすめる政策へと大きく転換したのである。

構造不況産業の発生にともなって関連中小企業の存立が危ぶまれ,「地域」を前面に出した地域中小企業対策が講じられるようになった。企業城下町型集積における中小企業の新分野進出支援,また,産地型集積のなかでも輸出型産地を支援する必要性も増した。

1978年には「特定不況地域中小企業対策臨時措置法」(城下町法), 1979年に「産地中小企業対策臨時措置法」があいついで制定された。前者は,経済情勢のいちじるしい変化によって中小企業の経営が不安定になり,雇用情勢が悪化した地域の中小企業の経営安定を目的としたものである。また,後者は,産地中小企業が円高などいちじるしい経済情勢の変化に対応し,事業の合理化をすすめ環境変化を促進することを目的とし,振興計画によって新製品・技術の開発,人材養成,需要の開拓,事業転換を行うものであった。

1983年には「特定不況業種関連地域中小企業対策臨時措置法」(新城下町法)が制定されたが,さきの「特定不況地域中小企業対策臨時措置法」(城下町法)とあわせてみると,城下町法とか新城下町法といわれるように, 1960年代に活気を呈した企業城下町型産業集積の疲弊を強く意識した政策がとられるようになったのである。

(3) 地域産業集積活性化対策への転換

地域中小企業政策として連続的に法律が制定され,支援が継続的に実施された。ほとんどが臨時措置法の形式をとり時限立法による措置であるが,事業環境の急変への中小企業の対応を支援するもので,必ずしも長期的,構造的な対応を支援するという性格をもったものではない。地域の中小企業対策として展開された多様な法律も, 1986年の「特定地域中小企業対策臨時措置法」に統合され,地域中小企業政策の視点がはじめて明確になったということができる。

こうした地域中小企業対策は,経済の国際化にともないさらに産業集積への支援対策へと変化し, 1992年に「特定中小企業集積の活性化に関する臨時措置法(特定地域中小企業集積活性化臨時措置法)」となり,産地などの産業集積である特定中小企業集積の活性化を支援することになった。さらに,金型製作,鋳

鍛造，メッキなど高度な加工技術や部品製造技術，高品質な素材製造技術，ソフトウェア，デザイン企画・設計部門などの企業群を「基盤的技術産業集積」とし，これらの集積の活性化とこれらの基盤からの新規産業創出を促進する必要も強く意識されるようになった。

産地や企業城下町の中小企業を中心とする企業集積である「特定中小企業集積」とともに「基盤的技術産業集積」をあわせて特定産業集積とし，特定地域中小企業集積活性化臨時措置法を発展的に解消して総合的な地域産業集積対策として，1997年に地域産業集積活性化法が制定された。わが国の懸念される産業空洞化対策としても，モノづくりの基盤を構成する「基盤的技術産業集積」の活性化はきわめて重要な課題になった。

これ以降，これらの政策に関連して，2005年の中小企業新事業活動促進法，2006年の中小ものづくり高度化法，2007年の企業立地促進法などが制定されていくのである。

商業については，1991年に特定商業集積法が制定され，1998年には中心市街地活性化法の制定，2006年には，中心市街地活性化法の改正，2009年には地域商店街活性化法が制定されて商業集積への対策が実施されている。

第3節　中小製造業集積にみる企業間関係

1　中小製造業集積の類型

先進国は1970年代まで大企業体制による工業化をすすめ，地域的に集中立地して発展してきた中小企業の存在を軽視してきた。しかし，低成長経済や多品種少量生産方式への移行にともなって，小回りの利く小規模企業の優位性が明らかになり，中小企業とその集積への関心が高まった。中小企業だけでなく大企業でも多角化，統合化からコア・コンピタンス（中核能力）を志向した本業回帰のリストラクチャリング，分社化，社内ベンチャーの創出など小規模単位の活動が活発化している。限られた資源の効率的活用のために取り組まれている事業分野と資源の「選択と集中」は，ベンチャー型の事業活動形態を通じた小規模形態で行われることが多い。

一方,先進国の活力に富む中小企業をみると,その多くが地域的に集中立地し産業集積の形態をとっている。産業集積の実態認識が深まるにつれて,先進国,後進国を問わず中小企業を中心とする産業集積の研究も進展してきた。その契機は,アメリカのシリコンバレー発展の実態研究の進展,イタリアの中北部にある多数の産地に関する個人,研究機関,OECDなど国際機関による多様な実態調査の矢継ぎ早の発表であったことは第2章で明らかにした。

わが国には地場産業や産地というとらえ方があり,伝統的な産業を中心とする産業集積については明治期以降多くの研究が積み重ねられてきた。しかしながら,産業集積という用語は比較的新しく1990年代になって頻繁に使われるようになり,海外で開発された分析概念,分析装置がわが国でも広く取り入れられ応用されるようになったのである。

産業集積内の中小企業にとって,集積内部に企業間ネットワークが発展し,取引相手の探索や情報入手が容易などの外部経済がえられ,集積自体が創業を促進する苗床機能をもち,新陳代謝機能を発揮している。また,新規参入者にとってリスクを低減する機能をもち,企業間の情報交換・伝達機能を果たしている。こうした考え方も海外からの影響を受けている。海外の中小企業研究は経済地理学などの分析概念を取り込み,中小企業集積の内部構造分析にシフトする傾向を強めており,地域生産システム（local production system）,学習地域（learning regions）,近接性（proximity）など地域社会発展の鍵として中小企業とその集積のあり方に大きな関心を寄せているのである。[19]

わが国では産業集積として,大都市圏型産業集積,企業城下町型産業集積,産地型集積などに分けて把握されることが多い。東京や大阪,名古屋の大都市圏には中小機械金属工業がかなり厚く集積し,一般機械,電気機械,輸送機械,精密機械の機械系産業は都市を基盤に都市型工業として発展した。そのため,金型,鋳鍛造,メッキ,切削,研削,さらにはデザイン開発,試作品製作など機械系産業に不可欠な業務を分担する多数の中小企業が大都市圏の内部と外周部に集積している。これら大都市の中小機械金属製造業は機械系産業を支援するサポーティング・インダストリー（supporting industry）の役割を担っ

図表3-6　産業集積の類型

集積の類型	特徴
①大都市圏型集積	機械系産業の基盤技術をもつ基盤産業（サポーティング・インダストリー）となっている中小機械金属工業の集積，東京都大田区や東大阪市などが代表例で，工業地帯型集積であることも多い。
②企業城下町型集積	輸送機械，電気機械などの組立大企業の生産拠点の周辺に下請企業が多数立地しているもので，地方都市だけでなく農村部周辺にもみられるようになった。
③産地型集積	日用消費財を中心に特定の製品の生産に関連する中小企業が集中立地しているタイプ。
④ハイテク型集積（日本は未発達）	シリコンバレーのようなハイテク企業集積が日本にみられない。テクノポリスの役割と政策の成果はどうか。ヘルシンキ，台湾新竹科学工業園区，ミュンヘン，グルノーブル，バルセロナなど。
⑤情報通信関連型集積（日本は未発達）	シリコンバレー，シアトル，シリコンアレー，インドのバンガロール，ハイデラバード，オランダ（ゲーム），スウェーデン（シスタサイエンスシティ），アイルランドのダブリン，中国の重慶，中関村などと比較しながら三鷹市を中心とするSOHOの集積へ期待。

ているのである。

　また，都市型の中小機械金属製造業は，大都市ほどではないものの地方圏にも集積がみられ，大都市圏と地方圏のサポーティング・インダストリーがわが国のリーディング・インダストリーとしての機械工業を支え，これらの中小機械金属集積は「モノづくり」の基盤である。ところが近年，経済のグローバル化にともなって取引先企業が生産を海外移転し海外調達を増やすなど，中小企業集積を取り巻く環境はますます厳しくなっている。廃業などから既存の産業集積が規模縮小し，モノづくり技術の空洞化という集積の質の面でも深刻な事態が生じている。

　各地の産業集積，工業集積が経済の国際化，円高などで疲弊するようになり，1992年の特定地域中小企業集積活性化法，1997年の産業集積活性化法によって政策支援を講じる必要に迫られた。さらに，2006年に中小ものづくり高度化法による政策支援が行われることになった。

　第2は，企業城下町型集積である。大企業を中核的企業として下請分業生産構造を組み込んだ集積であり，社会的分業をタテ型に組織化しているところに大きな特徴がある。輸送機械，電気機械などの大企業が立地する地域では，中

核企業の戦略的な必要性から部品生産，部品加工などを専門とする中小企業を育成してきた。企業城下町では企業間取引において市場を活用するよりもオリバー・ウィリアムソンが注目した組織（ハイアラーキー，hierarchies）に依存する傾向が強い。

工場を海外に移転する大企業が多くなり，集積地で地域経済の空洞化がすすむだけでなく，取引先を失った中小企業で倒産・廃業が急増し地域の技術面の空洞化も急速にすすんでいる。大企業体制に依存できない時代に加え，関連中小企業の自立化も容易でない地域も多く，地域が他力でなく自立的に地元企業支援システムを構築しなければならない。

第3は，産地型集積である。大都市や農村地域に全国で500以上の産地があるとされている。大都市の消費需要を対象に日用消費財を生産する産地が東京の城東地域にも多く，また，繊維，陶磁器，家具・建具などの産地は地方圏に数多い。伝統的に発展したものが多いが，集積内部では社会的分業形態がとられ産地の仕組みがかたちづくられている。

産地型集積もまた，海外製品との競合が強まり，産地企業もみずから海外生産を行うべきか決断を迫られている。かつては製品の高付加価値化に取り組み

図表3-7　産業構造の高度化と集積類型

時　期	集積類型と特徴
①軽工業を中心とする産業構造の時期	伝統的な軽工業を主体とする地場産業が国内の都市需要を満たすために発展し，輸出による外貨獲得へ貢献した。多くの産地が明治期に形成され，重工業化が進展する時期に衰退に入った。
②重工業化時代の初期	鉄鋼，石油化学，繊維など基礎素材型工業で原材料の輸入から港湾が整備された地域，販売先が近くに存在する地域で企業城下町を形成した。オイル・ショック後，構造不況産業となり構造不況地域が多く生まれた。　（城下町）
③重工業化の完成時期	重工業のなかでも高付加価値の加工組立型産業が成長するとともに，自動車，電気機械などの機械工業で都市部周辺に企業城下町を形成した。　（新城下町）
④加工組立型産業の発展期	1960年代半ば以降，加工組立型産業を支える部品産業などを中心に中小機械金属工業が都市部で集積を厚くした。　（新々城下町）
⑤工業化からサービス化に向かう時期（現代以降）	都市部における対事業所サービス業の集積。アウトソーシングによる多様なサービス産業が集積しつつある。脱工業型集積の時代に向かう。産業クラスターの形成，産業連関的な地域産業集積。

国内需要を開拓すべきだといわれたが，国内需要だけでなく開放的な視点から中国などアジア諸国の巨大な市場をターゲットに取り組む時代でもある。

以上の3つほかの集積を図表3-6でみると，ハイテク型集積と情報関連型集積についてはわが国で未だ成長がみられない。ハイテク産業はなにかという定義はないが，基礎素材産業の先端分野，加工組立型産業の先端分野，軽工業の先端技術分野などいずれの分野でも技術的な先端分野はいつの時代でもある。

一方，国土交通省の調査によれば，2007年9月には全国で36,400程度のソフト系IT産業（情報関連企業）が存在し，東京に約1万が集積している。事業所立地については賃料の妥当さがもっとも重視され，営業先企業へのアクセスの良さ，駅が近いことなどが集積要因として働き，とくに秋葉原，渋谷などに多く集まっている。しかし，シリコンバレーなどと比較すると，爆発的に企業数が増加する臨界点（クリティカル・マス）にはほど遠い状況である。[20]

2 集積分析軸としての企業間関係

大都市圏型産業集積，企業城下町型産業集積，産地型集積はいうまでもなく，シリコンバレーや世界各地のハイテク・クラスターに共通してみられる特質は，社会的分業や企業の専門化を基礎とする企業間ネットワークが形成され機能していることである。

大企業体制では規模の経済が企業行動基準であったが，消費者行動の多様化に対応する多品種少量生産の時代には企業間ネットワークを構築して，市場の変化に柔軟に対応することが有利になる。規模の経済とは異なる範囲の経済や連結の経済を追求することによって，企業競争力を確保できる。どのように効果的，機能的な企業間関係が築けるかが企業の競争優位を決定づけるのである。産業集積の利点は，こうした企業間ネットワークを効率よく活用できるところにある。

企業間ネットワークの可能性あるいは構造は，産業集積の類型によって異なる。企業城下町型産業集積ではタテ型の社会的分業ネットワークが観察され，

第3章　中小企業の異質多元性と地域産業のパラダイム転換　99

ネットワークに参加する中小企業からみると必ずしもメリットばかりでなく，逆機能ともいうべき下請単価決定における中小企業の立場の軽視，代金支払いの遅延など独占禁止法あるいは下請代金支払遅延等防止法にかかわる問題もあらわれやすい。

産地型集積においても，社会的分業が発達しているがゆえに地域中小企業が分業生産に甘える構造も観察できる。産地の仕組みが地域中小企業の存立を可能にするものの，産地全体として新たな方向へ向かうとき，相互依存性の強さから逆に力を結集しにくい産業風土がそこに育っていることも多い。

図表3-8　地域生産システムの事例

孤立した中小企業

競合企業の集積

主導的な企業の周辺における競合企業の集積

産業地域

支配的企業の周辺における下請企業の集積

中小企業の連結システム

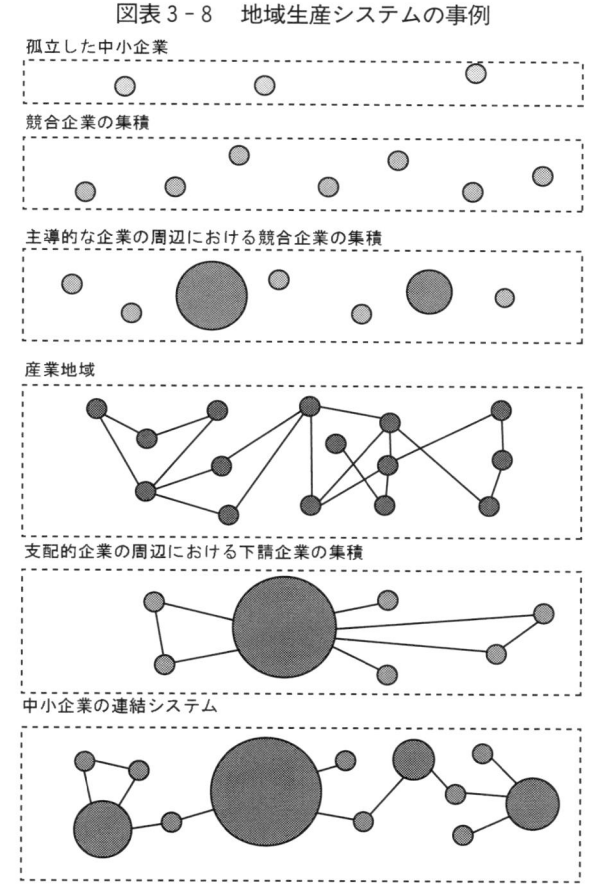

資料：F. Belussi and G. Gottardi, *Evolutionary Patterns of Local Industrial Systems*, Ashgate, 2000, Fig. 4.1 を参考に作成。

　中小企業のほとんどが地域に密着した存在であるが，集積が形成されている場合，労働力の確保，取引先の確保，市場情報，新製品開発関連の技術情報の収集など近接立地のメリットが大きい。このような集積メリットから，地域に踏み込んでみると，企業間の信頼がケネス・アロー（K. Arrow）のいう信頼財となり，地域の社会的資産（ソーシャル・ストック）になっていることがわかる。

大企業と中小企業の取引関係に注目した下請取引，下請制（度）の研究から，さらにネットワーク論の応用，信頼と協調という社会的諸関係に注目した社会学理論の応用などにすすんでおり，これら多様な集積分析アプローチにも注意を払わなければならない。ただ，多様なアプローチが交錯しており，まだ収斂の方向も見極めにくいことにも注意しなくてはならない。

注

（1） 山中篤太郎『中小工業の本質と展開』有斐閣，1948年，60ページの注。
（2） 山中篤太郎・滝澤菊太郎・外池正治『産業高度化と中小企業』第三出版，1968年，1972年（新版）ともに4ページ。
（3） 開業に関する構造的問題は，日本政策金融公庫総合研究所編『新規開業白書』（平成6年版～）中小企業リサーチセンターを参照。
（4） トーマス・クーン／中山 茂訳『科学革命の構造』みすず書房，1971年。クーンの提起したパラダイム概念の多様な理解と議論について，中山 茂編著『パラダイム再考』ミネルヴァ書房，1984年を参照。
（5） 代表的な文献として，玉野井芳郎・内田忠夫編『二重構造の分析』東洋経済新報社，1964年がある。また，労働市場分析の立場からの二重構造に関する論文集として，日本労働研究機構編『中小企業』（リーディングス日本の労働）日本労働研究機構，1997年をあげておきたい。
（6） くわしくは，中小企業庁編『中小企業政策の新たな展開—中小企業政策研究会最終報告より—』同友館，1998年を参照。
（7） R. ロスウェル and W. ゼクフェルト／間苧谷 努・岩田 勲・庄谷邦幸・太田進一訳『技術革新と中小企業』有斐閣，1987年。
（8） 三宅順一郎『中小企業政策史の研究』時潮社，1988年，有田辰男『戦後日本の中小企業政策』日本評論社，1990年，寺岡 寛『中小企業政策の日本的構図』有斐閣，2000年などを参照。
（9） 黒瀬直宏『中小企業政策の総括と提言』同友館，1997年。寺岡 寛『日本の中小企業政策』有斐閣，1997年。
（10） 戦後の中小企業については，中小企業事業団中小企業研究所編『日本経済の発展と中小企業—戦後の歩みと役割—』同友館，1987年がくわしい。
（11） 中小企業庁編『新中小企業基本法—改正の概要と逐条解説—』同友館，2000年。
（12） 中小企業政策については，中小企業庁のホームページ http://www.sme.ne.jp/sesaku/ で資料を入手できる。
（13） 中小企業庁計画部計画課編『中小企業経営革新支援法の解説』通商産業調査会，2000年。

(14) アメリカでは1996年創出された244万の新規雇用のうち，64％が中小企業型産業によるものであったとし，中小企業の雇用創出力を評価している。中小企業総合研究機構訳編『アメリカ中小企業白書1997』同友館，1999年，32-33ページ。

(15) 三井逸友編著『現代中小企業の創業と革新』同友館，2001年を参照。

(16) 商業については，1998年に「中心市街地活性化法」が制定され，この法律と「大規模小売店舗立地法」「改正都市計画法」をあわせて「まちづくり三法」とよばれている。

(17) 中小企業政策研究会『中小企業政策の新たな展開―中小企業政策研究会最終報告より―』同友館，1999年。

(18) たとえば，企業数，工場数が減少した地域の具体的な地域的特質の検討なども政策に取り込む必要がある。この点，山崎 朗『産業集積と立地分析』大明堂，1999年における「工場閉鎖地域の地域的特質」のような研究が必要である。「集積が集積を呼ぶ」という累積的効果が負の方向にも同様にも作用し，地域集積の崩壊プロセスが加速度的に進行する可能性があるからである。

(19) S. Conti, E. J. Malecki and P. Oinas (eds.) (1995), *The Industrial Enterprise and Its Environment : Spatial Perspectives*, Aldershot : Ashgate. M. B. Green and R. B. McNaugton (ed.) (2000), *Industrial Networks and Proximity*, Aldershot : Ashgate. F. Belussi, G. Gottardi (eds.) (2000), *Evolutionary Patterns of local Industrial Systems-Towards a cognitive approach to the industrial district-*, Aldershot : Ashgate. R. Huggins, *The Business of Networks-Inter-firm interaction, institutional policy and the TEC experiment-*, Aldershot : Ashgate. E. J. Malecki, P. Oinas (eds.) (1999), *Making Connections-Technological learning and regional economic change-*, Aldershot : Ashgate などを参照。

(20) 国土交通省編『ソフト系IT産業の実態調査報告書』2008年。

第4章　産業集積のネットワーク構造
―― 機械工業集積にみるネットワーク ――

第1節　大都市の工業集積

1　東京城南地域の機械工業集積

　一般的に，ニューヨーク，パリ，ロンドンなどの大都市や首都圏では，脱工業化してサービス機能が集中する傾向がみられるが，東京にはあらゆる機能が集積している点において欧米と大きな違いがある。

　大都市である東京には，繊維や雑貨などの日用消費財を生産する城東地域，機械工業関連企業の集中する城南地域，あるいは出版・印刷などの中小企業が多い都心・副都心や城北地域など，多様な業種が地理的に集中して立地する地域的集積がみられる。歴史的にみれば，江戸時代以来の伝統的な技術をベースに展開し，大都市の需要を背景に成長してきた城東地域に多い軽工業系の消費財を中心とする地域的集積と，戦後大きく発展し，日本のリーディング産業とともに発展した機械工業関連の企業が地域的に集積した城南地域といった違いがある。

　しかし，いずれも大都市であるからこそ多数の企業が立地し，発展した工業集積であるところに共通点がある。そうした意味では，大都市のもつ特性に基盤を求めて発展した城東地域や城南地域にみられる特質は，地域特化の経済だけでなく都市化の経済を享受した工業集積である[1]。

　ここでは，城南地域の工業集積をとりあげてみることにしたい。この工業集積において技術，技能が大きな役割を果たしており，工業集積の構造や機能を十分に観察するには，とりわけ人間に体化した技術である技能・熟練（skill）がどのように地域で形成されてくるか，日本の場合の熟練形成がどのような経路をたどったかなどは興味のあるところである。しかしながら，ここではこの点に深く立ち入らない。

さて，東京都大田区と品川区から構成される城南地域は，京浜工業地帯の一角をなし，機械金属系の工場がきわめて密集した工業集積地域である。この工業集積は多種多様で高度な加工技術をもつ中小企業および零細企業で構成され，京浜工業地帯の技術的な面でのコア（核）となっており，日本の機械工業の存立基盤，あるいは支持基盤として重要な位置を占める。ほかにも長岡，諏訪，坂城，浜松など地方圏にいくつかの機械金属系の集積地が存在するが，量的にも質的にもそれらの追随を許さないきわめて大きな役割を果している。

京浜工業地帯は，戦後における日本の重化学工業化の過程で，港湾設備の整備，埋立地の造成といったインフラの整備によって鉄鋼，石油化学工業の素材系で装置型工業の大規模な立地がみられた。一方，同じ京浜工業地帯に属する東京都城南地域の発展態様には大きな違いがある。地理的にみれば，城南地域は，川崎や横浜の神奈川県臨海部と古くから発展した東京都心部や電気機械工業の発祥の地である東京都港区との中間地点に位置している。

品川区では，明治時代の後半に電信機械の修理を行っていた芝浦製作所，その後になると池貝鉄工，沖電気，明電舎といった機械工場が生まれ「電気の品川」が形づくられた。一方，大田区の工業化は京浜工業地帯では後発であったこともあって，戦時経済のもとで機械工作などへ集中していくことになる。新潟鉄工（エンジン），日本特殊鋼（特殊鋼），東京ガス電気工業などから大量の職人が生まれ，彼らが大田区の機械金属工業の主要な担い手として育ち，「機械の大田」が形成された。先の企業のほかに，北辰電機（工業計器類，現横河電機），日本精工（ベアリング），三菱重工（エンジン），荏原製作所（バルブ），キヤノン（光学機械），アルプス電気（電気部品）などが大田区に立地した。こうした資本財を中心とする代表的な企業の立地展開によって集積がすすみ，大田区には高度加工技術が蓄積されてきたのである。[2]

戦時体制のなかで，高い加工度と幅の広い技術を必要とする資本財の分野で発展したことから，大田区の機械工業が性格づけられると同時に，その後の戦後の高度成長期には，耐久消費財生産の拡大のなかで一定の役割を果すことになった。それは，耐久消費財の量産化がすすむなかでも大規模な組立工場の

立地を受け入れる余地がなく，むしろ日本機械工業の支持基盤として発展したことである。工作機械，専用機械，測定機器などの資本財の全国でも有数の重要な供給地として機能するようになったことがそれである。

大田区では日清，日露戦争を経て軍需工業が拡充されていくなかで，京浜工業地帯の拡大の受け皿として工場が集積した。京浜工業地帯のなかでも，川崎や横浜の工業化は古く，これに続いて品川も多くの工場が立地してきたのであるが，現在しばしばとりあげられる大田区の工業化がもっとも新しいことになる。京浜工業地帯のなかでも後発地域であったことも大きな要因となって，新しい工業化をリードする機械工業との関連で発展できたのが大田区を中心とする城南地域である。

2　城南地域にみる機械工業集積の機能と特質

(1) 機械工業のコモン・ルーツ

工業を素材型と加工組立型に分けた場合，その生産体系にはきわめて大きな違いが観察できる。鉄鋼，石油化学関連の基礎資材を生産する素材型工業は，大規模な装置によって規模の経済を享受できる有利な産業である。したがって，原材料から製品に至る生産過程をコンビナート方式でつなぎ「連結の経済」ともいうべきメリットを発揮することができる。このメリットを生かすかぎり，社会的分業が介在する余地はかぎられてくる。

一方，工作機械や産業機械を含む「一般機械」，自動車を含む「輸送用機械」，コンピュータ・電子機械を含む「電気機械」，カメラ，コピー機などの光学機器のほか測定器といった文字どおり精密機械を中心とする「精密機械」などは加工組立産業である。これらの機械系産業は加工組立型で金型，プレス部品，鍛工品，銑鉄鋳物などの基礎的加工部門がきわめて重要な役割を果たしている。

この基礎加工部門は，一般に中小企業によって担当され，一般機械・輸送機械・電気機械・精密機械の機械系業種に対して，超業種的に製品や半製品，部品などを供給しており，基礎加工部門は機械系の4業種を同時に存立させてい

るのである。

　機械工業の立地は，城南地域に集積する機械金属工業をコモン・ルーツ（common roots）をベースに展開し，地域的な生産体系を形成している。[3] 日本の機械工業は，まず，この城南地域の基礎加工部門の周辺の首都圏，そして関東内陸，東北へ，あるいは，神奈川県から静岡県東部地域へと順次立地していった。とくに，電気機械のようにいち速く技術的に成熟しフットルース（footloose）になった業種では，労働力立地のパターンを強め東北地域に労働力を求めて立地したが，それら地域の賃金水準が高くなるとより安価な労働力を求めて海外に進出し，生産体系が国内で完結する段階から国際的な地域間分業体制を構築するようになった。このように機械工業に不可欠な機械金属関係の中小企業集積をもつのが城南地域である。

　さて，大田区，品川区，横浜，川崎を含めた京浜工業地帯でみると，鉄鋼・非鉄金属・金属製品・一般機械・電気機械・輸送用機械・精密機械の機械金属関連の工場は約15,000あるが，大田区だけで約4,500の工場を占める。京浜工業地帯の機械金属関連の工業集積の大きさもさることながら，大田区が機械金属の一大集積地であることがうかがわれる。

(2) 加工機能の多様な集積

　城南地域の工業集積は工場の多さばかりでなく，むしろ，その機能と社会的分業に大きな特徴をみることができる。機械製品は素材から製品に至る過程で，鋳鍛造などの塑性加工，機械装置を構成するための切削部品，プレス部品，プラスチック部品，ゴム製品，プリント基板，電子部品，さらには板金，熱処理，メッキ，塗装などの表面処理などが必要になる。大田区の場合，機械金属関連工業が集積し，しかもこうした基礎加工部門が加工機能別にみても豊富で，相対的にバランスよく配置されてきた。

　東京にはもうひとつの機械金属集積が城東地域にもみられるが，プレス，メッキなどに偏っており，城南地域に比べれば加工機能のバランスはそれほどよくない。また近年，工業化が進展している地方圏の機械工業集積でも，あらゆ

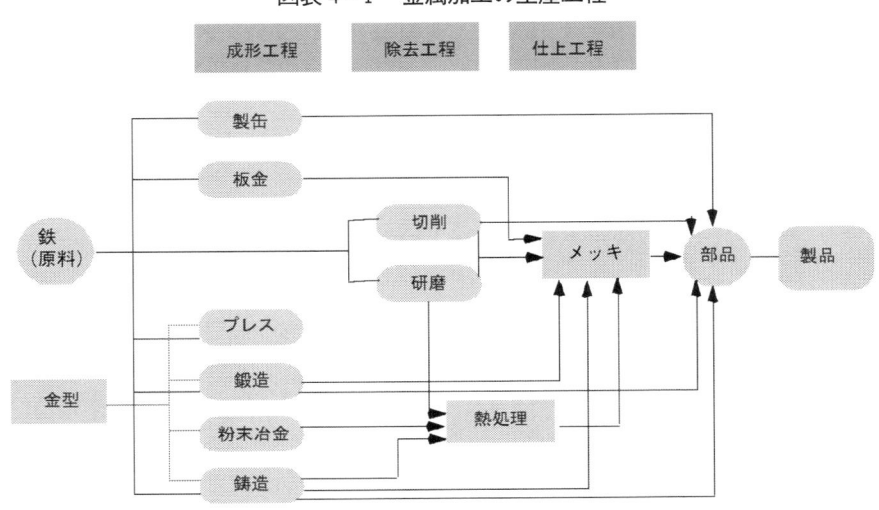

図表 4-1　金属加工の生産工程

　　　　　　　成形工程　　除去工程　　仕上工程

　　　　　　製缶
　　　　　　板金
鉄　　　　　　　　切削
（原料）　　　　　　　　　　メッキ　→　部品　→　製品
　　　　　　　　　研磨
　　　　　　プレス
　　　　　　鍛造
金型　　　　　　　　　　熱処理
　　　　　　粉末冶金
　　　　　　鋳造

る加工機能を集積するには至らず，表面処理や精密切削，精密板金などの領域では京浜工業地帯に依存せざるをえない状況にある。

　加工機能を多面的に集積している城南地域の機械工業では，それぞれの中小企業が専門化し，専門化によってさらに技術レベルが向上するという循環が形成されている。膨大な集積を背景に中小零細企業は専門化し，技術を高度化することができる外部経済が与えられ，特定の親工場との取引に制約されることなく，独自の道を歩むことができた。都市でしかも一定集積となっているところから，潜在的な取引先も多数存在し，特定親企業に対する専属性が低くなっている。このことは，企業城下町における中小企業が親工場との取引に高いウエイトをおかざるを得ないのと対照的である。

　大田区の個々の中小企業は，同じ切削であってもさらに得意とする加工に特化しているものが多く，地域全体として機械工業のどのような分野にでも対応できるだけの地域的な技術的蓄積を保持している。

　多様で専門化した加工機能を狭い地理的範囲で結合し，つぎにみるような企業間のネットワークを可変的に編成できる能力がある。これには，多品種少量生産に対応する小ロット生産，高難度の加工技術による高品質，短納期化とい

った日本のリーディング産業である機械産業の高い要求に地域全体で対応できる仕組みが埋め込まれているのである。

また，高い技術水準を要求する工場が周辺に多いため，専門化のなかでいっそうの専門性を追究することから，独自技術を保有する企業が多くなり，特定の取引先に拘束されず，地理的にも広範囲にわたる受注を可能にしている。独自技術の保有によって，取引がまた多様性をもつのである。

図表4-2　大田区の規模別工場数

従業者規模	工場数	構成比(%)
1～3人	2,182	50.0
4～9人	1,351	31.0
10～19人	473	10.8
20～29人	202	4.6
30～49人	68	1.6
50～99人	58	1.3
100～199人	21	0.5
200～299人	6	0.1
300人以上	1	0.0
合　計	4,362	100.0

資料：「大田区事業所統計調査」（全数調査）2006年。

ところで，ここで触れておきたいことは，城南地域にみられる柔軟な生産組織面である。専門化した加工業者が集積しているため，ある受注があった場合，その受注に対応するようにさまざまな加工業者が柔軟に編成されていく。また，別の受注の場合には，それに対応できるように業者を組み合わせ，受注に応じて生産組織が柔軟に仕組まれていくのである。受注して自社で加工する能力がある場合でも，いっそう細分化し専門化した能力が必要な場合には，同業者間で相互に外注する同業者取引もみられる。

このような生産体制とネットワークは，需要に柔軟に対応する生産体制の編成であって，近年，注目されているフレキシブル・スペシャリゼーション，すなわち「柔軟な専門化」に通ずる産業地域の特質である。すでにみたように，ピオーリとセイベルが明らかにしたフレキシブル・スペシャリゼーション（flexible specialization）は，繰り返しの生産や見込み生産といった伝統的な生産体制と，これにもとづくタテ型の固定的取引とは異なり，企業間のネットワークによって環境変化に柔軟に対応できる生産体制を可能にする。[4]

これは地域的なフレキシブル生産システム，空間的なフレキシブル生産システム（spatial flexible manufacturing system）であり，ディビッド・ウィタカー（D. H. Whittaker）は，大田区にみられる個別企業におけるフレキシビリティ

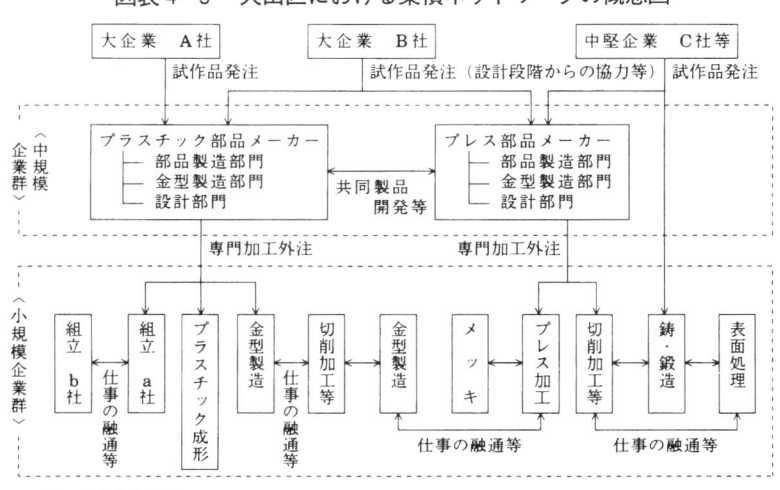

図表 4-3　大田区における集積ネットワークの概念図

注：中小企業庁調べ。
資料：中小企業庁編『平成7年版中小企業白書』大蔵省印刷局，1995年

と専門化が，つぎには地域にダイナミックさだけでなく柔軟性，持続力，適応力を賦与するとして注目し，大田区の町工場を精力的に実地調査している。(5)

　城南地域では，個々の完成品に向けて中小企業の加工機能を必要に応じて組織化することができるネットワークが存在するという点が重要である。大都市でしかも狭い地域で多種多様な中小企業が集積しているわけであるから，情報はただちに伝播するであろうし，情報収集においても費用をかけることなく接触の利益を享受することができる。

　中小企業経営者だけでなく従業員を含めて，モノづくりといった工業に対する価値観や技術に対するこだわり，技術に対する考え方に同質性がみられ地域産業社会と地域産業風土が形成されている。そうした地域社会においては，フェイス・トゥ・フェイスのコミュニケーションによって，仕事の内容や技術について情報を交換するのは容易なことである。

3　東大阪地域の工業集積との比較

　多くの集積のなかでもとくに，東大阪市と東京都大田区は代表的な集積地域

となっており，機械金属関連あるいは機械工業が都市のもつさまざまな機能の存在を前提に発展する都市型工業であることを示している。大都市機械工業集積には，これまでのべたことを含め，つぎのような特徴ないし特質がみられる。

① 中小企業はそれぞれが，高度な製品の加工・組立に必要な切削，プレス，メッキ，熱処理，金型，鋳造・鍛造などの専門的な生産機能をもっている。
② 多品種・小ロットの生産を行っている。
③ 多くの企業が柔軟な受注能力をもち，頻繁に変更される製品品目などの受注内容に対応する。また，製品の企画・設計について，発注先に提案を行う能力のある企業が多い。
④ 受注先は多様な業種にまたがり，取引先も地理的に広範囲にわたる。
⑤ 取引先企業が多数で，一般に，特定親企業に対する専属性は低い。
⑥ 同業者取引が多くみられるように，自社の加工の補完的な特殊で専門的な作業，自社の加工工程と同一内容の作業を相互に外注することができるような集積内におけるネットワークが形成されている。

ここで，東京都城南地域と大阪府東大阪市[6]の中小企業集積の違いについてふれておこう。東京城南地域の機械金属系の工業集積としばしば比較されるケースに大阪・東大阪市の機械金属工業集積がある。どちらも大都市圏における集積であること，小規模な企業を中心に機械・金属などの重工業加工型の企業が集積しているところに共通点がある。また，金属製品や一般，電気，輸送用，精密などの機械工業を中心とする重工業加工型業種の企業が，大阪，東京，神奈川，愛知，埼玉などに数多く集積を形成している。これら地域の機械金属中小企業集積への関心は高く，多くの研究資料が生まれている[7]。

大都市圏型集積に共通してみられることであるが，都市部における労働力不足および地価の動向は以前ほど深刻ではないとはいえ，基本的には改善が見込めず今後も大きなマイナス要因として作用する。また，経営者群の高齢化にともなって，事業継続意欲が全般的に低下しており，後継者の不在も相まって廃

図表4-4　城南地域と東大阪地域の集積構造の相違

地　　域	集積構造における相違点
東京都城南地域 （大田・品川・目黒）	需要搬入企業は大手組立メーカーや専門部品メーカーであり，地域の中小企業は部品加工等を中心とし，そのなかから試作・開発力を持つ企業が増えたが，地域の基本的特徴は下請加工にとどまる。 　発注企業の存在に左右される傾向がますます強まる。 　後継者不足，住工混在の進展で産業コミュニティの将来性への懸念。 　「電気の品川」「機械の大田」であるが，大田区の企業数は急速に減少している。工業再配置法，工業（場）等制限法の問題があった。
大阪府東大阪市	城南地域に比べると，下請企業のなかから自社製品をもつ中小企業が数多く出ている。みずから市場を創造しようとする姿勢は城南地域の中小企業より積極的。自社製品保有企業が多いとともに，キャッシュフロー経営をめざすものが多いのが特徴。 　（研究者によれば，城南地域の技術力は東大阪よりすぐれるとされるが，独立性という点では，東大阪の方が注目される）

業するケースがきわめて多いことも都市圏で共通する現象である。

　その結果，新たな企業を生み出すインキュベート機能が低下し悪循環に陥っており，とりわけ歯抜け状態になると企業間ネットワークが形成できなくなり，従来注目された地域優位性がいちじるしく損なわれるようになった。

　城南地域の中小零細企業群は，基本的に大手組立企業を頂点とする下請分業生産のなかで技術的に中核的な役割を果たし，高度な技術を身上とする企業が多い。しかしながら，部品，半製品といった資本財，生産財関連の地域的集積であるために，地域への「需要搬入企業」ということもできる当地域の中小企業群に発注する企業の存在とその役割が非常に重要である。当地域の企業がみずから受注活動を行って技術を形にするというのではなく，むしろ注文が地域に流入するのを待つかたちであるため，地域外の力に経済活動が制約されるという弱点をかかえている。

　一方，東大阪市では自社製品を保有する中小企業が多く，自社の経営資源や能力より一段と高いところに目標を設定し，大企業の参入が困難なニッチ市場で「この分野では世界一になる」というオンリーワン志向が強い。また，「この技術はどんなことがあってもかならず開発する」という企業全体の意志が強いのも地域中小企業の特色である。

このような明確な経営理念を構築して従業員の隅々まで徹底する姿勢も当地域の中核的な企業に共通する。その結果，東大阪地域の中小企業のうち自社製品を保有する企業は3割に近いといわれている。一方，東京・大田区の中小企業は，東大阪地域の中小企業よりも技術の掘り下げに成功しているものが多いと指摘されているが，それは相対的なものである。

第2節　都市型集積の変質と技術の空洞化

1　地域優位のあらたな形態

大都市圏加工型中小企業は一般に技術向上意欲が強く，みずから研究開発活動を行う企業が半数以上におよぶ。この技術基盤を掘り下げ，ME機器を有効に活用しながら，自社製品を開発する企業や先端技術開発に携わる企業が多くみられる。

すでに明らかにしたように，欧米で地域経済に関心を示す経済学者，社会学者，経済地理学者などが多方面からフレキシブル・スペシャリゼーションに言及するようになった。フレキシブル・スペシャリゼーションが，ポスト・フォーディズムの産業体制の鍵になると考えられ，そのときいずれの研究者もNC工作機械の利用が一般化したことに注目している。NC工作機械の特性から，多品種少量生産，受注生産，ネットワーク化などの可能性がいちじるしく広がり，新しい産業体制を生みだす可能性が高まるのである。

もっとも，日本では世界のなかでもいち速く工作機械のNC化（数値制御化）に取り組んだ。むしろ，労働力不足と賃金上昇への対応策としてNC工作機械が中小企業でも導入されてきた。城南地域の中小企業もメカトロ化の流れのなかでマイクロ・エレクトロニクス化（ME化）に積極的に取り組んだが，それはまたこの地域が都市部である事情を強く反映したものであった。

1970年代の後半以降，東京を中心とする企業の立地環境は大きく変わり，工場公害，住工混在問題が深刻化した。さらに，労働力の量的確保が困難になるとともに，賃金上昇と地価高騰があいまって，立地条件がさらに悪化していった。省力化が課題になり，熟練労働者の確保難に対応する手段としてNC工作

機械の導入が進み，ME化が急速に進展したが，企業環境の変化に対応するために，必要に迫られて中小企業はME化に前向きに取り組みながら大都市内部に立地する弱点を克服しようとしたのである。

マイクロ・エレクトロニクス化あるいはコンピュータ化の時代の流れのなかでNC工作機械の導入などがすすんだばかりでなく，むしろ城南地域特有の工場を取り巻く環境変化に対応するためにNC化に取り組んだ面が強かったというのが正しい。[8]

NC化は，城南地域の機械工業に公害対策や省力化の促進といったものだけでなく，ほかにもさまざまな影響を与えた。高性能の設備機械を装備するようになって，その技術を核にして製品開発型企業に脱皮する企業があらわれるとともに，加工を中心とする企業のなかでも高度な加工を行う企業とそうでない企業との二極化がみられるようになった。

中小企業が担当する加工機能には，鋳造，鍛造，プレス，板金，切削，プラスチック成形，熱処理，メッキ，部品組立などがある。[9] 各企業はおおむねこれらの機能のいずれかを保有し，その企業のよりどころとなる中核技術であるコア技術をもとに事業展開している。

鵜飼信一によると，加工機能面からみて中小機械工業では「加工機能の拡大」と「加工機能の深化」の2つの側面が観察されるという。[10]「加工機能の拡大」は，コア技術（たとえば，切削）に別の加工機能（たとえば，プレスや組立）を新たに獲得し事業を発展させることである。

このなかから，開発設計技術を保有してユニット加工，OEM生産から自社製品開発型企業への道を歩む企業もでてくる。これに対して，「加工機能の深化」はこれまでの自社のコア技術とする加工機能をいっそう深めていくことで，熟練技能の追究により実現される場合とNC機器の導入によって可能になる場合がみられる。

コア技術の深化を実現するうえで生産設備の高度化が重要であるわけだが，NC技術やコンピュータ技術を応用した中小企業向けの高機能・高性能の機械設備が開発されており，しかも，この「高度設備は技術自体が設備に体化され

ている部分が大きい」[11]。そのため，従来の熟練技術に依存した場合とほぼ同様，あるいはそれ以上のレベルで生産加工が可能になっている。

　ただ，このような高度設備によって技術が深化するのは切削，プレス，プラスチック成形，基板組立，検査などの工程で，鋳鍛造，熱処理，メッキなどの工程の多くは重装備の機械設備と熟練労働がセットになってはじめて機能するため，技術・技能が体化した設備を活用するまでには至っていない。大都市に立地するかぎり，加工機能からみても深化と拡大が必要であるが，城南地域の機械工業にはNC化，コンピュータ化への対応でいっそうの都市化にも耐えうる企業と，鋳鍛造や熱処理，メッキといった今後大都市での存立が危ぶまれる企業とが併存し，跛行的な展開がみられる。

　NC化を契機に研究開発型企業に転換していく企業がみられたが，1970年代の中ごろから特殊な自動機や専用機，測定器などの資本財関連分野でコアの加工技術，従来の機械（メカニクス）関連技術に新たにマイクロ・エレクトロニクス関連の制御系技術を取り込み，機械加工や精密板金などの部門から製品開発型の中小企業が生まれた[12]。

　製品開発型企業が生まれる地域的な背景には，展示会や機械商社との接触も容易で技術情報・市場情報の入手が容易であること，製品化に際し不可欠な多様な加工を担当できる企業が狭い地域に多数集積していることがあげられる。いずれも，製品開発型企業が生まれる地域の強みである地域優位（regional advantage）が発揮されているのである。

2　技術の空洞化とネットワークの危機──地域集積の新しい方向──

　工場数の多い東京都のなかでも，とくに中小零細企業の集積の大きい大田区では，長期的に事業所数，従業者数の減少傾向が強まっている。工場数がもっとも多かった1983年には9,190工場あったが，95年には6,786となり，この間に2,400も減少し，2008年に実態的には4,500程度にまで減少したと推測されている。

　こうした急激な減少の要因として，労働力不足の深刻化や地価の高騰に対応

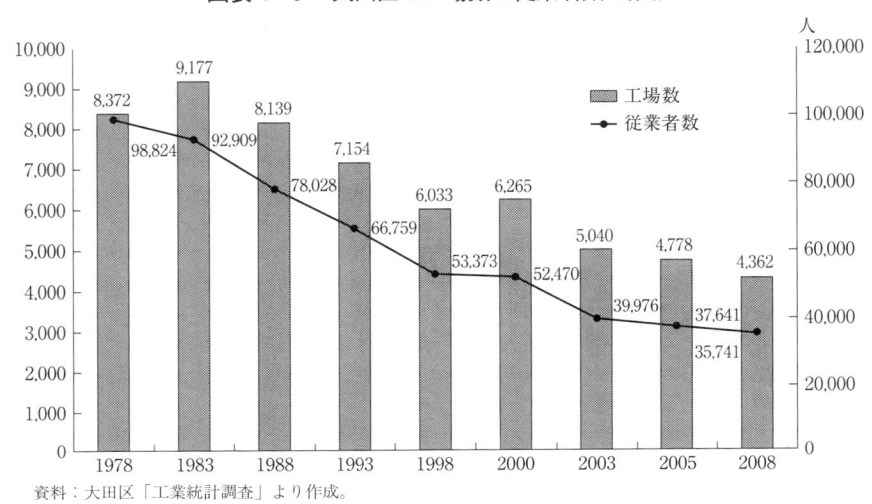

図表 4 - 5　大田区の工場数と従業者数の推移

年	工場数	従業者数
1978	8,372	98,824
1983	9,177	92,909
1988	8,139	78,028
1993	7,154	66,759
1998	6,033	53,373
2000	6,265	52,470
2003	5,040	39,976
2005	4,778	37,641
2008	4,362	35,741

資料：大田区「工業統計調査」より作成。

して，工場を地方に移転した企業が多くなったこと，地価の高騰からマンションや駐車場に転用する工場が多いこと，経営者の高齢化による事業継続意欲の喪失，後継者の不在などで廃業する企業が多くなったことが指摘できる。

　廃業率が開業率を大きく上回るようになったが，このことは地域の創業が困難になっていることを示している。これまで創業と廃業の新陳代謝によって地域全体の活力が維持されてきたのであるが，創業活動の停滞は地域全体の大きな問題である。集積そのものが苗床機能（seedbed function）を果たしてきたが，この新規企業の創出機能がいちじるしく低下し，これまで集積そのものに埋め込まれていたインキュベート機能の低下を示唆している。

　城南地域では，各企業がみずからの加工技術に専門化し特殊化することで技術力を高め，集積の内部でヨコの連携としての水平分業ネットワークを形成して集積全体の競争力を高めてきた。しかし，集積の母数が減少するなかで，転業や廃業が多くなるにつれて，水平的分業のネットワークがこれまでのようにうまく機能しなくなるという危機に直面しているのである。

　バブル経済崩壊後の経済の長期的低迷から脱し，景気が回復しても事業所数の減少に歯止めがかからなかったことからみて，この傾向は循環的な問題では

第4章　産業集積のネットワーク構造　115

図表4-6　大田区の業種別工場数

業種	工場数
食料品	85
飲料・飼料	4
繊維	47
木材・木製品	11
家具・装備品	83
パルプ・紙	44
印刷・同関連	209
化学工業	25
石油・石炭製品	2
プラスチック製品	271
ゴム製品	18
皮革・同製品	1
窯業・土石	30
鉄鋼業	91
非鉄金属	94
金属製品	873
汎用機器	380
生産用機器	1,020
業務用機器	224
電子部品・デバイス	108
電気機器	320
情報通信機器	68

資料：大田区「工業統計調査」2008年より作成。

なく，地域の構造的な問題とみなければならない。それは，ネットワークの危機の事態にあるが，これには地域におけるさまざまな構造的問題が内包されている。そのもっとも大きな要因はマクロ経済の動向にあるが，なかでもリーディング産業として発展してきた日本の機械工業における国際競争の激化を背景とする生産の海外移転，海外生産の拡大，国内における生産体制の再編成といった基本的かつ構造的な変化である。

　ここではこうしたマクロ的な要因を念頭においたうえで，地域内の構造的な変化をとりあげることにする。

　城南地域には，多数の中小零細企業によって担当される多様な加工機能がバランスよく配置され，これがこの地域に際だつ特徴であることをみてきた。しかし近年は，加工機能からみても，このバランスが崩れる傾向を強めている。

図表4-7　東京（京浜）における
機械工業体系の変化

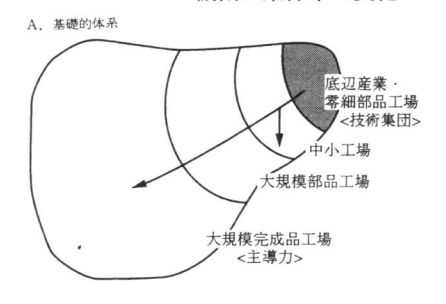

A. 基礎的体系

底辺産業・
零細部品工場
<技術集団>

中小工場

大規模部品工場

大規模完成品工場
<主導力>

B. ハイテク　コリドール＝付加された体系

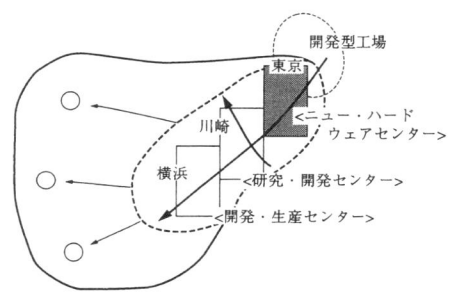

開発型工場

東京

<ニュー・ハード
ウェアセンター>

川崎

横浜

<研究・開発センター>

<開発・生産センター>

資料：通商産業省関東通商産業局監修『「産業集積」新時代』
　　　日刊工業新聞社，1996年。

　城南地域の集積を加工機能の面からみると，①NC化などの技術革新を内部化して自社製品開発型企業に成長するものが多い切削，プレス，②熟練技術に依存する部分が大きく，熟練をなかなか設備機械に代替できない鋳鍛造，メッキ，熱処理といった重装備型の加工機能に専門化した企業の2つが摘出される。このうち，後者の企業では熟練技術者の高齢化がすすむと同時に，熟練の養成が10年以上を要するなど簡単ではないこと，熟練者の確保が容易でないこと，さらには，騒音・振動など環境問題を克服できないことなどに大きな問題をかかえている。

　労働者の確保がきびしくなり高賃金・高地価負担力が失われるにつれて，東京という大都市を離れて地方へ工場を移転するメリットのほうが大きくなっている。(13)工場の地方分散がみられるのであるが，城南地域からすれば，企業の絶対数の減少だけでなく，重装備型の工場が抜け落ちていくことによって，地域内の加工機能のバランスあるいはバランスのとれた発展パターンが崩壊することになる。これが「歯槽膿漏型空洞化」といわれる懸念につながるのである。(14)

　バランスのとれた加工機能の地域内配置を別の角度からみると，フルセット型の配置であるということもできる。フルセット型の城南地域はバランスを失い，いま大きな曲がり角に立っている。さらに広い視点にたてば，フルセット型産業構造を構築してきた日本の産業体制が，経済の国際化のなかで新製品開発機能・研究開発機能などによって新製品，新産業をうみだす「プロトタイプ

「創出機能」を強化しながら，発展するアジア諸国の産業とリンケージを形づくるリーダーとして一翼をになう時代にあるということもできる。[15]

まず，この集積における中小企業は，付加価値生産性において全国平均の1.5倍程度と高く，すでに高付加価値型に移行している。しかし，さらにこれまでの技術水準を高め，研究開発や試作に必要な小ロット・高難度の加工，専用機・周辺機器の開発・試作など高度な技術を蓄積しなければならないこともまた，明らかになっている。そのうえで，今後の機械工業の生産体系として，ハイテク・コリドール（high-tech corridor）形成の提案がなされている。

図表4-7におけるAは1970年代における機械工業の基礎的体系を示し，Bは1990年代の新しい高度技術を結合する回廊（コリドール）である。ニュー・ハードウェアセンターは，城南地域を中心とする試作開発を支える基盤的な技術集団の集積としての試作加工センターである。東京都および神奈川県には，全国の理工系学部のある大学の27％，民間の開発・研究施設の37％，ソフトウェアハウスの39％が集積し，こうした実態を背景に川崎地区は研究開発センターとなっており，横浜から湘南，神奈川県内陸部，多摩川に沿って北上して多摩地域に延びる開発・生産センターになっている。

大手企業の本社やソフトウェア，エンジニアリングが集積する東京都心から品川区と大田区の試作加工センターを通り，川崎地区の研究・開発センターにつながる。さらに，横浜から湘南，神奈川県内陸部および多摩地域を含む開発・生産センターを貫く回廊をハイテク・コリドールとして，産業集積地域間の有機的連関が日本の高付加価値産業あるいは高度経済構造の創出に大きな役割を果たすものとして期待されているのである。[16]

いま，工業集積において創業の停滞などからネットワークが機能しなくなりつつあるが，他方で多数の企業が共存する方向として，専門的技術のネットワーク化を促進するリーダーとしてコーディネート型企業の存在が注目される。大企業は設備費用の圧縮のため稼働率の高い設備しか導入できないし，人件費も圧縮傾向にある。そこで，専門化した中小零細企業を組織して，ユーザーから一括して受注し，こうした環境に対応していこうとするのがコーディネート

型企業である。技術面に着目すれば，多様な集積がいっそう高い機能を実現する道である。

第3節　地方圏における機械工業集積

1　長野県坂城町にみる工業集積の地域的特性

(1)　農村地域の工業集積

長野県埴科郡坂城町は，農村地域にありながら都市型の産業特性をもつ機械関連工業が集積する特異な地域として，その特有さから多くの人びとの関心を引き，海外でもSakakiとして「第3のイタリア」とならんで有名になった。たんに農村地域に機械工業の一大集積が形成されているというだけでなく，その集積の形成プロセスと新規創業をうながす地域の仕組み，あるいはネットワークの存在によって，世界の研究者や地域開発担当者の注目するところとなっている。海外の文献をみていると，ディビッド・フリードマンの坂城町に関する著書がいたるところで引用されていることに気づく。(17)

長野県坂城町は長野県東北部の埴科地区に位置し，千曲川流域に展開する農山村地域にある。農業を中心とした地域で工業を中心とする産業の発展基盤に乏しいと考えられるにもかかわらず，先端的ともいえる機械金属工業が集積している。2010年時点の人口は16,169人であるが，坂城

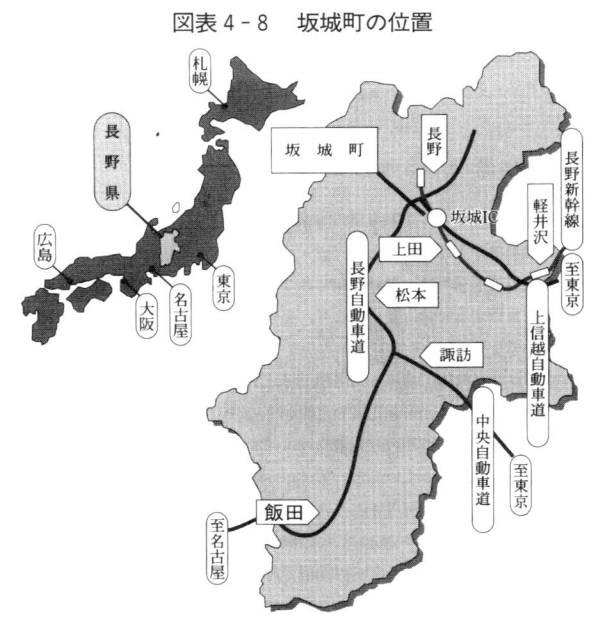

図表4-8　坂城町の位置

資料：坂城町商工会のホームページの案内地図をもとに作成。

町に約250の工場が展開し，とくに金型，プラスチック成形，自動車部品などの機械金属工業が集積したことで知られると同時に，農山村地域の工業化モデルとしても感嘆をもって受けとめられることが多い。[18]

坂城町の就業者数8,603人を産業別分布でみると（2005年），第1次産業が10.0％，第2次産業が46.1％，第3次産業が43.6％となっており，農山村地域に存在する自治体単位としては，第1次産業の割合が相対的に低いのに対し，第2次産業の占める割合が大きい。農山村の地理的配置にもかかわらず，工業を中心とする第2次産業の従事者が多く，とりわけ工業化した農山村地域という印象をもたせている。

坂城町の2006年の工場数284のうち，従業員数4人以下の工場が148（52.5％），5～9人では54（19.0％），10～19人では29（10.2％），30人以上が32（11.3％）となっており，9人以下の零細企業が71.5％を占めていた。こうした中小零細企業の多くが特定の親企業をもっていないのも坂城町の特徴である。

技術から集積をみると，機械加工やプラスチック成形加工など広範囲であるが，特殊鍛造やメッキ技術，金属加工の分野で独自の技術を発揮する企業が多い。その技術も地域内企業から発注される仕事をこなすうちに身につけたものである。

(2) 工業集積の形成過程にみる地域産業風土

坂城町の機械工業化は，戦前の中心的な産業であった養蚕業が不振となり，戦時統制経済への転換期にもあったことから町が工場誘致措置をとることになり，1941年に宮野が坂城町に進出したことに源流があるとされる。[19] さらに43年には日本発条坂城工場，大崎製作所長野工場を誘致し，44年には都築製作所，翌年には中島オールミシン製造所，日置電機製作所などが戦時疎開工場として立地があり，坂城町工業の骨格が形成された。

これらの工場では航空機や通信機などの部品加工を行っていたが，戦後になってもこれら比較的技術の高い企業が坂城町にとどまった。こうして，坂城町の工業化は，農村地域の不況対策としての工場誘致に端を発した誘致工場と疎

図表4-9　坂城町と上田市の機械金属工業集積

業　種	坂城町 事業所数	坂城町 構成比	上田市 事業所数	上田市 構成比
プラスチック製品	22	17.2	36	8.0
金属製品製造	14	9.6	42	9.3
はん用機械	12	8.2	6	1.3
生産用機械	52	35.6	94	20.9
業務用機械	7	4.8	18	4.0
電子部品・デバイス	2	1.4	20	4.4
電気機械	10	6.8	43	9.6
情報通信機械	3	2.1	9	2.0
輸送用機械	6	4.1	28	6.2
上記機械金属合計	128	87.7	296	65.8
事業所総数	146	100.0	450	100.0

資料：長野県「工業統計結果報告書」2009年より作成。

開企業がともに地域に定着し，工業発展の源泉になったのである。[20]

　戦後，民需転換を余儀なくされるなかで，農機具や家庭用金物などの生産を手がけるようになるが，その生産が行き詰まっても，首都圏との結びつきが強い誘致・疎開企業が新たな受注分野を開拓するなど，その後発展する坂城町にとっては有利な条件があったことになる。1950年代にはミシン部品，1950年代から60年代においては自動車部品分野が発展し，機械工業地域としての特徴を深めてきた。

　坂城町の工場数の動向をみると，1965年には130工場であったが1975年には266工場となり，1985年には365工場へと増加し，この20年間で230工場もの増加をみた。この急増は，終戦直後の地元創業者および一代で成功を収めるサクセス・ストーリーが刺激となって，企業からスピン・オフするという創業パターンができあがったことによる。この時期は，地域に「産業が産業を呼ぶ」図式ができていたと考えられる。重ねて，自立心，独立心が強く，旺盛な企業家精神が育ちやすい産業風土があることが推察されよう。

　図表4-10から，坂城町における製造業集積の急進展がわかる。この図表には示していないが，工業のなかでも金属製品，一般機械，電気機械，輸送用機械，精密機械，プラスチック製品を機械金属系業種としてみると，1965年から1985年までに急速にその集積の厚さを増したことが把握できる。むしろ，機械金属工業へのいちじるしい傾斜をともなった工業化であるというべきである。業種別の集積では，機械金属工業のなかでも一般機械が全体の4割強を占め圧

図表 4-10　坂城町工業の事業所数および従業者数の推移

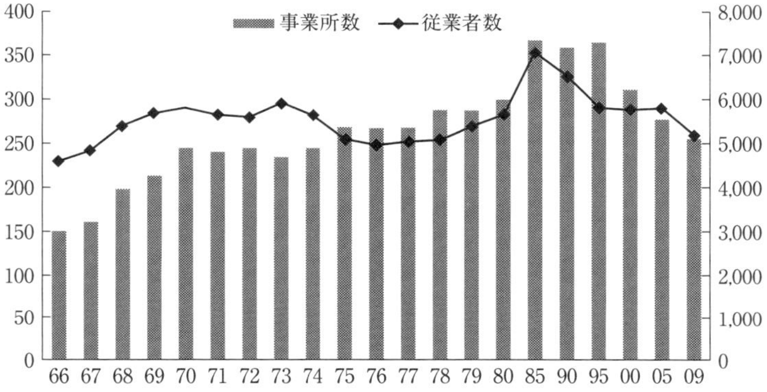

資料：坂城町「坂城町統計書」より作成。

倒的な集積がみられ，坂城町の基軸的な業種になっている。プラスチック製品も1970年代に集積がすすんで坂城町工業を特徴づけるようになり，1980年代にはエレクトロニクス化を反映して工場数が増えた。

　厚い集積構造をもつ一般機械の業種には次のような地域的特性がある。中・小型射出成形機のトップメーカーの日精樹脂工業やペットボトル製造装置の延伸ブロー成形機の青木固研究所など比較的規模の大きな企業は，研究開発，設計および装置の最終調整などに特化し，部品加工から組立までを外注する。町外への外注が多いが，プラスチック金型や小物部品加工は町内外注である。

　また，ミシン部品からタイプライター製造へと転身した中島オールプリシジョンと数多くのミシン部品の加工企業が多数集積している。このようにかなりの規模で工場が集積したことから，中核的な企業群から，1970年代と80年代を通じて企業家精神旺盛な若者が独立して創業したことから，いっそう集積が拡大したのである。

　電気機械では，疎開企業の日置電機から独立し創業した企業や，70年代から80年代前半にかけてエレクトロニクス化のなかで，周辺地域の企業からの組立仕事を請け負うことからはじめた企業，制御盤の設計・組立など機械製造の周辺部分作業で専業化した企業などがみられる。また，プラスチック製品の業種で工場数が多いのが坂城町工業の大きな特徴であるが，先に触れた射出成形機

を製造する日精樹脂工業とプラスチック金型の長野大崎製作所の2社から独立開業した企業が集積している。

ただ，東京城南地域の機械金属集積の場合，膨大ともいえるような工場のなかから独立して開業し，潜在的な取引企業が地域内および周辺に多数存在することを前提にした独立である。これと対照的に，坂城町では地域の比較的大きなごく少数の企業から，従業員が独立して開業するパターンがみられ，中核的な企業からの独立に制約された開業である。

2　長野県東信地域にみる産業の地域化

坂城（Sakaki）が世界的に有名になったのは，坂城地域の中小企業の間に競争と協調の仕組みがみられること，地域産業社会あるいは産業地域（industrial district）に同業者組合が存在し一定の機能を果たしていること，地方自治体の産業政策が存在することなどからである。[21]

まず，坂城には創業のメカニズムが働いていたことが指摘されている。[22] 創業のメカニズムといえるかどうかはともかく，当地域では企業家精神の旺盛な人びとがかなり多く，それが地域に少しずつ工場が集積していく状況に敏感に対応して，みずからも工場を経営しようとして創業したものが多かった。実際には，坂城地域の機械工業集積の源泉になった中核的な誘致工場と疎開工場から従業員が独立して開業し，多数の中小零細企業が誕生した。そして，これらの工場からさらにスピン・オフし，農業から転身して工場を営むものがあるなど，1960年代には集積が自己増殖過程にあった。

長野県佐久市，上田市，坂城町などの東信地域は，もともと養蚕と製糸を中心とする農村地域で長いあいだ産業発展の基盤に乏しかった。ところが埴科地区に位置する坂城町のように，農村でありながら先端的ともいえる機械金属工業が集積する地域もあり，上田市や東部町など当地域の他市町村でも坂城町と同様に都市型工業でもある機械金属関連中小企業が数多く集まっている。

坂城町の場合，人口約1万5,734人（2010年）に対し工場数は254（2009年）であり，町民90人に1人が工場の社長ということになる。ピーク時には町民60

人に1人が社長であった。また，全就業者のうち第1次産業が12.5％，第2次産業52.2％，第3次産業が35.2％であり，第2次産業が極端ともいえるほど割合が高くなっている。ちなみに長野県全体では第1次産業12.8％，第2次産業36.3％，第3次産業50.8％である。

機械加工やプラスチック成形加工など広範囲にわたる技術が集積し，特殊鍛造やメッキ，金属加工の分野で独自技術をもつ企業も多い。このような技術が地域に集積しているのだが，なぜ，この農村地域にレベルの高い都市型技術が蓄積されたのであろうか。

坂城町の機械工業化は，戦前の中心的な産業であった養蚕業が不振となり，町が工場誘致に乗り出したところから始まることはすでに触れた。1941年にヤスリメーカーである宮野鑢工場を誘致し，43年には日本発条坂城工場，大崎長野工場が誘致され，45年には中島オールミシンと日置電機が疎開立地し，その後，47年には日精樹脂が当地で創業した。

坂城町の代表的な工場の設立動機は地元との縁故関係にあり，終戦で地元出身者が疎開または外地からの引き揚げで操業を開始したといわれている。こうしたプラスチック射出成型機メーカー，金型メーカーなどの主要企業で技術を取得した従業員がスピン・アウトして創業するケースが続出した。

1947年に坂城町の主要工場の経営者たちが工友会という組織を立ち上げ，この組織を通じて町内企業への仕事の斡旋や発注を行い，中核企業が創業したばかりの零細企業の工具類を貸与するなど地域の中小企業の育成に積極的に関与した。

誘致企業や疎開企業が戦後も坂城町にとどまり地域定着し，いわゆる産業の地域化がすすんだ。地元創業者のサクセス・ストーリーが刺激となりスピン・オフして独立開業が相次ぎ，産業が産業を呼ぶ循環が形成されたのである。独立志向の企業家精神こそが坂城町工業集積を拡大したのであり，産業の収穫逓増現象が一時的に発生したとみることもできよう。

現在は，取引先の自動車，電機メーカーが生産を海外移転しており，その影響を受けて経営状況も厳しい企業が多くなっているが，かつて産業集積が形成

されたプロセスはミニ収穫逓増現象であったといえよう。

ここで，従業員の独立を実質的に支援する産業風土が存在したこと，独立心を尊重する社会風土，本社を東京に置きながら実質的に地域に溶け込む経営方針をもつ企業があること，地元企業ばかりでなく取引先を東京など広範囲に求めていることなど，産業が地域と一体化する側面を多く示唆している点に注目しておきたい。

近年，この創業が停滞し，「坂城ドリーム」も過去のものとなってきたとはいえ，この地域にはまだ自主独立，進取の精神が残っているとみなくてはならないだろう。

ちなみに，日本労働研究機構が各地の製造業集積地の企業を対象に行ったアンケート調査によれば，新規創業の理由は坂城地域の場合，「モノづくりが好きだったから」「長く経験した業種だから」「製造業が全ての産業の基礎だから」などが他地域と比べて多く，「他にこれといった分野がなかった」や「需要が拡大しそうだったから」といった，どちらかといえば消極的な理由は相対的に少ない。多摩北部地域の創業理由とよく似ているが，城南地域あるいは他の工業集積地域と比べても，坂城地域のむしろ前向きな創業理由が目立ち，創業風土は東京城南地域やその他の機械工業集積地域と比較しても特異であることがうかがわれる(23)。

また，坂城の工場は特定企業との取引に依存することが少ないといわれるのは，前向きな経営者が多く，コア技術を保有していても，受注先の要請ばかりでなく，独自の工夫を凝らして新たな境地を開くなど，進取の精神が発揮されているからであろう。これは，同業者間における競争が地域内で働いているからだとみることを可能にする。

ところで，坂城ドリームの環境で発展した企業，バブル経済のもとで事業を拡大した企業など，大きく環境が変化していくなかで，いま企業戦略の見直しが求められている。きびしい現状を打破する方向性を示す企業タイプとしては，大きく分けると3つある(24)。

① 熟練技術をいっそう磨いて，少なくとの関東甲信越ではトップクラスの

第4章　産業集積のネットワーク構造　125

技術をもつ部品加工下請をめざす。
② 海外に展開する大手メーカーに対応して海外への雄飛をはかる。
③ 部品加工業の多い坂城町では希少なタイプの製品開発型をめざす。

つぎに、ピオーリらが「発展する産業地域」において重視すべきとするのは労働組合、企業家組合などの組織の存在である。欧米では、日本の労働組合とちがって労働者の組織は地域社会でも大きな役割を果たしているため、地域における労働組合がとりあげられることが多くなるが、坂城町では産業地域における組織として企業家組合がその役割を果たしてきた。

1947年に結成された「工友会」は企業間の親睦を超えて、町内企業への仕事の斡旋や発注を行い、工具不足の時代には工友会に所属する中核企業が創業したばかりの零細企業に工具類を貸与した。さらには、中核企業が旋盤などの機械・設備を無償で貸与し、資金援助も行うなど、坂城町工業の経営と技術水準の向上に積極的に取り組み、「工友会」は、中核企業の前向きな姿勢を反映して一種のインキュベータ機能を発揮した。この面では、地域に企業間の相互補完関係を醸成してきた工友会は、内発的地域振興のモデルともなりうる役割を果たしてきたのである。[25]

今日まで、たしかに坂城地域のなかでは、日常的な人的交流や受発注関係が相当密に行われてきたが、産業交流や企業間での共同研究開発など新しい時代と方向に対応する努力は活発ではなかった。しかし、1994年に全国でも例をみない1町単位の「さかきテクノセンター」が設立され、人材育成、研究開発施設の提供、地域内産業ネットワークの形成、他の工業集積との交流促進などの支援事業に乗り出していることに注目しておきたい。[26]

注
（1） 東京の多様な集積については、竹内淳彦「円高における大都市中小工業コンプレックスの変動―東京都葛飾地区を中心として―」商工総合研究所『商工金融』第46巻第10号、商工総合研究所、1996年、佐藤芳雄編『巨大都市の零細工業』日本経済評論社、1991年などを参照。
（2） 歴史的経緯については、関　満博・加藤秀雄『現代日本の中小機械工業―ナ

ショナル・テクノポリスの形成―』新評論，1990年を参照。
（３）　百瀬恵夫・伊藤正昭編著『現代中小企業論』白桃書房，1980年，89-91ページ参照。竹内淳彦『工業地域構造論』大明堂，1978年，128ページ参照。機械工業の地域的生産体系や都市型工業については，経済地理学の分野で先駆的に研究が行われ，その成果が地域経済学や中小企業研究に取り込まれてきた。たとえば，竹内淳彦の前掲書，同氏『日本の機械工業』大明堂，1973年，同氏『日本の機械工業』大明堂，1983年，北村嘉行・矢田俊文編著『日本工業の地域構造』大明堂，1977年などをあげておきたい。
（４）　M. J. ピオリ and C. F. セーブル／山之内　靖・永易浩一・石田あつみ訳『第二の産業分水嶺』筑摩書房，1993年。
（５）　D. H. Whittaker (1997), *Small Firms in Japanese Economy*, Cambridge University Press, pp. 62-84.
（６）　植田浩史編『産業集積と中小企業―東大阪地域の構造と課題―』創風社，2000年，梅原英治編著『関西，その活力の源をさぐる―産業集積と起業家精神―』法律文化社，2000年，磯部剛彦『トップシェア企業の革新的経営』白桃書房，1998年などを参照。
（７）　渡辺幸男『日本機械工業の社会的分業構造―階層構造・産業集積からの下請制把握―』有斐閣，1997年参照，また，渡辺幸男『大都市圏工業集積の実態―日本機械工業の社会的分業構造―実態分析編1』慶應義塾大学出版会，1998年では，大都市圏で城南，城東および大阪の機械工業中小企業を詳細に分析している。
（８）　関　満博『地域中小企業の構造調整』新評論，1991年，49-56ページ。森清『中小工場の可能性』日本経済新聞社，1983年。
（９）　これらの加工機能のそれぞれについては，関　満博『空洞化を超えて』日本経済新聞社，1997年にくわしく述べられているので参照されたい。
（10）　鵜飼信一『現代日本の製造業―変わる生産システムの構図―』新評論，1994年。
（11）　鵜飼信一，同上書，78ページ。
（12）　関　満博『地域経済と中小企業』ちくま新書，1997年を参照。
（13）　国土庁大都市圏整備局編『生き残りの道を探る，都心の中小工場』大蔵省印刷局，1996年。
（14）　鵜飼信一，前掲書，120-122ページ。
（15）　関　満博『フルセット型産業構造を超えて―東アジア新時代のなかの日本産業』中公新書，1993年。海外生産の拡大による空洞化と工業集積の動向に関しては，渡辺幸男「機械工業の海外生産化と国内工業集積の再編成」『商工金融』商工総合研究所，1994年7月号参照。
（16）　竹内淳彦「広域ネットワークの時代」通商産業省関東通産局監修『「産業集積」新時代―空洞化克服への提言』日刊工業新聞社，1996年。このハイテク・

コリドールはつぎの書にも紹介されている。R. Hayter (1997), *The Dynamics of Industrial Location-The Factory, the Firm and the Production System*, John Wiley & Sons, pp. 384-385.

(17) D. Friedman (1988), *The Misunderstood Miracle-Industrial Development and Political Change in Japan*, Cornell University Press. D. フリードマン／丸山恵也監訳『誤解された日本の軌跡——フレキシブル生産の展開』ミネルヴァ書房、1992年が代表的で、フリードマンの研究が大きな影響を与えている。

(18) 誘致企業を中心として発展した山形県長井市の機械工業集積については、伊藤正昭「地域産業に関する実証的研究」百瀬恵夫・木谷一松編著『地域産業とコミュニティ』白桃書房、1986年を参照されたい。

(19) 太田一郎『地方産業の振興と地域形成——その思想と運動』法政大学出版局、1991年。

(20) 長野県坂城町・長野県坂城町商工会『テクノハートさかき——坂城町工業発達史——』1988年。

(21) たとえば、D. フリードマン、前掲訳書を参照。

(22) 日精樹脂工業の創業者について、大島敬治『嵐を求めて——青木固氏の発明開発人生——』第一出版、1983年を参照。

(23) 日本労働研究機構研究所編「中小企業集積（製造業）の実態に関する調査」日本労働研究機構、1996年。

(24) 関　満博・一言憲之編著『地方産業振興と企業家精神』新評論、1996年、105ページ。また、堀　恒一「地方機械工業集積地の構造問題——転換期の坂城工業——」関　満博・柏木孝之編『地域産業の振興戦略』新評論、1990年を参照。

(25) 吉田敬一『転機に立つ中小企業——生産分業構造転換の構図と展望』新評論、1996年、225-227ページ。

(26) 通商産業省関東通商産業局監修『「産業集積」新時代』日刊工業新聞社、1996年、202ページ。

第5章　地域における企業間関係
——企業城下町型集積の内部構造——

第1節　企業城下町型の工業集積と下請分業生産システム

1　企業城下町の形成と地域経済
(1)　工業の地域的展開と企業城下町の形成

　日本の工業集積は大きく分けると，①第4章で取り扱った機械金属工業集積のように都市の特性を基盤に発展した集積，②どちらかといえば，地方圏に集積する大規模企業とそれを取り巻く中小企業によって形成される企業城下町型集積，③地域で伝統的な技術をよりどころに発展してきた中小零細企業から成り立つ地場産業型集積の3つに分けることができる。

　ここで取り扱う企業城下町型集積は，確かにその多くが地方圏に存在するが，かなり規模の大きな都市にも企業城下町が多いし，農村地域でも電気製品の組立メーカーが中核企業となって企業城下町を形成した地域もある。そうした意味では，企業城下町型集積を地方圏特有の工業集積の形態としてとらえるのは間違いであろう。

　ところで，企業城下町としては，長崎・佐世保・呉・玉野（造船），室蘭・堺・福山（鉄鋼），豊田・広島（自動車），大分・徳山（石油化学）などのほか，日立，延岡などをイメージすればよい。明治期以降の工業化の過程で形成された企業城下町も多いが，第2次世界大戦後における重化学工業化の過程で，太平洋ベルト地帯構想にそって鉄鋼，石油精製，石油化学などの基礎資材関連工業で大規模な立地展開がみられ，各地で企業城下町が形成された。経済成長のプロセスで，産業規模と企業の生産規模が拡大するにともなって都市が成長し，企業都市の規模もまた相対的に大きくなったのである。

　1960年代以降の経済成長によって，先行していた基礎資材産業の地域的展開だけでなく，加工組立型の産業でも広域的な立地展開をみた。造船業などに続(1)

いて自動車，電気機械など機械系の産業も生産力拡大の波に乗って工場を各地に展開し，数多くの企業城下町を形成した。とりわけ，技術の比較的成熟した電気産業では，カラーテレビやVTRの組立工場を，本社をおく首都圏からみれば遠隔地の地方圏とよばれる地域に配置するようになった。

こうした産業の立地行動から，当初は労働力に余裕がなくなった比較的大きな都市の周辺に工場を設けたが，時とともに都市部だけでなく周辺でも労働力確保難が深刻になり，次第に農村地域へ進出するようになっていく。産業活動が全般的に活発であったことから，農村部でも企業城下町の様相を帯びるようになったのである。地方圏では，地場資本の中小企業だけでは雇用確保が難しく，雇用の場を創出し地域経済浮揚の契機にしようとして首都圏などからの企業誘致に熱心に取り組んだ。その結果，地価が安く労働力の比較的豊富な地域には，従業員が500人から2,000人程度の電気・電子関連の組立工場が建設され，多くの地域に特定企業の城下町が新たに形成された。

このように形成された新しい企業城下町を加えてみると，日本にはかなり多くの企業城下町が存在することになる。一般に，鉄鋼，造船などいわば停滞気味の産業をかかえる地域が企業城下町であるという印象が強いが，この見方は必ずしも正しいとはいえず，むしろ，歴史的に古い企業城下町は古い産業によって成り立ち，新しい城下町は比較的新しい産業によって形成されているにすぎないともいえる。もっとも新しいのは半導体生産などハイテク関連の工場が立地し生産を展開している地域である。

地方圏では，地場企業が成長して大企業となって中核企業の地位を得て企業城下町を形成していくケースは少なく，多くの地域が第2次世界大戦中の戦争疎開あるいは戦後早い時期に首都圏から移転した企業，中央資本が重工業化の過程で地方に生産拠点を複数設ける目的で地域に進出した工場などによって，企業城下町が形づくられてきた。

単独あるいは複数の中核的な事業所を中心としてその周辺地域に，それらの事業所に部品や半製品を供給する企業が集積しているところから，こうした工業集積は企業城下町型工業集積とよばれることが多い。同一市町村や周辺地域

に下請企業を集積し，これらと一体的に発展するのが企業城下町型集積のもっとも大きな特徴であるが，これは，戦国時代以来の城下町の形態や特徴とよく似ている。

　江戸幕府の将軍が大企業，旗本が下請企業といった日本型のタテを基軸とした人間関係を企業間関係に持ち込んだという意味で日本的なイメージが強く，このようによばれる。しかし，地域社会も殿様のご意向次第という意味合いにおいて，表現がよくないだけでなく，このことばの一人歩きは地域の発展にとって問題でもある。

(2) 大規模企業の特性と地域

　企業城下町では地域の中核的な企業の存在が，その企業の属する産業特性を地域に反映しながら，地域の政治，経済，社会に奥深くまで影響を与えている。中核的企業の従業員や家族だけでなく，地域の関連中小企業の経営者・従業員および家族，関連商業者，さらには自治体さえも中核的企業と一体感をもち，地域全体が同質の価値観を共有しているのがふつうである。老若男女を問わず，同一産業に関する価値観を共有しているのであるから，中核的な大企業と地域社会のまさに重なり合った空間が企業城下町である。

　しかし，企業城下町では企業と地域社会が混然と融合しているような実態があるとしても，冷静にみれば，基本的なところで特定企業と地域社会には論理的なズレがあることがわかる。まず，企業城下町の多くが県単位あるいは市町村単位における企業誘致によって形成された経緯がみられ，各自治体が競って工場団地を造成し，道路を整備するなど産業インフラの先行整備に熱心に取り組んだ。

　誘致条件の基盤整備が一時の各自治体のもっとも重要な仕事でさえあった。こうした自治体の行動は，地域に雇用の場を確保し，税収の増加によって地域社会の生活環境を整備し人口の流出をくい止め，若者の地元定着を促進するという明確な目的のもとでとられたものである。企業誘致によって地域経済の活性化のきっかけを作ろうとするのは，いずれの地域でも同様であった。

企業誘致によって地域経済を発展させようとする地域開発は外来型開発といわれるが，地域が東京や大阪に本社を構える企業に依存するなど，外部の経済資源を利用する地域開発が誤っているわけではない。日本経済そのものが外来型の発展によって成長したのであるから，これと歩調を合わせて各地域が移入技術で発展しようとしたのはむしろ自然であったかもしれない。問題は，企業城下町の地域経済社会を支える特定大企業の行動論理である。

　企業城下町といわれる地域の中核的な企業の多くが，東京や大阪といった首都圏に本社を置いている。これは，つぎのような都市化の経済の論理が背景にあるからである。企業活動は企画，研究開発，製品開発，販売などのサービス活動と実際の生産活動からなっている。この企業活動におけるサービス部門が，機能という観点からみると中枢機能である本社機能を果たしている。

　「都市」のうち「都」は頭脳であり中枢機能を意味し，「市」は流通機能とこれに関連する金融・保険・物流などの補完機能を意味していることをすでに明らかにした。都市の規模が拡大するにともなって，2つの機能を統合した都市機能が充実し質的にも高度化し，東京や大阪では都市機能が充実し一国の首都機能を担当するようになった。こうして，一国の首都機能と各企業の本社機能が一体化して，企業の本社機能は大都市であるほどより高い機能を発揮できるようになる。したがって，大企業では本社機能が大都市を離れると，企業発展がいちじるしく制約されるわけである。

　ところで，誘致企業によって形成された企業城下町が多いが，上記のような企業行動の論理から，企業城下町の構造的問題が生まれる。それは，大企業の場合に典型的にみられるように，どこに工場を設置するかは企業戦略とのからみで決定されるものであり，日本の東北であるか九州であるか，または東アジア，アメリカであるかは，首都圏に本社を置く企業のグローバル戦略に依存するのである。

　首都圏に本社機能を集中する大企業は，グローバル戦略のもとで工場を地域展開するのであるから，本社の意思決定にしたがって工場を国内のある地域から海外に移転配置することも当然ありうる。地域の人びとの感情からすれば誘

致した企業に地域化を望んだとしても不思議はないが，産業の空洞化をもたらすような産業の論理と地域の論理のズレが企業を取り巻く環境によって，いっそう明らかになってくるのであって，誘致そのものは当初からこのような問題を内包することが多いのである。[(2)]

2 企業城下町が直面する構造的問題

(1) 地域経済の空洞化

　企業城下町の中核事業所が属する産業や業種は，鉄鋼，石油化学などの基礎資材型産業から自動車，電気機械，一般機械などの加工組立型の産業まで多岐にわたっている。加工組立型の場合，自動車や造船関連の輸送機械器具がもっとも多く，これに電気機械器具が続くが，一般機械器具は比較的少ない。

　1960年代以降の経済発展の過程で，まず，基礎資材型産業に資本が集中され，大規模な資本投資が行われた地域に企業城下町が形成され，基礎資材産業の一定の成長をまって加工組立型産業が成長して，新たな企業城下町が形成された。

　企業城下町が形づくられた時期が産業別に若干の違いがみられるが，これは日本経済の発展パターンを反映したものである。重工業化のはじめの時期には基礎資材型産業が生産力を拡大し，低コストで高品質の資材を供給できるようになると，つぎにこの低コスト・高品質の資材を投入して加工組立型産業が低コスト・高品質の耐久消費財を生産することができるようになった。基礎資材型産業と組立型産業の連関した迂回生産構造ができあがると，全体の国際競争力がいちじるしく強まったのである。

　ところが，日本の重化学工業化が完成してまもなくオイル・ショックを契機に両者がともに発展するパターンが崩れてきた。1973年のオイル・ショックによって世界経済が低迷し，国内市場と輸出市場が縮小するとともに，まず，耐久消費財の低迷から基礎資材型産業の過剰生産能力が顕在化した。これはもはや景気が回復すると問題が解消するという循環的な問題としてよりも，いっそう深刻な構造的な需給不均衡が問題になったのである。いわゆる構造不況産業

にその状況が強くあらわれたのである。

　1970年代には，石油，化学，鉄鋼，紙・パルプ，アルミニウム製錬など数多くの基礎資材型産業できびしい産業調整を行わなければならなかった。過剰生産能力の処理として設備廃棄，工場の整理統廃合，工場閉鎖など地域を巻き込んだ根本的なリストラクチャリングに取り組まざるをえなかった。

　需給ギャップの改善を必要とした構造不況業種に属する企業を中核とする市町村の企業城下町では，事業所の一部閉鎖，設備廃棄・凍結，休止，大幅減産，大幅な人員削減による雇用調整が行われ，下請企業の受注減少や商店街の不況など地域経済が根底から揺さぶられた。構造不況業種をかかえる地域は構造不況地域とされ，政府による支援政策が講じられるなかで，同時に地域対策としての役割をもった産業調整政策（industrial adjustment policy）が実施された。[3]

　このように日本の産業構造が高度化するなかで，基礎資材型産業と加工組立型産業の成長力が逆転するにつれて構造不況地域があらわれ，これら業種の大企業を擁する企業城下町は極度に疲弊してきた。本社を中心とする全社的なリストラクチャリング（経営・事業の再構築）をすすめるなかで，工場の存在する地域では，中核事業所そのものの見直しが取引先企業や下請企業を巻き込んで影響が累積的に波及していった。[4]

　衰退傾向にある企業城下町は，中核企業が成長，発展する時期には何の問題ももたらさないようでも，衰退産業と成長産業が交代するドラスティックな産業構造の変化が企業城下町に直接投影され，潜在的にかかえていた構造的な問題を鮮明に浮き上がらせてくるのである。今後は，こうした衰退産業がつぎつぎにあらわれ，現在のリーディング産業でさえもいずれ衰退産業になるであろう。著者自身も，産業政策のうち成長産業の支援より衰退産業の産業調整政策に重要性を認めたい立場にある。いつの時代にも産業調整を必要とする産業が存在することを考えると，衰退産業が大きな政策対象になるのである。

　つぎに，もうひとつの企業城下町の形態である大規模加工組立型企業を中核とする企業城下町の動向をみてみよう。

加工組立型産業は，1970年代から1980年代の半ばごろまで日本経済のリーディング産業として自他ともに認める地位を占め，大きな役割を果たしてきた。加工組立型産業は基礎資材産業より付加価値が高い部門であり，輸出中心に成長し，新たな地域集積を東北や北九州地域に形成して企業城下町の数を増やしてきた。しかし，このリーディング産業も，円高が進行するにつれて国際競争力が低下し，とりわけ，1985年以降の円高と1990年代に入ってからの円高によって国際競争力が急速に失われた。

　リーディング産業は，国内で生産しこれを輸出する体制をもはや維持することができなくなり，持続的な円高に対応するため生産の海外移転をすすめるようになった。貿易摩擦回避型の海外進出が早くから行われていたが，円高を契機に海外生産に積極的にならざるを得なくなった。円高によって国内の人件費コストが上昇し，付加価値が高い産業であっても利益を圧迫するようになったのである。

　企業の海外進出が多くなっても，当初は国内生産を従来どおり維持したままで海外に工場を新規に設置することが多かった。むしろ，海外市場の拡大に対応した海外生産の開始，あるいは国内の輸出向け生産を現地進出で代替するというものであった。たが，次第に円高に抗しきれなくなると，国内生産の縮小と海外生産の拡大が組み合わされるようになり，さらに，国内生産の停止に追い込まれる企業も多くなった。

　国内の生産量に変化がないまま海外生産の強化をはかる場合，国内の地域経済への影響は小規模にとどまっていたが，国内生産の縮小と海外生産の拡大がセットになると，企業城下町への影響は深刻になった。

　大手企業は世界最適生産体制の構築に向けてグローバルな行動をとるようになり，国内の地方圏に立地する企業，首都圏から地方圏に工場を移転する企業がかなり減少した。こうして，中核企業が地方圏の工場で生産を停止し海外に生産を移転することで，地域経済は二重の影響を被るようになったのである。

　アジア諸国の経済が急成長し，所得水準の向上を背景に現地市場が急速に拡大してきたこと，品質や納期に厳しい日系企業の要求に対応できるだけの技術

力を現地企業が備えるようになったことなどから，電気機械産業を中心に海外生産を展開する企業が多くなった。低付加価値製品は賃金の安い国で，高付加価値製品は日本の国内で生産するという国際的な地域間分業にとどまらず，近年では，もっと進んで高付加価値製品でさえも海外生産を行うようになった。国内の高賃金で生産できるものは，まさにハイテク関連の高付加価値製品に限られようとしている。

　日本経済からみて産業の空洞化（de-industrialization, hollowing-out）が問題になっているのであるが，これは具体的には地域経済の空洞化だとみてもそう大きな間違いはない(5)。こうしてみると，日本の産業空洞化の具体的な現象は，国内の企業城下町などの工業集積と，中国，タイ，マレーシア，ベトナム，さらにはインドなど急成長する国ぐにとのあいだの直接的な競合にみることができよう。国内の地域間競争を超える次元の競争が激化しているのであって，企業城下町は世界的な地域間の空間的競争にさらされ，ボーダーレスな時代のメガ・コンペティション（mega-competition）のなかで揺らいでいるのである。

(2) 地域における技術展開の制約

　特定大企業の工場を中心として周辺に関連下請企業が集積する企業城下町では，中核企業が生産する製品の関連部品・半製品を製造する中小企業が中心となって，地域的な分業構造が形成されていることが多い。この集積のなかでは，特定企業を中心に親企業と下請企業の垂直的な取引関係が形成されることが多く，受発注先の業種は圧倒的に「同一業種」とし，受注先の所在地も「同一・近隣の市町村」と取引先の地理的範囲も狭く，受注先の企業数も5社以内と少ないのが一般的である。

　中核企業の属する産業が基礎資材型であるか，加工組立型であるかによって，企業城下町型集積の量的，質的な違いがみられる。そのうち石油，化学といった業種では，生産技術の特性から関連下請企業をさほど必要とせず，たんに中核事業所だけで成り立っている企業城下町もある。

　一般に，基礎資材型産業に属する業種では装置型で自己完結型の生産体系を

もつ傾向が強い。鉄鋼や造船などでは，工場の構内に労働者を派遣する労務提供を行う企業があり，このような労務提供を行う「構内下請」のほか，設備のメインテナンス，運輸や廃棄物処理などに関連する中小企業は多いものの，部品や半製品を受注して生産し納入する関連企業はそれほど多くない。これらの装置型工業はコンビナート・タイプのものが多く，社会的分業に依存する必要性に乏しいのである。

一方，加工組立型の企業城下町は，基礎資材型に比べれば社会的分業に依存する度合いが大きく，多数の下請企業を必要とする。このタイプの城下町では，中核企業の必要とする部品や半製品を供給する下請企業が多くなり，下請企業がタテ型に結合され裾野の広い下請分業構造がつくられている。

ところで，企業城下町におけるもっとも大きな構造的問題は，長期にわたって特定の親企業に依存してきたため，中小企業が自立した企業としての展開を放棄してきたことである。一定の工業集積を前提にすれば，仕事が自動的に与えられる傾向にあるため，親企業をもたない独立企業のような営業力を養う必要性に乏しく，さらには自主的に技術開発や製品開発に取り組むインセンティブをあまり感じることもない。こうした状況のなかで，親企業のリストラ，海外進出が発生しているのである。

親企業が属する産業が成長し拡大する時期には下請企業もそれなりに繁栄できたが，低成長期になって構造調整が行われるようになると，中小企業が今後の展開方向を見失う要因の存在が構造的問題をいっそう深刻なものとしていく。しばしば，企業城下町では下請企業は限られた技術や設備で対応できるとされるが，補完的，周辺的な技術・設備は蓄積できても，他業種，他分野へ転用の可能性が小さい設備と技術である。新たな取引先を開拓するには不十分な技術蓄積なのである。

地域全体からみれば，機械金属工業の集積した東京都城南地域，長野県諏訪地域，長野県坂城地域など多様な加工機能が比較的バランスよく配置された地域と違って，加工機能の蓄積技術に偏りが強い。前者が，先端技術の動向にも対応できる地域の技術蓄積を保有しているのに対し，とりわけ重厚長大産業に

特化した設備や技術では、下請中小企業はもちろん親企業でさえも、新たな展開の道を探るのは容易なことではない。長崎や佐世保のように高い造船技術の蓄積があっても、自動車部品を製造できるレベルの技術ではないであろうし、鉄鋼関連の機械金属工場であっても、電気部品をすぐに製造できるというものでもない。

これは「地域技術」の問題ととらえることができる。特定業種の大工場が地域に進出立地する場合、周辺技術、関連技術など地域の既存蓄積を前提にしないケースが多い。労働力立地はまさにこのケースであり、進出があっても技術波及は小さく、多様な技術が地域化する可能性もまた小さい。また、偏った技術蓄積では、技術の転用が困難であり、地域全体が方向性を見失い展望が開けないのである。

下請分業構造を展開しながら発展した地域であるものの、下請取引の態様から中小企業の技術展開に問題がみられる日立市を中心とする企業城下町の場合をみてみよう。日立地域は日立製作所をはじめ日立グループの発展とともに歩む、茨城県でもっとも工業集積が大きい地域である。

明治期に日立鉱山によって銅山事業が開始され、その後、採掘用電機関連の修理工場として創業されたのが日立製作所である。日露戦争後には電力事業発展に沿って電動機や発電機の製造をはじめ、中小下請工場群も形成されるようになった。重工業化の流れのなかで多数の中小企業が地域に集積し、電気機械・一般機械を中心とする企業城下町型集積が形成された。

日立地域は、東京から距離が離れていたため、京浜工業地帯の企業群と連携することが難しかったことから、日立製作所などの中核企業から従業員がスピン・アウトして創業した中小企業と緊密な相互依存関係を構築してきた。この結果、日立製作所の外注先の大半が茨城県北部の日立地域に集中立地し、研究開発から完成品までのすべてを含み、地域内で完結する生産システムをつくり上げた。そこで、製品の企画・設計・試作を親企業が担当し、下請企業は親企業から支給される材料でもって部品の賃加工や製品組立などの単工程を分担する仕組みが地域における構造となった。そのため、自社製品をもたず下請生産

を専門に行う親企業依存型の中小企業が多い。

　親企業の技術指導によって中小企業の品質管理など技術力は，他地域と比べるとかなり高いとされるが，長期にわたる親企業への依存のために企画力や営業力はほとんど蓄積されておらず，自社の関連以外の技術や事業分野への関心もまた薄い。首都圏の機械金属集積と地理的に離れた日立地域にこれだけの集積を築いたのは，地方圏としては異例だといわれるが，しかし，歴史的に形成されたピラミッド型の分業構造のなかで，地域中小企業の技術蓄積に不安が残されるようになったのも，企業城下町型集積がかかえる構造的問題のひとつである。

第2節　下請分業生産体制の変容

1　産業財アウトソーシング・システム──下請分業生産システム──

　下請制は1920年代に生成し，その発展過程で専門加工技術企業群を裾野に配置しながら，地域的なフレキシブル生産システムともいえる仕組みとなってきた。[6]加工組立型産業では，自動車部品，電子部品，プラスチック製品，金属加工品，鋼材，半導体，鋳鍛工品，ゴム製品など部品産業や素材産業が生産したものを中間投入し，最終製品を生産する。また，産業用機械や金属加工機械といった業種は，加工組立型産業全般に対する設備供給の役割をもっている。

　このような特性をもつ加工組立型産業の特定大企業の工場が立地する企業城下町には，大企業の工場と周辺に関連製品・部品を供給する中小企業が集積し，この集積の内部では社会的分業が展開され，特定企業を中心に親企業と下請企業の垂直的な取引関係が形成されていることが多い。一般機械，輸送用機械，電気機械，精密機械の機械系産業は，生産に必要な部品点数が多く，生産工程も多段階にわたるところから，広い範囲におよぶ社会的分業が行われている。しかも，その社会的分業がタテ型に連結され，いわゆるピラミッド型の重層的な下請分業構造を形成している。

　加工組立型産業の多くが垂直的な分業構造を形成しているが，自動車産業はその典型である。みずからは組立を行うだけのためにアッセンブラーとよばれ

る完成車メーカーを頂点として，完成車メーカーと直接取引のある１次下請メーカーがあり，これらに機関部品，電装部品，車体用部品などを供給する２次下請企業群があり，さらに，その下にプレス加工，鋳造，鍛造，メッキなどの加工工程を担当する３次下請が配置される。１次下請の企業は，それ以下の企業にとっては親企業となってみずから下請企業を擁し，全体としてピラミッド型につながることになる（図表5-1参照）。

図表5-1　自動車製造業における下請分業構造の概念図

〈工程・規模・専従度〉
組立・規模大・総合的
↑

自動車完成車メーカー
　↑
一次下請企業（完成部品メーカー）
従業者数1,325人、下請企業数34社

機関部品／電装部品／駆動・伝導・操縦操作部品／懸架・制動部品／シャーシ用部品／車体部品／搭載工具その他

加工外注　完成品外注・加工外注　完成部品外注・部品外注　専門部品部品外注

二次下請企業群（ユニット受注対応型部品メーカー）
従業者数65人、下請企業数12社

下請企業
プレス加工
切削加工
鋳鍛加工
特殊部品加工
（ゴム・樹脂）

下請企業
組立完成品
プレス加工
切削加工

下請企業
板バネ、巻きバネ等
板バネ部品、シートバネ
プレス品、ネジ加工

下請企業
プレス加工

自動車・同付属品製造業の事業所割合

規模	事業所構成比(%)
1,000人以上	0.7
300～999人	1.9
100～299人	4.8
20～99人	19.2
1～19人	73.4
全事業所数	15,226

加工・規模小・専門的
↓

三次以下下請企業群（専門加工部品メーカー）
従業者数21人、下請企業数6社

下請企業
プレス加工
切削加工
鋳鍛加工
特殊部品加工
（ゴム・樹脂）

下請企業
組立完成品
プレス加工
切削加工

下請企業
板バネ、巻きバネ等
板バネ部品、シートバネ
プレス品、ネジ加工

下請企業
プレス加工

注：1．購買部品等についてはふれていない。
　　2．ユニット発注対応型メーカーとは，完成部品を構成している機能的・機構的にまとまった部品構成体を組立・加工・製造している部品メーカーを指す。
資料：中小企業庁編『平成7年版中小企業白書』大蔵省印刷局，1997年。

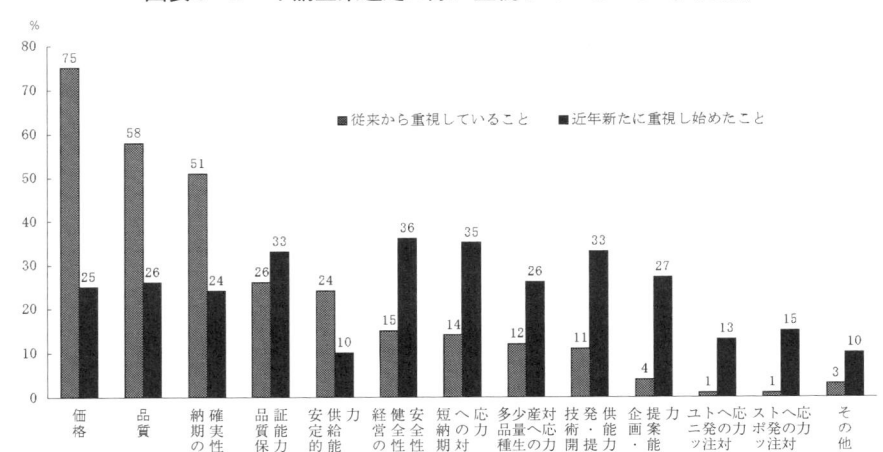

図表 5-2　下請企業選定の際に重視していること（大企業）

項目	従来から重視していること	近年新たに重視し始めたこと
価格	75	25
品質	58	26
納期の確実性	51	24
品質保証能力	26	33
安定供給能力	24	10
経営の健全性	15	36
短納期への対応力	14	35
多品種少量生産への対応力	12	26
技術・開発能力	11	33
企画提案能力	4	27
ユニット発注への対応力	1	13
コストへの対応力	1	15
その他	3	10

資料：中小企業庁「企業間関係実態調査（大企業）」1997年12月より作成。

ところで，中小企業のうちどのくらいの企業を下請企業（subcontractor）とよぶことができるのだろうか。通商産業省・中小企業庁「商工業実態基本調査」によれば，中小企業のうち下請取引をしている企業の割合は，1966年には53.3％，71年58.7％，76年60.7％，1981年には65.5％となり80年前後にもっとも下請企業の割合が高くなった。しかし，その後は87年に55.9％になり1998年には47.9％にまで下請企業の割合が低下した。[7]

また，1998年の同調査によると，下請企業比率が高い業種は，電気機器の65.2％，輸送用機器の69.3％，一般機器の59.2％，精密機器58.8％，プラスチック製品の58.5％，金属製品58.4％などとなっており，機械産業で下請企業の割合が高いことがわかる。衣服・繊維縫製品の業種でも下請企業の割合が高いが，食料品，出版・印刷，化学，石油製品，窯業土石などの業種では下請企業比率が平均を下回る。

この下請企業比率からみても，1980年代はじめまで下請企業が増加する傾向にあったが，その後，下請企業に独立企業となる脱下請の傾向が強まってきたことがわかる。また，下請をしている中小企業の下請取引への依存度も少しずつ低下しており，下請取引以外の態様による取引の割合が高まる傾向にある。

図表5-3　下請取引を行うメリット（大企業）

項目	%
低コストで生産できるよさがある	72
自社専門の技術を利用できる	38
設備・資金投資の軽減	32
自社生産に余力がない	29
工程分野の得意化	28
需要変動に対する柔軟で	28
安定均質的確保・品	18
自社扱い品目の取れをる	13
多品種ロットに対応小化で	13
その他	15

資料：中小企業庁「企業間関係実態調査（大企業）」1997年12月より作成。

　一方，下請企業1社当たりの親企業数は増加する傾向にあり，10社以上の親企業をもつ企業の割合は1987年の10.8％から1996年には20.3％にまで高まった。特定の親企業との取引依存度もまた低下し，販売額のうち第1位の親企業への依存度（納入依存度）が50％以上とする下請企業は1987年には71.3％を占めていたが，1996年には52.2％にまで低下した。

　こうした取引関係の変化のなかで，下請企業が二極化する傾向がみられる。親企業が下請企業に求めるものは，かつて強調されることの多かった品質や納期から「徹底したコスト・ダウン」にいっそうシフトしており，ついで「品質・精度のいっそうの向上」と「品質保証」である。この厳しくなる一方のコスト・ダウンや品質向上への要求に対し，積極的に対応できる企業と対応が困難とする企業のあいだで対応力に格差が発生している。とくに，コスト・ダウンが親企業の強い要求であるが，コスト・ダウンと高品質の維持は矛盾するだけに，これへの対応が困難とする下請企業が5割以上を占めているのである。

　親企業が外注する工程は，企画・設計など自社の独自性を発揮する部門を除いて，生産の初期の工程から最終工程まで多岐にわたるが，近年，部品加工，製品組立，部品組立など生産工程では比較的単純な工程を内製化する傾向にある。これは，従来から下請制の機能のひとつとして指摘された需要変動に対するバッファー機能を重視する親企業が多くなったことを示している。

円高を反映して，人件費軽減をはかる必要に迫られた親企業が，コスト削減の効果を下請取引に強く求め，これが「徹底したコスト・ダウン」を要求する親企業が多くなった要因である。下請取引は1980年代の半ばごろまでの状況とは大きく異なり，最近はかなり流動的になっており，下請企業にはきびしい状況にある。

親企業との長期的な取引のなかで，親企業の高度な技術的要求に応えるかたちで技術を蓄積し，自社技術のレベルを高めてきたが，自社製品を開発し保有して独自の営業活動を行う下請企業は少ない。親企業の分散化をはかったり取引先を多様化するためにも技術力をいっそう強化し，自社技術，自社製品を保有することが基本的条件であることが，これまでにも増して強く認識されなければならなくなった。

従来，大手親企業も中小企業の専門技術に下請取引を通して依存し発展してきたが，加工組立型産業では円高による国際競争力の低下，海外進出などの対応で組織イノベーションのために，いっそうきびしい選別基準によって下請分業構造のリストラクチャリングに取り組もうとしている。下請再編成など下請取引態様の変化が予想されるだけに，下請企業を取り巻く環境変化には不透明な部分が多くなっている。

2　下請分業生産システムの構造

(1)　社会的分業の組織化

大企業と中小企業が下請取引を行う場合，「親」と「子」の関係がここにあらわれ，支配と従属の関係が現象しやすいと指摘されてきた。そのため，下請制は中小企業の発展を制約するなど好ましくない点が多く，下請中小企業は，独立してみずからの市場を獲得する方向で育成しなければならない対象とされてきた。[8]

一方で，問題の多い下請生産方式は，わずかこの30数年間で機能をいちじるしく高度化し，効率的な生産体制といわれるまでになった。もちろん，独占禁止法や下請代金支払遅延等防止法に関連するさまざまな問題が解決されないま

まではあるが，社会的分業にもとづくすぐれた生産体制という評価が妥当するのか，そうであるとすればなぜかを考察しておく必要がある(9)。

日本の下請制が時間をかけて発展したが，これとは逆のケースがイギリスのバーミンガム（Birmingham）でみられる。バーミンガムは1940年代と50年代に下請企業が多い地域であったが，第2次世界大戦中には多くの中小企業が下請システムに組み込まれたものの，すぐに下請システムから離脱するケースが多く，その後も下請活動をしようというインセンティブが強く働いていない。

発注者からすれば，輸送費などの費用が安ければヨーロッパなどの海外から輸入すればよいし，信頼をベースにした長期下請取引の選択もありうるが，その場合は，自社の目的にかなう限りにおいてであると考えている企業が多い。一方，下請企業になっても需要の変動が大きくてメリットがなく，他の企業に依存したくないと考えている。ウィタカー（D. H. Whittaker）は，このような企業態度の不一致から下請取引が普及しにくい風土がイギリスにあると指摘している(10)。

下請制をめぐる諸問題を軽視する立場にたつものではないが，ここでは，下請制を生産体制の一形態ととらえ，下請分業生産システムとしてみていくことにする。システムとしたとき，このシステムがどのような条件によって成立し，どのような機能を果たしているかに関心がもたれる。ここでは，下請分業生産システム形成の特徴，条件として，市場を制御した取引と長期継続的取引をとりあげるが，日本の下請制は歴史的，社会的，文化的な背景をもって形成された経緯があるから，日本に固有の諸条件に十分注意を払う必要がある。

まず明らかにしておきたいことは，高度な段階に達し諸外国から関心の高い下請制度あるいは下請分業生産システムは，経済学の発展によって日本特有の分析用具ではなく，経済学の普遍的な共通概念にもとづいて説明できるようになったことである。歴史的経路依存性（historical path dependence）による経済現象の理解が提案されているが(11)，従来，日本経済の発展パターンの特殊性にウエイトをおいた下請制の説明が多く，普遍的な分析ツールを用いた理解が遅れていたということができる。

取引コスト（transaction cost）をはじめて明確にしたコース（R. Coase）[12]について，ウィリアムソン（O. Williamson）は，「市場での取引は，自律的な経済単位のあいだでおこなわれる交換をともなうものであり，そのような交換はミクロ経済分析のおなじみの研究対象であるが，これに対して，階層組織のなかでの取引は，単一の管理単位の内部に取引の両側があり，なんらかの形の支配と服従の関係が優勢を占め，かつ典型的には，統合された所有が成立している，という状況のもとでおこなわれる取引である」[13]といっている。このように，経済活動を遂行するとき，企業は取引コストを基準に，市場と組織のいずれかを選択するとみることができる。

市場は，条件のもっとも厳しい完全競争が行われていると想定すると，次の条件が必要になる。

① 取引される財が同質
② 多数の供給者と需要者が存在
③ 情報の完全性
④ 参入と退出が自由

これらの条件を満たすものと考えるならば，企業がこのような市場をそのつど利用すると取引コストがかさむので，ある最終財，中間生産物や労働力について長期契約の取引を行い，企業の内部資源として固定化しようとする誘因が働く。この場合，市場よりも内部組織が選択されることになる。ウィリアムソンは，「最終生産物が，分離可能な一連の部品から組み立てられるものであるとき，どの部品を外部から購入し，どれを内製するか，また内製の場合には組織をどのようにするかという問題」として，中間生産物が市場を通さずに企業内で取引される条件およびその組織について言及している。それが垂直統合の問題である。[14]

すでに第1章でも若干論及したが，このような市場と組織の対比によるミクロ経済分析によれば，さらにこの2つの領域のほかに第3の領域が存在すると考えられる。両者の中間に位置づけられて「中間組織」とよばれる「ゆるやかに結合された企業間ネットワーク」がこれであり，カルテルなどの企業間協

調，業務提携，下請・系列，企業集団などがこのタイプに入る。

　下請分業生産システムは，中間生産物が企業間で交換される機構のひとつの形態であり，しかも「ゆるやかに結合された企業間ネットワーク」の中間組織である。ウィリアムソンが指摘する垂直統合は，市場と組織を比較して選択されるものであるが，日本の下請生産システムは必ずしも市場取引を十分に経験したうえで選択されたものではなく，後述するように歴史的に当初から創出されたいきさつをもっている。

　だからといって，市場のプレッシャーをまったく受けない組織というわけでもない。下請分業生産システムによって生産された最終製品の市場を「直接市場」とすれば，親企業は下請企業にとって「間接市場」になる。なぜなら，下請企業にとっては納入先の親企業がすなわち「市場」だからである。

　社会的分業であるから下請企業といっても独立した経済主体であり，企業内組織の構成員ではない。企業内組織の場合，組織の内部で経済計算の条件として取引価格（内部振替価格）が設定され，利潤追求の明確化がはかられるものの社会的交換が支配的である。一方，下請構造における企業間取引は，むしろ社会的分業を基礎にした経済主体間の経済的交換であって，潜在的な市場圧力をつねに内包していることになる。

　親企業と下請企業のあいだには経済的な力量差があるため，しばしば社会的分業にもとづく不等価交換がその特徴としてあらわれ，対等でない経済取引となるケースが多い。しかし，この取引は当事者が相互に独立を保っているからアームズレングス（at arm's length）な関係にある。

　また，組織の場合には自由な参入・退出が制限されるが，下請分業生産システムでも企業の参入および退出は制限的であるもののまったく制限されているわけではない。1次下請など上層では下請企業が固定する傾向にあるが，下層の下請企業レベルでは企業の入れ替わりがみられる。ただ，親企業が外部資源の見直し（リストラクチャリング）である下請再編成を行って，意図的に分業構造に流動性をもちこむ場合がしばしばみられる。

　むしろここで重要なことは，下請生産の能力をもつ中小企業同士は競争的で

あることである。寡占的な市場では大企業同士が競争関係にあるから、親企業間の競争状態が下請生産構造のネットワークをとおして下請企業に波及する。とりわけ下部にいくほど下請中小企業同士も代替的、競合的であるから、下請企業は大企業間の競争関係と下請企業同士の潜在的な競争という二重の競争圧力を受けていることになる。

こうして、下請分業生産システムそのものが競争原理のうえに成り立っており、市場を完全に拒否した閉鎖的な生産体系ではないということもできる。参入と退出の側面からみると、下請分業生産システムに参加・参入しようとする数が多いと同時に、脱落・退出する企業もまた多く、中小零細企業の新規参入と退出が下請分業生産システムを支え、中小企業の新規参入を保障する循環の存在が推察できるのである。

(2) **長期継続的取引と取引コストの節約**

下請分業生産システムは、完全な統合でも純粋な市場取引でもない中間形態の取引を基軸とした「統合をしないままで、市場取引の欠点を少なくする」形態、「市場取引を制御するための取引形態」で、ゆるやかに結合された企業間ネットワークである。この中間形態を「中間組織」として「組織」の側面を強調するなら、下請システムは準垂直的統合の形態とみることも可能である。このとき、ウィリアムソンの指摘する支配と従属からいえば、準統制的色彩が強くなる。

準垂直的統合によって市場を制御しようとする目的は、市場取引にみられる欠点を排除するかコントロールすることにある。市場取引の欠点というのは、市場を効率的に利用しようとすればするほど、取引コストが大きくなることである[15]。

完全競争モデルでは、市場で成立する価格は生産者と購入者の完全な情報を含むとされる。しかし、実際の取引においては、取引を成立させるために、通常の購買にかかわる通信費や輸送費などの費用のほかに、調査、交渉、契約書作成までにかかる費用などが必要になる。さらに、供給の確実性や品質保証な

どに関する細かい取引条件が重要であればあるほど，その取引コストはかさんでくる。日本の企業のように品質，機能，精度を重視すればするほど明らかに，それだけコストがかさむ条件が多くきびしくなる。

　毎回そのつどスポット的に取引契約を結ぶかたちをとる市場取引は，このような取引コストの負担を大きくすることになるので，契約当事者には，このコストの低減を求め市場を制御しようとする誘因が働く。そのため，短期的取引である市場取引に代えて長期供給契約による長期的取引を設定しようとするのである[16]。

　日本の下請分業生産システムにおける取引形態が，この非市場的な長期取引を柱にしていることはよく知られた事実である。日本の下請分業構造の特色として，つぎの2点が指摘できよう。

　① 工程の細分化がはかられ，下位工程から入手した部品に付加価値を加え，上位工程に納入するため，アメリカと異なり中間投入比率が規模の大きい企業ほど比率が高まる。
　② 下請分業構造における下請取引関係は，一般の取引関係に比べ，長期継続性が強いという特色をもっている。

　後者の②で，一般の取引関係はここでいう市場取引にあたる。下請取引を開始して以降，最大取引先とする親企業を変えたことがない下請企業が過半数を占め，最大取引先との取引期間が20年以上に及ぶものが51.5％も占めていた（中小企業庁「下請取引等実態調査」1996年8月）。企業規模が大きくなるほど取引企業を変えたことがないものの比率が高まり，かつ，取引関係に長期継続性がみられる。

　わが国の大企業における生産財・資本財の企業間取引で継続的取引が普及していることは明らかである[17]。この長期継続的取引は1980年代末に行われた日米構造協議（SII）で，アメリカから排他的な取引慣行のひとつと指弾され，非関税障壁の形をとる参入障壁であるとして非難を浴びて注目された。その政府間協議の過程で継続的取引の特徴と問題点への共通理解が深まり，長期継続的取引の経済合理性が明らかにされるにつれて，当初強行であったアメリカ政府

の態度も大きく変わった。その後はむしろ、アメリカの企業が継続的取引を柱とする日本型の下請構造をリーン生産方式として取り込み、さらにサプライチェーン・マネジメント（SCM）にステップ・アップしているのである。

このように継続的取引への認識が深まったのであるが、取引の長期継続性は、取引当事者双方に取引コスト、情報コストなどさまざまなコストの節約をもたらす。

① 発注先を決定するのに必要なコストの節約

親企業が新しい企画の製品を発注する場合の発注先の決定では、長期取引関係のある下請企業群のなかから最適な企業を「指定」する。つまり、信頼できる発注先を新たに探索するコスト、発注先の事業内容など能力を調べるコストが節約される。

② 設計における密接なコミュニケーションによる情報コストの節約

下請企業が親企業の設計にしたがって生産のみを分担するのではなく、下請企業も設計に関与することからコミュニケーションが密接に行われ、双方が技術・ノウハウを情報コストを節約しながら蓄積できる。

③ 単価決定のための交渉コストの節約

新製品の単価決定は、「親企業の提示する長期的な発注の見通しの範囲で採算がとれる」ように長期的な視野で行われており、単価決定の回数が少なくてすみ交渉コストが節約されている。

下請生産システムでは、以上のような取引コストが節約されるが、さらにわが国の自動車産業で展開している生産管理方法では、ジャスト・イン・タイムによって在庫コストを節約し、手形決済が多いことから親企業からみた決済コストも節約の対象にされている。

ところで、このような市場を制御した企業間取引は、日本的な取引慣行ともいわれる。民族の同質性、企業行動の同質性によって、日本において情報コストはもともと相対的に低い。日常取引の過程で、取引当事者が直接出会うフェイス・トゥ・フェイス（face to face）の情報交換がなされている。そのうえ、信頼関係を基礎にした長期継続的取引が形成されているわけである。とりわ

け，標準化されておらず，汎用性のない部品の供給には単純な市場取引（下請取引と対比される購買の概念がこれに該当する）が成立しにくく，専属的な長期供給契約が結ばれることが多いが，取引の固定化には，それが成立する条件として，短期的には経済的に成り立たなくても長期的にはお互いの得失がバランスする，あるいはバランスさせるという「信頼関係」が必要である。

取引当事者の信頼（trust）は，お互いにどのような行動をとるかという予測可能性を高めることになるから，取引コストの節約につながる。このときの信頼には，①書類などにもとづく契約をベースとする信頼（contractual trust），②発注企業でも内製できるが，発注先企業の技術力を信頼して発注する能力にかかわる信頼（competence trust），③引き受けた以上に，暖簾や評判を守るためにもよりよい仕事をしようとする意志をベースとする相互における信頼（goodwill trust）の3つがあるとされる。[18]

信頼関係と長期的取引によってはじめて，下請企業は安心して計画的な設備投資が行えるのである。一般的に，設備の固定化は企業経営に硬直化をもたらす危険性をもち，設備の専門化は「退出障壁」をみずから設定する危険もある。その一方で，長期取引が保険の役割を果たし，下請企業における技術・設備の専門化を促進する条件にもなるのである。これは後述する取引特殊的資産の形成である。

取引の固定化は参入を阻止し競争メリットを阻害する可能性が高いが，親企業が取引や取引内容の大幅な変更をしようとする場合，下請再編成がすすめられる。これは，組織イノベーションであって，下請分業生産システムそのものを刷新するものとみることができる。

(3) 取引特殊的資産と拘束的な継続的取引

ウィリアムソンの一連の企業理論は『市場と企業組織』をはじめとして，限定的合理性（bounded rationality），機会主義（opportunism）と資産特殊性（asset specificity）を重要な概念として構成されている。限定された合理性とは，サイモン（H. Simon）が人間行動について「合理的であろうと意図されて

はいるが，かぎられた程度でしか合理的ではありえない」と指摘したことである。機会主義とは，経済主体は自己の利益を考慮することによって動かされるという伝統的な仮定を，戦略的行動の余地をも含めるように拡張したものである。ウィリアムソンは機会主義について，「悪知恵をともなう個人的利益の追求（self-interest seeking with guile）」と言い表したいとしている[19]。

ところで，企業間の下請取引のように継続的取引の発生理由を説明するために，ウィリアムソンは特定メーカーとサプライヤーの間にみられる関係的能力に注目した。彼は，継続的取引の可能性を「資産の特殊性」の概念によって分析，説明しようと試みる。取引にかかわる当事者双方が，この取引でしか価値をもたず，取引の中断や中止によってその価値が極端に失われ，時にはまったく価値をもたなくなり損失が発生すると認識できる場合，その取引においてのみ価値をもつ物的あるいは人的な資産である取引特殊的資産が存在する。この取引特殊的資産（transaction-specific asset）の存在によって，取引が長期的に継続すると考えるのである[20]。

ウィリアムソンは，取引特殊的資産を発生させる資産の特殊性をつぎのように4つに分類した。

① 立地上の特殊性（site specificity）

　在庫・輸送費用を節約するために，特定の自動車組立工場に近接する部品工場のような立地特殊的資産。

② 物的資産の特殊性（physical asset specificity）

　特定部品を製造する際に必要な金型，鋳型，機械設備のような物的特殊資産。

③ 人的資産の特殊性（human asset specificity）

　取引のなかでラーニング・バイ・ドゥーイングによって形成される企業特殊的な熟練のような人的特殊資産。

④ 目的限定的資産の特殊性（dedicated asset specificity）

　それ自体は標準的ではあるものの，特定顧客である取引企業に向けて製品を大量に生産するのに必要な専用資産。

浅沼萬里は，この取引特殊資産の概念を踏まえて関係特殊的技能に言及したが，関係特殊的技能という用語を使う以前は関係的技能としていた[21]。「関係的技能」という呼称は労働経済学の「企業特殊的技能」との関連から選ばれたとされるが，企業間の長期継続的取引の分析概念として「関係特殊的技能」を明らかにするようになったのである。「関係特殊的技能とは，基本的に，中核企業のニーズに対して効率的に反応するためにサプライヤーの側に要求される技能のことである。この技能を形成するには，サプライヤーが蓄積してきた基本的な技術的能力の基盤の上に，特定の中核企業との反復的な相互作用を通じての学習が付加されることを要する」とされる[22]。

　関係特殊的技能は，メーカーのニーズに効率的に対応するために部品などの供給業者であるサプライヤーに要求される技能である。メーカー側から提示される設計仕様書にもとづいて製品を開発し，必要な場合には改善提案ができる能力，VA（バリュー・アナリシス）やVE（バリュー・エンジニアリング）によって原価低減を推進できる能力，品質や納期を厳守し保証できる能力などが関係特殊的技能である。

　ウィリアムソンは，取引をはじめる際にサプライヤー側の投資によって形成される資産のあり方に着目したが，浅沼が取引のプロセスを通じた相互作用によって蓄積される知識やノウハウのあり方に重きを置いているところに視点の違いがある。

　取引企業間の関係特殊的な資源，能力が存在するとしても，専用の機械・設備・金型・治工具などの物的資産，企業間の独特のコミュニケーション方法，継続的取引で学習し獲得した特定取引企業向けに特化した材料や部品についての知識などで，サプライヤーの経営資源がすべて固定化することはありえない。ほとんどの部分は汎用的であり，実態に照らしてみれば，サプライヤーや下請企業の関係特殊的技能の役割や機能を誇張してはならないことも明らかである。

3 情報コスト低減のメカニズムとネットワーク

(1) 範囲の経済と情報ネットワーク化

　前項で，企業は取引コストを基準に，市場と組織のいずれかを選択していることをみてきた。この両者の中間形態である下請分業生産システムの場合，取引コストが抑制され，情報コストが節約される利点があり，さらに，長期継続的取引によって取引コストが大きく節約できる可能性がみられた。

　長期継続的取引は，まず一対一の相対取引の場合，情報コストを低減する効果をもっていることは容易に想像できる。しかし，長期契約であっても横並びの水平的な企業間関係では，多数の企業と取引するわけであるから，まだ情報コストは膨大になる。だとすれば，こうした新たなコストはどのように処理できるのであろうか。

　下請生産システムは，垂直的な準統合的形態であり，そのことから情報コストはタテ型に分散する。ゆるい企業連結の下請分業生産システムでは，親企業と下請企業は独立の経済主体であるから，サプライヤー（部品供給企業）でも経済環境や技術に関する専門的な情報を豊富に蓄積している。

　親企業（親）と1次下請（子），1次下請（親）と2次下請（子）の間のように階層的に専門情報が蓄積され，最終製品の生産にその情報が組み込まれていくのである。ひとつの組織に垂直統合されている場合，限定的な情報にかたより入手経路も固定化しやすいが，分業システムでは情報に対して柔軟な吸収組織となり，垂直的に統合されたときには得られない多様な情報があらゆる段階の取引に活かされてくるのである。

　最近では，このような情報の重要性がきわめて重視される。新製品開発は，多様なすぐれた技術を保有する部品メーカーや下請企業の協力がなくては行えない。わが国の機械産業が強い国際競争力を維持できるのは，社会的分業によって蓄積された中小企業の高度な技術と技術情報に，ネットワークを形成する中小企業の行動が加わっているからとみられている。

　ところで，「複数の製品をひとつの企業が同時に生産し販売する方が，それぞれの部品を単独に生産，販売したときの合計の費用よりも割安につくこと」

が範囲の経済である。あるひとつの企業の場合を考えてみると、保有する機械、設備、技術、人材といった生産要素を当初はひとつの製品に当てていたとしても、これらの生産要素の組み合わせを若干変更して他の新しい製品を開発し生産することができる。新製品開発にはまったく新しい生産要素を調達するのではコストが膨大になるが、生産要素の転用であれば、コストはそれほど大きく膨らむことはない。

範囲の経済を活かし生産要素を共通に利用することによって、多品種生産が可能になる。自動車産業における部品共通化によるコスト・ダウンの実現や製品の多様化をみれば、範囲の経済が作用していることは明らかである。他の製品の生産に転用できる「共通要素」には、このほかに情報やノウハウがある。

このことから、中小零細企業のネットワークの生産体系では、この範囲の経済がネットワークで連結され、効率的に活用されているとみることができる。それぞれの中小企業は自社独自の技術を「共通要素」にして、多様な業種にまたがって納入・供給するものであり、超業種的な経済行動をとることができる。

下請分業構造はタテのツリー型で、必ずしもヨコのネットワーク型ではないが、それぞれの下請企業が保有する情報が階層構造をとおして最終製品に体化していく。さらに、各下請企業が技術・情報・ノウハウを蓄積することによって、それぞれが範囲の経済を享受しているのである。

この情報化社会にあって、情報価値を実現する生産体系として下請生産システムをとらえると、情報ネットワークが機能すれば、情報蓄積面で優位に立つ親企業が、そのネットワークをとおして下請企業をコントロールしようとする誘惑にかられることが十分に予想される。すでに、自動車産業の大手企業は、主要下請企業の経営実態を詳細に把握し、生産コストの正確な情報をもっているといわれ、情報化時代における新たな問題ともなっている。

(2) ハードな連携からソフトな連携へ

長期継続的取引を基礎にし、信頼という財（信頼財）を共有することでは、

下請分業生産システムは，経済主体の連結と定義されるネットワークの形成に一歩踏み出している。しかし現状においては，そのネットワークへの参加と脱退の面では相当の不自由をともない，本来の企業間ネットワークを念頭においた場合，フレキシブルさの点では問題がある。

では，情報化が今後進展するとみると，下請分業生産システムはどのような方向に向かうのであろうか。下請分業生産システムにおいて組織の組まれ方をみると，下請側が親企業から技術指導や資金援助などを受ける一方的な関係から，親企業と下請企業が共同開発を行う親←→子の双方向的な関係に変化し，下請企業の技術力を起点としたソフトなゆるい連結へ移行する可能性が高まっている。

また，下請企業による親企業の多角化・多様化がすすんでいるが，これを下請企業の自立化への移行過程ととらえれば，長期的にはいっそうソフトでゆるい参加型の連結の方向にいくことが予想される。

現在，「かたい連結」と「ゆるい連結」のあいだで揺れ動いていると考えられるが，情報の効果についてみると，下請分業生産システムは情報の公開性より機密性をもっており，市場取引の型として指摘されている有名化（その例として下請取引におけるフェイス・トゥ・フェイスの取引）によって統制型の連結になりやすい。一方，経営力のある下請企業には親企業以外の企業と企業間交流を行うものが多くみられ，市場情報，技術情報の収集を目的に同分野，異分野企業との交流志向を強めている。これら一連の動きは，下請企業が独立していく条件の醸成にもなるが，下請企業の立場にとどまろうとする限り，企業間関係がゆるい連結になる条件とみなすことができる。

企業間連携の比較的新しい形態として，「業種」を超えた異業種交流による業際化がすすんできた。参加企業の独立性を維持し，グループへの参加とそれからの脱退の自由を原則として，参加企業の情報，技術などの経営資源を融合することが目的であるから，情報の公開性が原則である。さらに，製品のライフサイクルの短縮化，多品種少量生産化，需要の個性化・多様化の市場特性に対応した形態で，ヒット・エンド・ランをねらう企業間の連携プレーになる。

異業種交流の形態だけでなく、中小企業と大企業の「階」を超えた階際での連携もみられる。たんなる取引関係ではなく、大企業の技術・情報、マーケティング力を活用するという戦略的意味において、大企業と連携する中小製造業が多数みられるのである。

以上でみてきたように、下請制が下請分業生産システムとして機能を高度化し、企業間関係がゆるい連結の構造に向かっていく可能性がおおいにある。同時に、当初からゆるい連結の特性をもった中小企業間連携が根づきつつある。この2つの動きからみて、大企業と中小企業の企業間関係は、情報化時代において開放化の方向をたどることになる。

第3節　企業城下町の地域産業システム・イノベーション

1　単数産業型と複数産業型城下町の構造的相違

(1)　企業城下町の多様性

中核的企業がその地域経済の盛衰を左右する企業城下町は日本だけでなく、他の先進国にもみられる。航空機のロッキード（かつて本社を置いていたワシントン州シアトル）やジョンソン＆ジョンソン（ニュージャージー州ニューブランズウィック）、カメラ・フィルムのイーストマン・コダックなどもアメリカで企業城下町を形成していることはよく知られている。ただ、企業城下町を本来の意味にとって中核企業と関連企業が殿様と旗本のようなタテ型の関係にあるかとなると、海外と日本では企業城下町の内容に大きな違いがある。

日本の多くの企業城下町は、中核企業が関連中小企業を指導しながら育成して形づくられたところが多い。とりわけ自動車や一般機械など機械工業系の企業城下町では、発注企業と受注企業の間にみられる重層的な下請関係が軸になっている。制度という用語ではあたかも公に認められた"きまり"とも考えられがちだが、下請制度はたんに下請取引を中心とした仕組み（システム）に過ぎない。

下請制度をこのようにとらえると、中核企業の周りに下請中小企業を配置して成り立つ企業城下町は、中核企業の意識的な育成指導の結果であることが理

解できる。わが国の自動車産業では，資本不足に悩んだ1960年代に代替策として「金のかからない」仕組みを追求しながら下請制を徐々に発展させた。アメリカの自動車メーカーが資本力を使って多様な部品を内製し，アウトソーシングを重視しなかったのと対照的だという意味で，金のかからない仕組みなのである。かんばん方式やジャスト・イン・タイム・システムも，金のかからない合理化手法として洗練されたのである。

　自動車産業では加工組立型産業の特性に対応するために，技術指導，経営指導，金融支援などを通じて下請中小企業の技術水準を大幅に向上させた。こうした外注管理手法はライバル企業に勝つために必要で，下請企業をピラミッド型に構成してはじめてその効果が十分に発揮されたというべきであろう。企業戦略としてみるとき，下請分業構造をうまく構築できて確実にライバルに勝つことができる状況にあれば，これに勝る"変型した競争手段"はない。これが1980年代にアメリカが日本から学んだことだったのである。

　企業城下町には下請分業構造が共通して観察されるが，企業城下町といっても一様ではなく，実態は中核企業が属する産業分野，中核企業の企業戦略における特性，地域中小企業との取引関係における特徴など企業戦略の相違によって企業城下町の成り立ちや構造に大きな多様性が生まれている。

　地域的，地理的側面からみると，工作機械や産業機械の「一般機械」，自動車を中心とする「輸送機械」はまず研究開発や試作が頻繁かつ活発に行われてはじめて企業競争力の維持ができるため，大都市の周辺に主要な経済活動拠点をもっている。大都市や内陸部の機械産業全体が都市に基盤をもち，都市に立脚する傾向をもつが，とくに多様で高品質な部品を要する自動車産業では東京，名古屋，大阪，広島などの大都市に拠点を設置するケースが多い。

　家電製品や電子部品のうちとくに家電製品を生産する電気産業は成熟産業ともいわれ，必要とする裾野産業は自動車産業ほど広くなく，それだけ広域的に立地する可能性が大きい。足下のサポーティング・インダストリーに層の厚さを求める必要性も低下しており，国内でも大都市圏からの遠隔地，さらには中国など海外に生産拠点を移転しても企業にとっては大きな支障が生じることが

少ない。このことは,「企業内国際分業」が家電製品分野でいち速く展開されたことをみれば明らかである。

　鉄鋼,石油化学,造船などの基礎素材産業や重厚長大産業では高度成長期以前から各地で企業城下町が形成され,1960年代,70年代から機械工業で企業城下町が発展してきた。前者は古い企業城下町であり,機械工業のそれは新しい企業城下町である。古い城下町が中核企業のリストラによって変貌したのについで,新しい企業城下町でもいまリストラと中核企業の海外生産移転で地域経済の空洞化に直面している。

　機械工業の城下町は比較的新しいが,70年代以降では電子産業の発展によって半導体やコンピュータ関連の中核企業を擁する新企業城下町も数多く生まれ,企業城下町は全国に大小2,000ほどあると推測されている。新企業城下町はトヨタや日産が築いた企業城下町のような複雑なイメージをもたないが,企業城下町の空洞化の側面ばかりでなく,新企業城下町の動向にも目を配らなければならなくなった。

　よく知られている企業城下町は自然に発生して企業が集積してきたわけではなく,重電関係,白もの家電の日立製作所を中核的企業とする茨城県日立地域のように,企業戦略の結果として形づくられたものが多い。繊維などの伝統的産業から大企業が生まれ,その企業を中心に企業間取引がかぎられた地域で活発になった事例のほかに,明治期以降の産業革命を先導した財閥系企業が地域の中核企業となった例なども多い。

　第2次世界大戦後の国の地域開発や産業立地政策によって形成された企業城下町は規模も大きく目立つが,戦時中に大都市から地方に疎開した企業を中心に発展した地域もある。戦時疎開と地元誘致によって航空機や通信機部品メーカーを中核企業として発展した長野県坂城町,精密機械メーカーを核とした諏訪市や岡谷市などが代表的な例で,これらの地域には地方という条件にもかかわらず都市型の機械工業が集積した。また,群馬県太田市のように戦前および戦時中に軍需工場として育成された大企業が戦後解体され,その工場から大企業を生みだし,関連中小企業を群生させた地域もある。

また別の観点から企業城下町をみると，一方に中核的企業が単一というものもあれば，比較的狭い地域で中核的企業が複数というケースもある。前者では先にあげた日立地域が代表的な事例で，後者の親企業が複数立地している地域としては東京首都圏，近畿圏など大都市以外に静岡県浜松地域や群馬県太田地域などがある。

企業城下町で地域経済をリードしてきた中核企業が，経済のグローバル化と長期化する景気低迷のなかで「選択と集中」を柱にリストラに取り組み，その影響で地域における産業空洞化が一段と進展している。マクロ的な経済低迷だけでなく，企業城下町の中核企業が属する産業が成熟化しているような場合，企業城下町の地域経済の構造的問題は深刻である。

企業城下町における問題は，①産業構造の大きな変化のなかで中核企業が従来の強み（優位）を保持できるか，どのように保持するかという企業戦略にかかわるものと，②企業城下町に典型的な下請分業構造の変質に関するものである。後者は，地域経済を支える中小企業の存立条件にかかわる問題である。

企業城下町には，鉄鋼，石油化学，紙・パルプなど基礎資材型産業や造船業で多くみられる自己完結型生産体系をもった旧企業城下町と，自動車，電気，一般機械など下請分業生産体制を特徴とする加工組立型産業の新企業城下町の２つがある。そのなかで，旧企業城下町の中核的産業は，すでに1970年代から構造的問題に直面し，これまで長年にわたって選択と集中のリストラを繰り返してきた。一方で，新企業城下町は1970年代以降に数が増え，80年代には繁栄を享受したが，90年代以降になると一転して停滞傾向が強まり，いま，この新しい企業城下町は旧企業城下町が辿った道に踏み込み，大きな転機を迎えているのである。

ここで，新しい企業城下町を中心に，単一の大企業を中核企業とする「単一産業型企業城下町」と，同一産業の複数企業が中核的企業群となっている「複合産業型企業城下町」に分類して，現状と問題点についてみておこう。「複合産業型企業城下町」には複数産業の企業群が集積する場合も含まれる。単一産

業型企業城下町は，中核企業の属する産業の景況によって地域経済そのものが左右される傾向が強く，地域経済の不安定性がしばしば指摘されてきたところであり，地域経済の柔軟性を獲得できるように複合産業型集積への転換が求められてもきた。

(2) 柔軟性が問われる単一産業型企業城下町

　このタイプの企業城下町の典型は，日立製作所を中核企業とする日立市である。ここで，1990年代後半ごろまでの日立地域の企業城下町の特徴についてみておこう。日立市の製造業は電気機械，非鉄金属，一般機械の出荷額が大きく，この上位3業種で約9割を占めていた。これらの業種はいずれも発電機，配電盤，変圧器，重電機など重電関係の製品を製造する日立製作所の市内工場と，これらを親企業（工場）とする部品組立や加工を行う下請企業で構成されている。日立市人口9万人のうち約4万人が日立製作所グループに勤務し，これに下請企業や取引先を含めると約14万人が日立製作所にかかわりをもつ典型的な企業城下町を形成していた。

　日立市における日立製作所を中核とする産業集積は，大工場が立地しその周辺に自然に中小企業が集積したものではなく，中核企業グループが成長する過程で必要に応じて育成してきた下請企業群である。日立製作所には日立市と周辺に8つの工場があるが，下請企業は，これら日立製作所の特定工場との取引依存度が高いことはいうまでもなく，残りの取引を日立の別の工場に分散させているのであり，日立グループと下請企業は地域的にも企業間関係からみても閉鎖的な取引関係を特徴として共有していた。日立製作所が拡張する過程で，用地と安価な労働力を確保するために茨城県北部の農村地域に分工場を設けるとともに，分工場の生産工程を分担することになるのが地域に生まれた下請企業であった。日立地域の下請中小企業は，日立製作所関連の受注生産を行い，その加工や組立に特化してきたのである。

　産業集積が進んだ京浜地域とは距離的にも離れた飛び地の日立市で近代工業が発展するためには，地域の中核企業がみずから下請企業を育成するしか選択

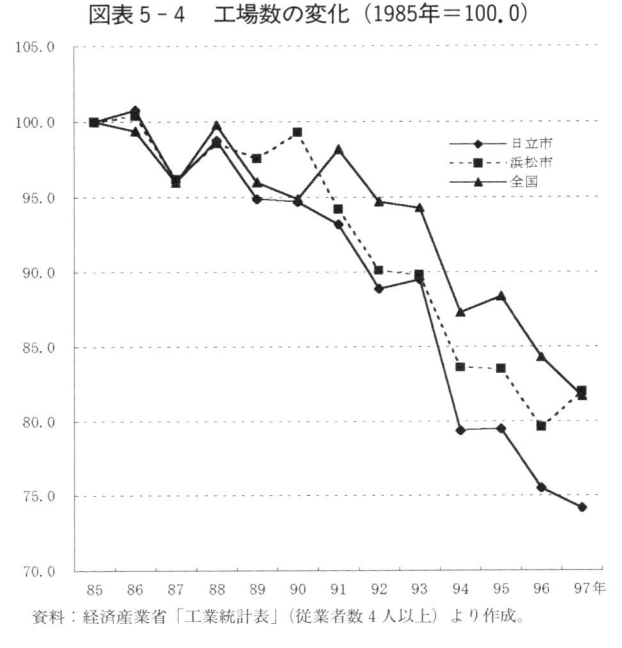

図表 5-4　工場数の変化（1985年＝100.0）

資料：経済産業省「工業統計表」（従業者数4人以上）より作成。

肢がなかった。日立製作所グループにすべてを頼る産業集積であったために，当地域の中小企業は景気が悪化すると他地域の仕事に関心を示すが，景気が回復するとそうした関心と気力を失うという繰り返しであった。

経済産業省「工業統計表」によって日立市製造業をみると，事業所数は1986年にもっとも多くなり1,223事業所を記録した後，1991年には1,127まで増減し，1991年を境に以後は一貫して減少し1996年には940事業所まで減った（図表5-4）。さらに，2009年には497事業所まで減っている。92年に1兆6,672億円とピークを迎えた製造品出荷額は96年には1兆3,698億円に減少した。これは中核企業である日立製作所の経営不振がそのまま反映したものであるが，日立製作所は情報・通信部門へ大きくシフトしており，従来部門の大幅な再編成が当地域の下請企業のリストラとして強くあらわれている。

日立製作所が社内生産では採算のとれない分野を中小企業に外注してきたが，さらにコスト・ダウンをはかるために海外に外注先をシフトさせ，海外生産に移管できない小ロット，短納期が求められる分野を市内の中小企業に外注するようになった。ところが，ピラミッドの角度が広く深く中小企業を組織化している日立地域のような場合，中小企業の親企業への依存が強くなりがちで，みずから取引先を拡大する営業努力の必要性に乏しくなる。営業力をもた

ない，地域での取引志向，広域的な取引のセンスの不足，他地域の企業と取引できる基盤としての技術力の不足などもあり，脱下請や自立化への動機が乏しくなりやすく，このことが下請企業の分野や戦略転換を強く制約する要因となったことが，当地域の際だった構造的問題である。

(3) 複合産業型企業城下町の競争優位

この類型の代表的な企業集積地である浜松市の製造業は，輸送機械，その他製造，一般機械，電気機械，金属製品の上位5業種で製造出荷額の約7割を占めている。これらの業種のいずれでも，大企業を頂点とし多数の下請企業による分業構造がみられ，とくに，輸送機械に分類される自動車と自動二輪で重層的な下請構造が形成されている。

浜松地域は古くは繊維産業に発した織機製造，そして工作機械や輸送用機械へと，時々に主力業種を転換させながら多様な産業を集積させてきたが，とくに，有望な産業が出現すると次々と新規参入企業があらわれ，互いに競争し切磋琢磨する浜松地域に独特の産業風土を育ててきた。オートバイ，楽器産業などでホンダ，スズキ，ヤマハ，カワイなど世界でも有数の企業が育ったが，本社を浜松に構える企業も多く，日立製作所の本社が日立市を離れたのと対照的なイメージを与えている。このように多様な産業が集積し，下請企業もまた多様な産業とかかわりをもつことができるのは，複合産業型集積にみられる地域優位である。この優位はさらに電子関連産業などへの転換を促進し，いっそうの地域優位の強化要因となっている。

浜松地域のピラミッド構造はその角度が狭く浅く，それだけに下請企業でもヨコへの取引関係を模索する動機が強くなる。浅くても複数のピラミッドが存在することは，地域産業の転換にとって有利な環境であり，地方であっても東京都大田区などの都市型産業集積に類似した企業間関係が幅広く観察され，地域活力を生みだしているのである。

地域優位を左右する中核企業の本社がその地域にあるかどうかも重要であるが，基本的にはその企業が属する産業のなかでどのような競争上の地位をもっ

ているかで，地域経済が影響を受ける。それは，産業のライフサイクルの問題である。古い企業城下町は，成熟化し先進国では採算がとりにくい産業に依存するようになり，新しい企業城下町の中核的産業はまだライフサイクルの終期に至ってはいないが，その方向に急速に近づいているということができよう。

さて，企業城下町を特徴づける下請分業構造は，どのような方向にあるのだろうか。下請構造は基本的には，企業間競争における重要な戦略的要素のひとつであるという認識が必要である。わが国ではそれぞれの大企業が独自に下請構造を構築してきた。自社を頂点とするピラミッド型の下請構造を構築したある大企業は，別のピラミッド型の下請構造を構築した他の大企業と市場で競争しているわけである。

つまり，各大企業が相互に独自のピラミッド構造でもってピラミッド間競争をしていることになり，重層的な分業構造は大企業にとってきわめて有効な「競争手段」である。そのためにこそ，市場競争が激化するたびに，下請再編成という名の下で競争手段である分業構造を再構築しなければならず，繰り返し行われる下請再編成は，とくに日本の企業にとって重要なシステム・イノベーションであった。

下請構造の再構築の基本要素は，「品質・精度」「コスト」「納期」のQ（quality），C（cost），D（delivery）の3つで押さえることが多いが，最近はこれらに「技術開発・提案能力」や取引の電子化にかかわるICT（情報通信技術）が加えられる。とくに，大企業が不採算部門の整理・縮小，あるいは選択と集中に積極的である一方で，製品企画，デザインや次世代の環境技術などの分野に経営資源を集中させ，周辺分野についてはアウトソーシングを強化している。製造部門では，部品のユニット化，モジュール化といったアウトソーシングが一段と進展し，系列や下請に新たな構造的変化が起きている。

これらに加え，1980年代に世界から高い評価をえた日本の下請分業構造に，今度は欧米の取引システムを組み込まなければならない。したがって，従来の下請企業にとっては，技術力を高めなければ生き残れないことがいっそう明らかになってきた。下請企業にとって，加工技術を高度化して親企業との連携を

強化する道と，自社製品を開発して取引先を多様化し，リスクを分散するという道がある。これまでも下請企業の自立や脱下請の条件として，自社製品開発が大きな課題であった。しかし，一社単独で製品開発に取り組むには経営資源が不足することが多いため，「横請け」ともいわれる下請企業同士が連携する製品開発，共同受注への取り組みが求められるのである。

2　サポーティング・インダストリーと地域生産システムのイノベーション

しばしば，企業城下町型産業集積の特質は，ピラミッド型下請分業構造にあるといわれる。また，最近では"モノづくり"の重要性とからめてサポーティング・インダストリーの役割について論じることが多くなっている。

すでにみたように，ピラミッド型はここでいう中核的な親企業からみたタテ型の企業間関係を指し，親企業が下請企業を利用するときの経済性に注目した場合，とくに便利な概念である。

サポーティング・インダストリーは親企業1社からみたものではなく，自動車産業，電気産業など機械工業全般を支える機械金属工業，なかでも金型，プレス，板金，鋳鍛造，切削，熱処理，メッキ，部品組立など中小企業によって担当される基盤産業部門全体を指す。したがって，サポーティング・インダストリーと表現するとき，ある地域では中小機械金属工業が同時に複数の中核企業を成り立たせていることを強調している。渡辺幸男は，企業の専門化と規模階層の視点から山脈型社会的分業構造の概念図を示し，山脈の山腹の大部分を占めるのは，中小零細企業を中心として特定加工に専門化した受注生産企業群であるとしている[24]。

さらに複数の親企業が存在する地域でも，電気機械，輸送機械，楽器製造など多様な業種の集積した浜松地域，自動車，電気・電子機械などの複数の大手企業が大工場を配置している群馬県太田地域のような産業集積といった違いも観察される。

親企業の側から企業城下町型集積をみるのと地域集積を下から把握しようとするのでは，結論としてもかなり大きな違いを導く。企業戦略を軸に上からみ

図表 5-5　製造業における中小企業の位置付け

基盤技術が支える産業構造の概念図

● 基盤技術を有する中小企業群は、さまざまな先端新産業分野等を支えている。

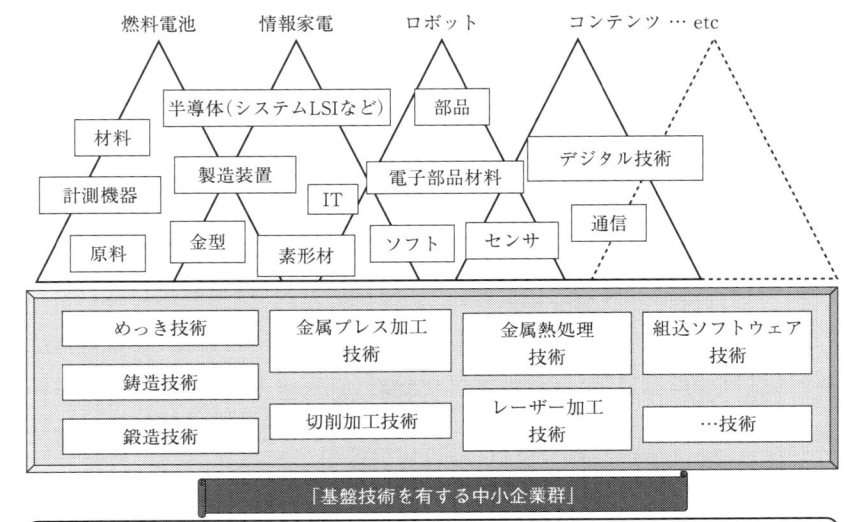

燃料電池　情報家電　ロボット　コンテンツ … etc

半導体(システムLSIなど)　部品

材料　製造装置　電子部品材料　デジタル技術

計測機器　　IT　　　　　　　　通信

原料　金型　素形材　ソフト　センサ

めっき技術	金属プレス加工技術	金属熱処理技術	組込ソフトウェア技術
鋳造技術			
鍛造技術	切削加工技術	レーザー加工技術	…技術

「基盤技術を有する中小企業群」

「ものづくり」の基盤となる産業分野に属し、川下産業にとって完成品の生産に必要な部品・部材の製造に必要不可欠かつ容易に習得することが困難な技術（基盤技術）を有する企業群

資料：経済産業省資料

たときには、親企業次第で地域経済が揺れるということになるが、下からみたときには多様な部門にまたがる中小企業群という仲間の存在が観察されるであろう。

注
（1）　1975年以降の産業立地の変化については、清成忠男「系列・下請けと産業立地の変化」清成忠男・下川浩一編著『現代の系列』日本経済評論社、1992年を参照。
（2）　河北新報社編『むらの工場──産業空洞化のなかで』新評論、1997年は、地方圏の産業空洞化の重みと苦しみをよく描き出している。
（3）　伊藤正昭『産業と地域の経済政策』学文社、1989年でくわしく述べた。また、化学、繊維、紙パルプの各産業における具体的な産業調整政策については、通商産業省通商産業政策史編纂委員会『通商産業政策史　第14巻　第Ⅳ期

多様化時代(3)』通商産業調査会，1995年における拙稿を参照されたい。
（4）　関　満博『空洞化を超えて』日本経済新聞社，1997年で，製鉄の町である室蘭のケースがくわしく紹介されている。
（5）　経済企画庁調査局編『空洞化の克服をめざす地域経済―地域経済レポート'96―』大蔵省印刷局，1996年。
（6）　河崎亜洲夫「下請制と企業間関係」現代企業研究会編『日本の企業間関係―その理論と実態』中央経済社，1994年。伊藤正昭「下請中小企業の展開」百瀬恵夫・伊藤正昭編著『中小企業論』白桃書房，1991年。
（7）　以下の数値については，中小企業庁編『平成9年版中小企業白書』大蔵省印刷局，1997年，147-151ページを参照。
（8）　伊藤正昭『産業と地域の経済政策』学文社，1989年，第4章を参照のこと。
（9）　下請制にかかわる理論の多様性のレビューおよび評価について，渡辺幸男「中小製造業のパラダイム転換」佐藤芳雄編『21世紀，中小企業はどうなるか―中小企業研究の新しいパラダイム―』慶應義塾大学出版会，1996年を参照。また，同氏「下請企業と系列―受注生産型中小企業の従属的成長から自立的成長への道―」一橋大学産業経営研究所編『BUSINESS REVIEW』Vol. 43, No. 2, Oct., 1995年を参照。
(10)　D. H. Whittaker (1997), *Small Firms in the Japanese Economy*, Cambridge University Press, pp. 192-194.
(11)　先進国からの下請制への関心は高く，長野県坂城町のような産業地域（industrial district）とこの下請制（sub-contracting system）を参照することが多い。この2つについてまとまったものとして，J. Curran and R. Blackburn (1994), *Small Firms and Local Economic Networks : The Death of the Local Economy?*, Paul Chapman をあげておく。また，ポスト・フォーディズムのひとつの要素として柔軟性（flexibility）に言及されることが多いが，日本の下請制にみられる柔軟性については，T. Nishiguchi (1994), *Strategic Industrial Sourcing-The Japanese Advantage*, Oxford University Press. 西口敏宏『戦略的アウトソーシングの進化』東京大学出版会，2000年がある。
(12)　R. H. Coase (1988), *The Firm, The Market, and The Law*, The University of Chicago Press. 宮沢健一・後藤　晃・藤垣芳文訳『企業・市場・法』東洋経済新報社，1992年を参照。
(13)　O. E. Williamson (1975), *Market and Hierarchies : Analysis and Antitrust Implications*, New York : The Free Press. 浅沼萬里・岩崎　晃訳『市場と企業組織』日本評論社，1980年，序文参照。
(14)　ウィリアムソン，前掲邦訳書，139ページ。
(15)　取引コストについては，M. Dietrich (1994), *Transaction Cost Economics and Beyond-Towards a new economics of the firm*, London : Routledge を参照。日本の長期的取引関係の分析については，浅沼萬里『日本の企業組織

革新的適応のメカニズム』東洋経済新報社，1997年および橋本寿朗「長期相対取引形成の歴史と論理」橋本寿朗編『日本企業システムの戦後史』東京大学出版会，1996年を参照。
(16) P. ミルグロム and J. ロバーツ／奥野正寛・伊藤秀史・今井晴雄・西村理・八木 甫訳『組織の経済学』NTT出版，1997年，1-5ページ。
(17) 公正取引委員会「我が国企業の継続的取引の実態について」1987年。
(18) M. Sako (1992), *Prices, Quality and Trust-inter-firm relations in Britain and Japan*, Cambridge University Press, pp. 36-40.
(19) O. E. Williamson (1985), *The Economic Institutions of Capitalism*, New York: The Free Press, p. 47.
(20) O. E. Williamson, *op. cit.*, pp. 95-96. 西口敏宏『戦略的アウトソーシングの進化』東京大学出版会，2000年，15-16ページ参照。
(21) 浅沼萬里『日本の企業組織 革新的適応のメカニズム』東洋経済新報社，1997年。
(22) 浅沼萬里「日本におけるメーカーとサプライヤーとの関係―『関係特殊的技能』の概念の抽出と定式化―」藤本隆宏・西口敏宏・伊藤秀史編『リーディングス サプライヤー・システム』有斐閣，1998年，26ページ。
(23) 伊藤正昭「変貌する中小企業の企業間関係―かたい連結からゆるい連結へ―」(社)全国地方銀行協会『地銀協月報』1988.11を参照されたい。
(24) 渡辺幸男『日本機械工業の社会的分業構造―階層構造・産業集積からの下請制把握―』有斐閣，1997年，158-167ページ。

第6章　社会的分業による産地型集積の優位

第1節　産地型集積と社会的分業

1　産地型集積の構造

「地場産業とは，いわゆる『地場性』を有する産業のことをさすが，より具体的には，地元資本による中小企業群がその地方の経営資源（原材料，技術，人材，販売力等）を活用して，生産，販売活動を行っている産業ということができよう(1)」。一方，「地元の経営資源（資本，技術，労働力，原材料等）を活用して独自の企業活動を展開している中小企業が多数存在している。地域によっては，これらの中小企業が一定地域内に集積し，地場産業と呼ばれる一群の中小企業群を形成している。さらに，地場産業のうち，特定の業種に属する中小企業が多数集積し，産地が形成されている(2)」。

地場産業，産地，産地企業などさまざまな呼び名があるが，いずれも資本，技術，労働力，原材料などの経営資源を地域に依存し，繊維，日用品などの同一業種に属する特定製品の生産，販売に携わっている多数の中小企業群，あるいは一定の地域における集積をさしている。さきに長々と引用したように，地場産業と産地企業を明確に区別することはできないが，地場産業は全国に3,000以上あるといわれている(3)。

産地というときには，400～500カ所が存在しているとみられる。本来は，産業の定義を明確にしなければならないが，ここでは，強いて地場産業に限定することなく，地域経済社会と地場産業を含めた意味での産地型集積の関係に焦点をあてて考察してみたい。

一定地域に多数の中小企業が集積し，さらに特定の業種に関連した中小企業の集積を地場産業とか産地産業といっている。こうした産地型集積には，共通してつぎのような特徴がみられる(4)。

① 特定地域に，同一業種の中小零細企業が地域集団を形成し，集中立地し

②　多くの地場産業の生産・販売構造が，社会的分業体制を特徴としている。
③　他の地域ではあまり産出しない，地域独自の「特産品」を生産している。
④　市場を広く全国や海外に求めて製品を販売している。

　このような特徴をもちながら一定の地域で特定の業種の中小企業が集積する，いわゆる産地で年間生産額が5億円以上のものが全国に486ほどみられる。産地型集積の6割が明治時代以前から形成され，伝統的な産業である。これらは常用労働者を雇用しないで家族従業者だけで経営する小規模な企業が地域的に狭い範囲で集積したものである。中小企業庁「産地概況調査」によれば，2005年度の1産地当たりの企業数は87，従業者数は923人である。同じ1984年の調査では1産地当たりの企業数が228，従業員数が1,991人であったから，産地当たりの企業数が大きく減少するとともに，従業員数も規模を縮小してきたことがわかる。

　江戸時代に各藩が殖産政策で競って特産品の生産に乗り出したことから，地場産業が各地で形成されるなど，地場産業，産地の形成は古く，江戸時代およびそれ以前に形成された産地が4割近く，明治時代までに形成されたものでみると6割以上になる。有力な産地には販売に大きな力をもつ商人が存在し，産地をリードしたことから，産地の名称も有力な商人の集まっている地名からとられたケースや藩名をそのままつけた地場産業がかなりみられる。

　陶磁器では，有田焼（佐賀県有田町），美濃焼（岐阜県多治見市など），九谷焼（石川県寺井町），清水焼（京都市）など現在でも高級品として扱われるものや，益子焼（栃木県益子町），瀬戸焼（愛知県瀬戸市）など日常生活用の陶器類の生産を行う産地が全国に無数ともいえるほど散在する。絹織物では，米沢織（山形県米沢市），西陣織（京都市），博多織（福岡市），結城紬（茨城県結城市），大島紬（鹿児島市）など，繊維製品が日常生活に不可欠であったところから，各地に産地が形成されている。

　このように，もともと農村の勤勉な労働力の存在と住民の衣食住を充足する必要から発生した地場産業が多く，これらは，豊富な労働力を背景にもち市場

も限られていたため機械によって生産力を拡大するインセンティブに乏しかった。むしろ，労働集約的で雇用吸収力が大きかった地場産業では，近代的工業では吸収できない労働力を雇用して発展してきたといえよう。

日本経済は重化学工業を中心として成長してきたが，高度成長期にすでに中高年になっていた人びとは，新規学卒の若者を優先して採用したから，当時の中高年齢者は高度成長期の新しい産業とは無縁であった。こうした人びとが，実は地方圏に残って地場産業を支えてきたのである。その後，こうした人びとが現役を退くにつれて，各地の地場産業が人の面から「空洞化」していき，地場産業の本来もっていた活力を奪い，みずから崩壊していくのである。

ところで，産地型集積の分布は，東京，名古屋，大阪などの大都市，大消費地の周辺に多くみられ，消費財関連の業種が多い。天然資源の賦存状況，産業技術の伝統などを背景として特徴のある分布を示している。地元産出の資源に依存する木材・木製品，食料品などは全国に散在しているが，地元資源・地元技術依存の家具・装飾品や窯業・土石（陶磁器など），地元技術・販売力依存の繊維，機械なども一定地域に大きな集積を形成している。

各地の地場産業は，原材料などの調達先と製品の販売先が地域内か地域外かによって大別できる。食料品製造業，製材業などの業種に属する地場産業は，地域内で原材料を調達し，地域内で販売するものが多く，地元需要を満たす地域産業（local industry）の姿をもっている。綿織物，毛織物，絹織物，コンクリートブロックなどの地場産業では，原材料だけでなく製品の販売先も地域外に依存する地場産業となっている。

地場産業の地域では個別企業間で取引関係が多様に発達しているが，それだけでなく産業連関的な取引関係もみられる。たとえば，原材料の調達先の違いで集積における産業連関的な構造にも若干の差がみられ，製品の生産・加工や販売活動にともなって原材料や流通・輸送などの多様なサービスを地域内で調達する場合，連関的な波及効果が大きくなる。

一方，地域外から調達する場合では，このような直接的効果が比較的小さい。いずれの場合でも産地では，加工・生産活動によって得られる付加価値が

賃金や税金として地域内に滞留してとどまるところから，地域経済における間接的な波及効果が大きくなっている。

このように，地場産業の生産活動が，原材料の調達から，加工，販売といった経済循環を地域内に形成して雇用の場をつくり出し，地域内の所得水準の向上や人口の定着を促進する地域の経済基盤を維持・拡大してきた。地場産業の存在が，生活関連産業など一連の関連産業の発展をうながす地域の仕組みをもたらしているのである。

産地の存立基盤は，形成期には，特定地域の産出する資源によって支えられていたが，現在は，さらに集積した中小企業群が多様な種類と段階の生産・加工を行う多機能集団として，あるいは，多品種少量生産に対応した生産組織として機能するなど，多面的に発展している。産業連関をリンケージとよぶな

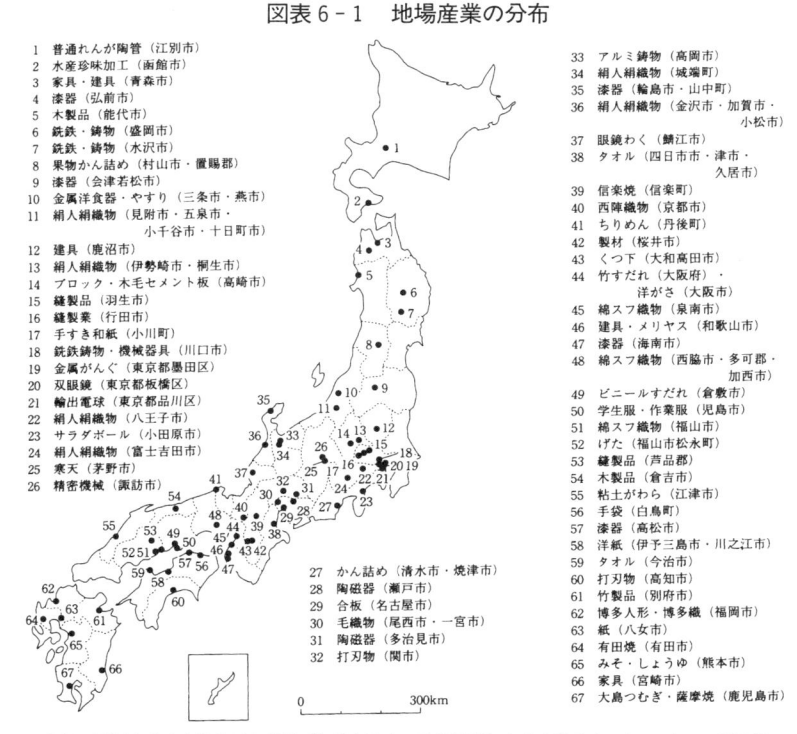

図表6-1　地場産業の分布

1　普通れんが陶管（江別市）
2　水産珍味加工（函館市）
3　家具・建具（青森市）
4　漆器（弘前市）
5　木製品（能代市）
6　銑鉄・鋳物（盛岡市）
7　銑鉄・鋳物（水沢市）
8　果物かん詰め（村山市・置賜郡）
9　漆器（会津若松市）
10　金属洋食器・やすり（三条市・燕市）
11　絹人絹織物（見附市・五泉市・小千谷市・十日町市）
12　建具（鹿沼市）
13　絹人絹織物（伊勢崎市・桐生市）
14　ブロック・木毛セメント板（高崎市）
15　縫製品（羽生市）
16　縫製業（行田市）
17　手すき和紙（小川町）
18　銑鉄鋳物・機械器具（川口市）
19　金具がんぐ（東京都墨田区）
20　双眼鏡（東京都板橋区）
21　輸出電球（東京都品川区）
22　絹人絹織物（八王子市）
23　サラダボール（小田原市）
24　絹人絹織物（富士吉田市）
25　寒天（茅野市）
26　精密機械（諏訪市）
27　かん詰め（清水市・焼津市）
28　陶磁器（瀬戸市）
29　合板（名古屋市）
30　毛織物（尾西市・一宮市）
31　陶磁器（多治見市）
32　打刃物（関市）
33　アルミ鋳物（高岡市）
34　絹人絹織物（城端町）
35　漆器（輪島市・山中町）
36　絹人絹織物（金沢市・加賀市・小松市）
37　眼鏡わく（鯖江市）
38　タオル（四日市市・津市・久居市）
39　信楽焼（信楽町）
40　西陣織物（京都市）
41　ちりめん（丹後町）
42　製材（桜井市）
43　くつ下（大和高田市）
44　竹すだれ（大阪府）・洋がさ（大阪市）
45　綿スフ織物（泉南市）
46　建具・メリヤス（和歌山市）
47　漆器（海南市）
48　絹人絹織物（西脇市・多可郡・加西市）
49　ビニールすだれ（倉敷市）
50　学生服・作業服（児島市）
51　綿スフ織物（福山市）
52　げた（福山市松永町）
53　縫製品（芦品郡）
54　木製品（倉吉市）
55　粘土がわら（江津市）
56　手袋（白鳥市）
57　漆器（高松市）
58　洋紙（伊予三島市・川之江市）
59　タオル（今治市）
60　打刃物（高知市）
61　竹製品（別府市）
62　博多人形・博多織（福岡市）
63　紙（八女市）
64　有田焼（有田市）
65　みそ・しょうゆ（熊本市）
66　家具（宮崎市）
67　大島つむぎ・薩摩焼（鹿児島市）

資料：国民金融公庫総合研究所編『転機を迎えた地域経済』中小企業リサーチセンター，1995年。

ら，ほとんどの地場産業で一定のかたちでリンケージが形成されているだろう。ただ，それがどれほどの効果をもつかは，地場産業の業種特性によって異なる。

2 社会的分業がもたらす地域優位
(1) ソーシャル・ストックとしての社会的分業体制

社会的分業体制をもっとも現代的に仕組み，効率的に活用してきたのが機械系産業であり，なかでも自動車産業は世界でもっともその利用において成功した事例である。こうした大企業を中心とする加工組立型の産業が地域比較優位産業であるとすれば，同じように社会的分業体制を築きながら発展した中小零細企業の産地は地域比較劣位産業ということになろう。

日本経済は，同じ社会的分業でありながら，企業城下町型集積にみられる大企業を頂点とする下請分業構造と，産地型集積にみられる中小零細業だけによる分業構造という2つの生産体制を並存させながら発展してきた。前者は近代的な生産システムとしての大企業体制であり，後者は，いっそう劣位化していく縮小型の産業がもつ生産体制と位置づけができる。しかしなお，近代的な大企業体制に発展することのなかった地場産業には，地域密着の社会的分業システムが残っており，むしろ，19世紀的クラフトとしての再生が求められてもいるのである。

社会的分業システムは地域の資産であり，いったん失うと再生が困難なソーシャル・ストックであり，地域社会の重要な資産である。[7]

さて，日本の産地では，一定地域への特定業種にかかわる中小零細企業の集積が形成されているが，さらに集積の内部で，広範な社会的分業と多様な産業と連関する産業連関の構造を大きな特徴としている。産地型集積の産業組織からみた特徴が社会的分業体制にあり，それが果たす機能と役割が地域経済社会にとって大きな意味をもっている。

原料から完成品にいたるまでの「加工工程」の段階ごとに分業され，しかも各独立企業がそれぞれの段階を担う分業形態が玩具や漆器などでみられ，完成

品を組み立てる「各部品」ごとの担い手となる業者が存在する分業が眼鏡，双眼鏡などで行われており，いずれも最終製品の段階までを分業している。このように独立企業が各工程，部品生産を分担するかたちの生産体制が社会的分業（social division of labor）である。

　産地内では社会的分業体制が生産システムとして発達しており，原料から完成品にいたるまでの生産，加工工程が細分化され，工程ごとに専門化した企業が役割を分担している。こうした社会的な分業生産体制は，地域内あるいは地域外の卸売業者（問屋とよばれることが多い）によって統括されているケースが多くみられる。

　産地問屋は，細分化された生産工程を分担する業者がバラバラに行動することのないようにとりまとめて方向づけるオーガナイザーの立場にあり，産地全体の分業体制をうまく機能するようコントロールする役割が与えられ，卸売業者が製品開発を行い，市場開拓，流通に責任を負っている。

　ところで，産地や地場産業を語るとき何気なく出るのが「社会的分業」である。深く考える機会の少ない概念であるためか，地域産業の複数企業において相互協力関係が形成されていれば，これが社会的分業であると受け取られている。1893年に『社会分業論』を著したフランスのデュルケム（E. Durkheim）は，このような単純なとらえ方を超えて「分業は社会の知的並びに物質的発展の必要条件であり文明の源泉である」として，分業と社会的分業の存在を重くみた。[8]

　分業についてはアダム・スミスの経済的分業がよく知られているが，デュルケムは経済学者が言及する経済的分業だけでなく，人間のあらゆる社会的活動において分業の存在を指摘している。そして，分業は各人にそれぞれの生活の手段として専門的な社会的機能を果たさせるとともに，各人の社会的協力を効果的に達成するものと考えた。社会的分業は，たんなる経済的な孤立的な分業に終わることなく，社会の構成員の相互扶助的，相互補足的・補完的な協力関係を生み出すものなのである。

　ところが奇妙なことに，D. リカード『政治経済学と課税の原理』以後の古

典派も新古典派も，A. マーシャルを別とすれば分業，とくに社会的分業については冷淡であったといわれる。通常の近代経済学の教科書では社会的分業の観点はないと思われるとも指摘されている。[9]

社会的分業は技術的分業（作業場内分業）をベースとして市場経済によって実現されるものだが，こうした社会的分業構造が産地にみられ，多くの場合，細かな社会的分業が発達するとともに産地の強みが増し，社会的分業の形成によって産地が発展してきた。新潟県燕地域の場合は図表6-2に示されている。企業が一定地域に集まって集積メリットを発揮するようになると，同時に同業企業間の競争がきびしくなり，その結果，産地企業の嗅覚が鋭くなる。そしてさらに，あらたに多様な産業を生みだす産地自体の柔軟性がいっそう強まるのである。

金属洋食器やハウスウェアで有名な新潟県燕市の産地は社会的分業がみられる典型的な例で，新分野進出や産業の多様化が当地域に形成された社会的分業構造の存在によって可能になったが，これについては後述しよう。

ところで，燕・三条地域のような産地は外部経済が大きく，産地の企業にとって多様な集積メリットがある。中小企業庁「産地概況調査」（2005年12月）によれば，541産地のなかで集積メリットとして重視しているものをあげると，「適切な分業体制が築かれている」（39.7％），「地域として公的資金を受けやす

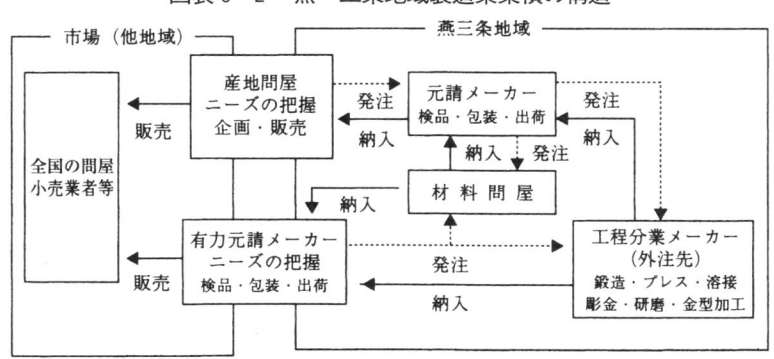

図表6-2　燕・三条地域製造業集積の構造

資料：中小企業庁編『平成9年版中小企業白書』大蔵省印刷局，1997年。

い」(36.9％)，「適度な競争が存在する」(34.7％)，「市場情報の収集が容易」(32.2％) などとなっている。

　ここで，適度な競争関係で品質向上が実現しているのが集積のメリットと考える企業が多く，集積内で協力だけでなく競争が働きやすいとみる企業が多いことに注目しておきたい。集積内部では多数の同業者あるいは潜在的な同業者が存在するため，競争意識が育まれており，この競争によってコスト低減の努力だけでなく，品質面でも競争が行われていることから品質が向上しているのである。

　また，産地内の企業にとって，集積そのものがもつ確立した「評判」「のれん」である地域ブランドを活用できれば，きわめて有利な外部経済であり，地域に蓄積された多様な情報が人的ネットワークを通して利用できれば，これも大きな外部経済として働く。ヨコの関係を利用した共同受注，関連業者との連携あるいは経営資源の相互活用により，範囲の経済を実現できるなどさまざまな取引コストを節約できるメリットがえられる。

　地域経済社会の立場からは，原材料の地元調達が行われ，生み出された付加価値が地域内で賃金，所得として循環し，地域内経済循環の拡大のメカニズムを内在することによって，地域経済の基盤強化につながるのである。中小企業を中心とする集積は，地域コミュニティを維持発展する基盤ばかりでなく，地域全体のイメージアップと人に住みやすさを創出するのである。

　地場産業のもつ特性から，関連産業への経済的波及効果，地域雇用の波及的拡大，技術ノウハウの地域における蓄積が考えられるが，重ねて新規産業が育つ苗床 (seedbed) でもある。中小企業集積の内部で歴史的には集積された技術，人材，情報，関連企業のネットワークを活用することで，新製品の開発や新分野への進出が容易になるというメリットもある。こうしたすぐれた地場産業の特性に着目して，近年，地場産業の再興・活性化が叫ばれ，地場産業の見直しが地方の時代において大きな課題になっているのである。

(2) 産地型集積に埋め込まれた創業の場

 先にみたように，分業の経済的メリットを先駆的に明らかにしたのはアダム・スミス（A. Smith）であった。彼は，工場内で工程別に分業をすすめると生産性が高まり，専門化すると技術が向上し，やがて機械化されて生産力が飛躍的に高まるとみた。また，工場内分業が促進される条件として，工場内で賃金労働者である雇用労働者が作業に携わると考えていた。ところが，日本の地場産業にみられる分業は，スミスが指摘した能率と生産性をある程度無視して，分業化された工程を他企業の工場にゆだねる社会的分業のかたちをとるとともに，各企業が雇用労働者よりもむしろ家族労働者に大きく依存しているのである。

 一般的に零細企業でよくみられるように，雇用労働者よりも家族従業者を中心に経営が行われるということは，労働基準法などを含めた社会的な規制に柔軟に対応し，長時間労働と工場の長時間稼働が可能になることでもある。また，仕事がなくなれば，家族従業者の誰かが雇用者となって生活収入を得るなど，雇用のフレキシビリティが維持できるのである。そうした見方からは，近代的工業では吸収できない労働力に依存して発展したのが地場産業だということができる。

 近接立地した多数の企業が取引関係をもちながら，社会的分業が深化した地域では，個別の企業では負担しきれない環境変化からくる危険を共同で負担する仕組みをもっている。産地が形成された地域では，すべての工程や生産機能，販売機能をひとつの企業の内部に統合するのはきわめて非効率かつ不合理なことは明らかである。また，部分的に統合するとしても，各部分の専門技術や専門知識を内部に取り込むことになるが，取り込んだ当初はよいとしても，長期的に専門技術・知識の維持と向上のために相当大きなコストを必要とする。産地で統合が進展しているとすれば，その集積がなんらかの危機に直面している可能性を疑ってみる必要があるというのは，このことである。

 個別企業で環境変化にあらゆる側面から対応するのは容易なことではなく，それぞれの中小企業でさまざまな機能をかかえることは大きなリスクを負担す

ることでもある。社会的分業が埋め込まれている地域では，単独企業ではカバーしえないリスクを集団のなかに分散させる危険分散の機能をもっている。地場産業にかかわる企業にとって，そのリスクは地域社会の仕組みをとおして大きく軽減されるといってよい。

　社会的分業体制によるリスクの共同負担が，地場産業に小回り性，機動性，柔軟性をもたらしているのである。小回り性はしばしば使われることばであるが，これをフレキシビリティ（flexibility）と表現するのが適切ではないだろうか。

　社会的分業体制のもとでは，全体の景気が後退したような場合，社会的分業に参加するそれぞれの企業が仕事を分け合うなど，それぞれにふさわしい負担を受けもつことになる。したがって，中小零細企業にとって，社会的分業のネットワークはセイフティ・ネット（安全網）としても機能するのである。この例として，時間・人員・資材・資金面でコストのかかる製品開発と一定の機械による加工生産をすべて一企業で行うことの難しさをみれば，社会的分業のメリットは理解できよう。

　この社会的分業体制は，産地型集積は柔軟な生産システム（flexible production system）の存立を可能にし，環境変化に対するリスク・シェアリングを行いながら，機動的な小回り性を発揮する地域集積の優位性を生み出しているのである。

　ところで，近年，産地型集積では，新規創業するものが少なく，地域の企業家精神のあり方が問題になっている。こうした新たな問題をかかえながらも，産地型集積には新規創業を促進する機能が埋め込まれている（embedded）こともまた確かである。

　創業を規定する要因は2つある。
　①　人的資源，資金，情報，技術などの経営資源の調達可能性
　②　創業インセンティブの存在

　とくに，経営資源をどのように確保していくかが創業の鍵を握るが，多様な経営資源を一度に獲得するのは容易なことではない。ある企業で技術を身につ

けて独立するにしても，資金調達の問題が控えている。しかし，注目すべきことは，集積の特徴である細分化された分業のなかでは，必要な初期投資の規模が比較的小さくなるから，創業コスト（set-up cost, start-up cost）を低減するメカニズムが働くということである。

既存企業で従業員として働き，ある程度の技術，技能を取得して起業家となって独立しているのは，こうした分業体制のもとで技術や情報の伝播が容易となり，創業後に必要な人材も都市部の集積に比べれば相対的に容易に確保できる条件が地域に存在するからである。

もうひとつの創業条件であるインセンティブについてみれば，とりわけ，地域における他の就業機会との比較で行われる新規参入が，インセンティブの存在を示している。創業インセンティブを地場産地などに限らず一般的にとらえれば，集積の成長性，身近な事業の成功例などがあり得るが，地方圏の地場産業が全般的に退潮気味であることを考えると，産業に関する限られた情報のなかで，他の就業機会との比較考量を行って参入するケースが創業インセンティブの存在を示している。

仕事をどう確保するかといった観点からだけの創業ではあっても，これは，地域ではすぐれて合理的な行動であるから，限られた情報のなかで最適の意思決定がなされるという意味で，限定的合理性（bounded rationality）をともなった開業である。はたからみれば消極的な新規参入ではあっても，地域ではきわめて自然で合理的なことである。

集積は，一時休業や再参入を可能とするとともに，創業コストを低減する仕組みをもち，起業家精神を発揮させる要因も含んでいるのである。そうした意味では，参入障壁だけでなく退出障壁さえも低める地域の仕組みそのものがインキュベータ機能を果たしているとみることもできる。

3　産地型集積の構造的問題
(1) 産地空洞化の進行

近年，産地数，企業数，従業者数，年間総生産額などいずれの指標でみて

も，産地型集積はその経済的地位を低下させている。集積が停滞している理由は，①若手労働力の流出，②他地域との競争の激化，③リーダー不足，④消費者ニーズへの対応の遅れ，⑤国際経済環境の変化，⑥既存技術の陳腐化がおもなものである。

産地型集積の主要製品は，国内では生活関連消費財の国内需要が成熟化し，消費者ニーズの多様化・高度化が進み，その対応が迫られている。また，輸出型産地は円高のなかで輸出が困難になり，うまく内需転換を行えたとしても生産額の減少，価格の低下，同業者との競争が激化しているなど問題がよりきびしくなっている。

産地型集積における需要面の問題としては，需要の伸びが鈍化していることに加え，消費者行動が個性化・多様化していることがあげられる。既存商品の高級化・ファッション化，品質・機能の高度化，生産品目の多様化などが課題である。さらに，消費者ニーズの多様化に対しては，産地間の競合化が激しくなっているので，産地の差別化をはかるために，産地自体の個性化も要求されている。地方圏の経済環境は少しずつ整備されてきたが，それでも，大都市圏との格差は依然として大きい。とくに，地域の情報力の向上が必要であるが，企業単独では限界があり，地域全体の企業が取り組まなければならない。

供給面からは，新製品開発能力，技術開発力の不足が問題である。技術的にはもともと労働集約的であるが，より優れた設備導入に前向きでなければならないことは明らかである。しかし，いきなり高性能機械を導入するのは非合理的であるから，むしろ，不良品のチェック・排除，適時適量生産体制の確立など，ハードよりもソフト面の生産管理技術の高度化といった地道な努力こそがいっそう重要である。

なかでも，産地型集積においても若年者の確保が困難であるばかりでなく，従業員が高齢化しており，人材の面から経営基盤が揺ぐ状況にまできている。若年労働力の確保が困難になると，技術の伝承だけでなく，新製品の開発や技術開発，情報の活用など新たな展開をすすめるうえで，今後の産地を担う人材が不足してくることになる。すでに伝統的な産地型集積は技術を継承する人材

の供給ができず解体したところもある。こうした産地の構造的な問題に加え，経営者が高齢化しており，事業継承者，後継者もいない企業が増えてきた。世代交代期にかかった企業が多いだけに，問題は深刻である。

　需要の減少によって産地そのものの不振から個別企業が不振になり，倒産する企業も多く，経営者の高齢化による事業継続意欲の減退と喪失，後継者の不在から廃業が続出し，こうして産地型集積における空洞化である「産業の空洞化」は複合的要因によって加速度的にすすみ，地域社会の空洞化が深刻化している。産地の空洞化は，柔軟な生産システムの機能低下や機能の不全をもたらし，いっそうの産地規模の縮小と機能縮小を招くとともに地域社会の経済基盤の喪失へ導くものとして危惧されている。

(2) 国際経済環境の変化と産地の発展制約

　1970年代に輸出型地場産業は，国際経済環境の変化によって壊滅的な影響を受けた。一方，所得水準の上昇のなかでデザイン開発，新製品開発に積極的に取り組んだ内需依存型の地場産業のなかには，成長するものもみられたが，1985年のプラザ合意による通貨調整以降の急激な円高によって，多くの地場産業がふたたび苦境に立たされた。海外直接投資の急増や開発輸入の増加によって，地場産業の市場が急速に縮小する一方で，国内市場は，東アジア諸国から流入する普及品とヨーロッパから輸入される高級品に代替されるようになり，その煽りを受けた地場産業は解体の一途をたどり，地場産地には優良企業がかろうじて点の存在として残る状況にさえなった。

　多くの輸出型産地は，急成長するアジア諸国と競合しており，たんなる地域間競争というよりグローバル化したメガ・コンペティションのなかで生き残りをかけている。産地規模の縮小は，零細企業を中心とした廃業傾向とあいまって「産業の空洞化」と「産地の空洞化」から「地域経済の空洞化」にいたるまで事態を深刻化しているのである。

　しかし，産地型集積では，「さまざまな経営情報を入手できる」「共同研究・共同開発ができる」など，それぞれの企業にとって外部経済である集積メリッ

トがある。いずれの産地でも，国際経済環境がますますきびしくなるなかで，今後はこうした集積の利益を活かしながら，多様化・高度化する消費者ニーズにあった新製品の開発，製品の高付加価値化・多品種化，製品コストの低減などを志向しなければならない。

　個別企業では資源に限界がある場合，異業種交流などの仕組みも必要であるが，技術水準の向上などでは，工業技術センターなどの公設試験研究機関，地場産業振興センターなどの地域技術支援機関の外部資源の活用が期待される。支援機関の活用による成果は，「新技術を開発できた」「新製品を開発できた」というよりも「既存技術の向上につながった」「既存製品の改良につながった」というように，既存製品や改良の面で大きく，各種支援機関が産地型集積の技術面における革新の鍵となる存在になっている。[10]

　また，情報化社会にあって，産地がどれだけ情報を駆使，活用できるかは重要な課題である。産地企業はほとんど零細企業であるが，これら企業が安定して発展していくためには，販売ルートの確保が大切である。販売ルートは同時に市場に関する情報ルートでもあるからである。

　小規模な産地では，社会的分業を組織し，市場情報にもっとも近い立場にあるのが産地問屋である。しかし，産地問屋は販売と情報の機能強化に立ち遅れており，産地の企業が情報対応に遅れる基本的な要因になっている。販売力だけではなく情報収集・分析・加工から製品の企画・開発を左右する産地問屋の問屋機能の強化と充実がまず不可欠である。

　産地における問屋機能の重要性は，発展する第3のイタリアのケースをみれば明らかで，よく引き合いに出される。イタリアのコモ地区はイタリア有数の繊維産地である。地域の大きな特徴として，マーケティング機能をもつオーガナイザー，コンバーターが多数存在する。専門とする商品分野や品質などさまざまな面で多様性に富んだコンバーターが市場情報を把握し，需要に柔軟に対応する中核的な役割を果たしている。このコンバーターが，細分化された分業を多様に組み合わせながら，高い地域競争力を生み出し，産地全体が発展するのである。

日本の産地がきわめて限られた数の産地問屋が主導権をもつのに対し、コモ地区では複数のオーガナイザーが存在し、お互いに激しい競争をしながら産地内部でマーケティング力、製品開発力を発揮し、さらに、工程専門企業を柔軟に組み合わせているのである。日本の産地では、問屋制（putting-out）の形態が多くとられ、産地問屋を頂点にしたタテ型の下請構造を形成しているケースが多いと同時に、社会的分業の連結構造が固定的である点でも、発展している産業地域の典型的な例であるコモ地区との違いがみられる。

第2節　産地の仕組みを活かす地域ダイナミズム

1　産地分解と産地の転換能力

　企業数が減少傾向を強めている産地にとって今後懸念される問題は、企業の絶対数によって支えられてきた社会的分業構造の変質である。企業数が増加する場合には量的な臨界状態によって質的にも一気に飛躍するから、産地の企業間競争の激化を通じて社会的分業構造が高度化する可能性が大きくなる。これは、ポジティブ・フィードバックの現象が産地に発生することを意味する。企業数が急激に減少するようになると、この機能が逆に働き、ネガティブ・フィードバックという逆機能が作用しはじめる。

　経済的な規模が拡大した高度成長期に、企業数が急激に増加した地域ほどその減少もまた急速になる傾向がある。そして、企業数の減少のなかで社会的分業構造の機能が働きにくくなるため、中核的な企業は自社の生産量確保、仕事の確保から分業に依存してきた生産工程を内部に取り込む。この内部化は垂直的統合の形態をとることが多い。社会的分業が、個別企業にとってはリスクの分散であるが、統合の形態はリスクの集中を意味することになる。個々の企業にとっては望ましいように思われるが、産地からみれば柔軟性を失うことになるから危険な兆候になる。先にのべた1960年代、70年代の状況が再び繰り返されようとしている。

　元気のよい産地では垂直的分解が観察されるが、停滞する地域や衰退する地域では垂直的統合がすすみやすい。日本の産地と比較されることの多いイタリ

アの産地は，垂直的分解を意味する社会的分業の進化によって急速に発展したといわれている。そして，イタリアの各産地でも，垂直的統合がすすみ一貫メーカーとして中堅企業が生まれるようになったことから，これが産地の明るい展望をもたらすよりも，将来の危うさを暗示する兆候として受け止められているのである。[11]

産地の最大の弱点は，つくることに習熟したが肝心の消費者の姿が見えないことである。歴史をもつ産地の多くに産地問屋が存在し，他の地域や海外の需要を把握しながら産地をまとめてきた。産地の供給と需要を一致させる「需給接合」の機能を果たしていないといわれて久しいが，この弱点の改善においてはほとんど見るべきものがない。

イタリアの繊維産地のコンバーターが産地をまとめるリーダーとしての役割を果たしている実態から，問屋（商社）機能の高度化が地域の活性化にとって重要であると認識されている。流通における中抜き論からすると卸売業の役割は縮小しているが，中小零細企業を束ねる産地の卸売業者の役割は，後で触れる燕産地のようにますます重要になる。

問屋機能には，製品開発，デザイン開発，市場開拓から金融機能，情報収集伝達機能にいたるまで多様な機能がある。需要と供給を一致させ産地企業のリスクを最小限に抑制するのが本質的な問屋機能である。従来，商的流通面での卸売業者の役割が語られたが，最近は物流をも含んだ流通全体の諸機能を連結する企業の存在が産地を左右するようになっている。

2　地域資産としての社会的分業の再構築

新潟県燕の複合金属製品加工集積の場合から，社会的分業の意義と役割についてみておこう。

新潟県燕・三条地域は，370年ほど前の和釘生産にはじまり，江戸時代には打ち刃物や銅器も生産していた。明治に入って洋釘が普及すると，釘職人はヤスリや矢立などの生産に切り替え，銅器はアルミ製品に，キセルは紙巻きたばこに，矢立は万年筆にとって代わられ，1915年ごろにはやむなく金属洋食器を

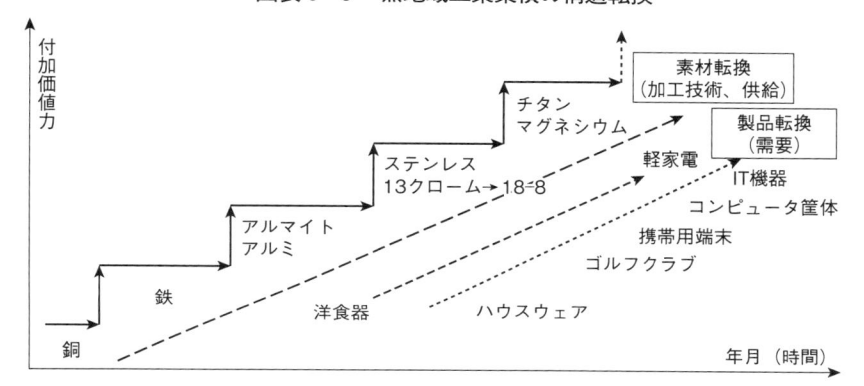

図表6-3　燕地域工業集積の構造転換

縦軸：付加価値力
横軸：年月（時間）

階段状の上昇：銅 → 鉄 → アルマイト・アルミ → ステンレス 13クローム→18-8 → チタン マグネシウム

右上のボックス：素材転換（加工技術、供給）／製品転換（需要）

斜めに広がる製品群：洋食器／ハウスウェア／軽家電／ゴルフクラブ／携帯用端末／コンピュータ筐体／IT機器

生産するようになり，金属洋食器産地となった。[12]

　金属ハウスウェアは1949年ごろから，アルマイトに代わってステンレスが使用されるようになって発展したが，1960年代に輸出自主規制によって金属洋食器の輸出が激減したことからポット，フライパン，鍋類，バーベキューセットなどの金属ハウスウェア産地へと変貌した。さらに調理器具・時計・ラジオなどの軽家電，魔法瓶，ゴルフ用品，暖房器具，医療器具，チタン加工発色などの新分野進出により複合金属製品加工基地として発展してきた。この動向を整理したのが図表6-3である。

　こうしてみると，燕の洋食器産地は業種転換の歴史である。しかし，この転換もスムーズであったわけではない。需要が変化するとともに生産品種も変化してきたが，共通要素は金属の加工技術である。銅から鉄へ，鉄からアルマイトへ，アルマイトからステンレスへ，そして今，ステンレスからチタンやマグネシウムへ原料を転換しながら金属加工技術を高度化したのが，この地域の企業が共通してもつ大きな特徴である。鉄からチタン加工へとなると相当の技術的飛躍が必要であるが，ステンレスからチタン加工へは距離が近いというメリットを活かしている。

　一方，金属加工技術が産地の供給面を決定づける核であるが，同じ企業が時代とともに新しい素材に挑戦して産地の業種や製品を多様化してきたわけでは

ない。そのときの優良企業や代表的企業が他分野進出をリードしたわけではなく，企業レベルで見ると新たな分野を開拓する企業は時によって異なるため，産地の転換は相当に不連続であり，むしろつぎに触れる地域の社会的分業を基盤に新企業や新産業が創出されているととらえるべきであろう。ただ，素材転換という供給側要因と，製品転換という需要側要因の少なからぬ一致が今日の燕地域の産業集積を支えてきたことを忘れてはならない。

　燕地域に展開される社会的分業は自然発生的に深まったようにみえるが，対米輸出自主規制によって産地の生産量と輸出量が制限されたことを契機としていることが重要である。全体の生産量の制限のもとで当地域の中核的企業の生産量が保証されることになり，他の企業には下請企業の立場しか選択余地がなく，受発注構造ができあがり社会的分業の構造が地域に組み込まれたのである。とりわけ多数の零細企業が，研磨などを中心として各生産工程を分担するようになった[13]。

　世界の洋食器需要を一手に引き受ける産地となったことから，真っ先に日米貿易摩擦の対象になったが，燕産地が輸出側として輸出量などを自主的に制限するという市場経済では論理的に不自然な「輸出自主規制」の嚆矢となったことは記憶しておいてよい。燕の場合，この規制が産地の製品転換をうながし，社会的分業を形成したという点が重要である。

　チタン技術で高い評価をえているTR社は，1950年に国内初のステンレス電解研磨専門企業として設立され，ステンレス製洋食器製造のネックになっていた研磨工程の大幅な合理化を実現することにより，燕を金属洋食器，ハウスウェアの世界的産地へ押し上げる原動力になった。

　1987年にステンレス，チタニウムの超々深絞り加工技術を開発し，90年にはカメラボディを量産するようになり，近年ではマグネシウム加工に取り組んでおり，携帯電話のボディなどを生産するようになっている。まさに産地の転換を体現した企業である。

　輸出用洋食器メーカーとして出発し，プラザ合意以後の輸出減少のなかで，中国の技術では作れない，福祉に役立つという基本方針のもとでテーブルウェ

アから生活雑貨の開発を行っているAY社は，三菱重工業との協力関係のもとで開発した形状記憶ポリマー製品で有名である。形状記憶スプーンや歯ブラシは障害をもつ人びとに利用されており，形状記憶ハサミ，音楽療法マレット，二重構造の湯飲みなど，しっかりもつことができる・美しさと扱いやすさを備えた食器などを開発している。円高を契機に企画・デザインを重視する内需型に転換して成功した事例である。

1947年にミシン組立用ドライバーの製造から始めたES社は，金型の内製化，キッチン用品，ハウスウェア用品を生産してきたが，77年に洋食器の生産中止，93年にキッチン用品の生産を中止する一方で，1968年にはゴルフ分野に進出しステンレスを中心に事業展開してきたが，チタンのゴルフヘッド開発で成功した事例である。

これらしばしば取り上げられる企業は，産地の社会的分業に依存した生産体制を敷くよりも，技術を企業内で組織化する方向をとっている。地域の既存技術とは一定の距離を置いた存在であり，集積から生まれた卒業生だという見方もある。地域にとって高付加価値を獲得する企業群であるが，地域企業との関連が薄いという点も見逃すことができない。

社会的分業が企業を生み出すいわば創業環境をもたらし，こうした恵まれた環境から頑張る企業が育ってきたのである。社会的分業はその地域の資産だというのは，こういうことなのである。

燕地域の中小企業は，製品開発力はもちろん営業力や市場開拓力を持たないものが多く，必要であっても資金的，人的にも余裕がない。したがって，産地全体の市場アクセス能力が劣ることになる。この点はほとんどの他の産地と同様にみえるが，近年，当地域の卸売業者の動向が注目されている。

MD社をはじめとする家庭用ハウスウェア総合卸売業者，ED社，EB社などの業務用ハウスウェア総合卸売業者が地元の卸売業をリードしている。金属洋食器やハウスウェアが地域の主要製品の時代には企業規模も小さかったが，従来製品を地道に扱うなかでノウハウを蓄積し，自社の企画・開発製品を地元企業に生産委託するメーカーになった。なかには，製造部門を国内だけでなく

海外に設ける企業もみられる。

　自社ブランド品，産地ブランド品，軽家電，チタン製品など地域企業から調達する機能をもち，地元で調達できないものは地域外から調達し，産地製品にとらわれない調達，販売ルートを構築している。これらの卸売企業は，燕産業集積の多品種少量生産を可能にする重要な部門になった。

　地域の製品や業種が多様化していくなかで，多様な製品の取り扱いノウハウを蓄積した卸売業者が存在することは大きな地域優位である。彼らの機能が高度化すれば，製造部門もまた一皮むけることができるのであり，産地の新たな道が消費者，ユーザーに近い卸売業者と物流業者に託されているのである。

第3節　イタリアにみる産業地域の発展

1　第3のイタリア――マーシャルの産業地域――

　日本の地場産業はいま，発展しているよりも弱体化しているものが多く，衰退して伝統工芸化したものも数多い。地場産地はマーシャルが明確にとりあげた産業が局地的に集積した産業地域（industrial district）の形態であるが，日本の産地が相対的に衰退化傾向をもつ産業地域であるのに対し，第2章でくわしくのべたアメリカのシリコンバレーとならんで発展している産業地域として注目されるのが，イタリアにおける「第3のイタリア」とよばれる地域である。[14]

　イタリアは「イタリア病」などといわれるほどに1960年代，1970年代には経済が長期的な低迷に陥っていたが，1980年代になると奇跡といわれるほどの立ち直りをみせた。1960年代から大企業を中心とする経済運営であったが，オイル・ショック後，他の先進国と同様に経済全体が停滞するなかにあって，それまでほとんど気にとめられることもなかった中小企業や手工業の活力によってイタリア経済が復興してきたことで，中小企業の存在がようやく理解されるようになった。シリコンバレーのベンチャー・ビジネスに代表される先端産業によってアメリカ経済が活性化されたと同じように，イタリアもまた中小企業によって活性化したのである。

図表6-4　3分割のイタリア

トレンティーノ・アルトアディジェ
ヴァッレ・ダオスタ
フリウリ
ロンバルディア
ヴェネツィア
ピエモンテ
エミリア・ロマーニャ
リグリア
トスカーナ
マルケ
ウンブリア
ラツィオ
アブルッツィ
モリーゼ
カンパニア
プーリア
サルデーニア
バジリカータ
カラブリア
シチリア
第1のイタリア
第2のイタリア
第3のイタリア
0　50　100　150　200　250 km

資料：Vera Zamami, *The Economic History of Italy 1860-1990*, Clarendon Press, 1993より作成。

イタリア経済を分析するとき，必ずといってよいほど先進地域の北部，後進的な南部というように2つの地域に分け，この両地域の経済構造の違いがイタリア経済の発展を阻んでいるとされた。発展した北部と農村主体の南部に地域経済格差がいちじるしく，南北問題の存在がイタリア経済の構造的特徴とみられた。北部地域は大企業が多く，この大企業体制によって1960年代から1970年代はじめまで繁栄したが，70年代から80年代にかけてこの地域経済が停滞すると，イタリア経済も低迷したのである。

ところが，先進地域の北部のなかで中小企業や零細な手工業を中心に発展す

る地域の存在が目立つようになった。北部に位置づけられてきたイタリアの中部・北東部の諸州が成長し発展してきたのである。これまでは北部と南部の2つに分けてきたが、独自の発展様式をもって成長・発展している中部・北東部イタリアに注目して、3つのイタリアに分けてイタリア経済を観察するようになった。そして、この新しい3番目の中部・北東部イタリアを第3のイタリア（The Third Italy）とよぶようになったのである。イギリスの経済学者のマーシャル（A. Marshall）が指摘した産業地域の現代的な代表例となるような産地が数多くみられ、マーシャルの産業地域（Marshallian industrial district）とよばれることも多い。[15]

トレンティーノ・アルトアディジェ、ベネト、フリウリ・ベネツィアジュリア、エミリア・ロマーニャ、トスカーナ、ウンブリア、マルケの中部・北東部が「第3のイタリア」とよばれる地域である。

従来、北部では規模の経済のうえに成り立つ大企業が経済を主導してきたが、その発展が制約されるようになり、大企業が苦境に陥るとともに地域経済も停滞するようになった。北部でも大企業中心の北西部とは異なる中小企業を主体とする生産システムの存在が、ポスト・フォーディズムの時代になってきわめて効率的に機能し中部・北東部の自立を促進したのである。こうして異なる地域的構造をもつ第3のイタリアが浮上したのであった。

第3のイタリアは、イタリアの経済発展の鍵としてだけでなく、中小企業が地域経済の発展に大きく寄与している事実から、地域開発の観点からも世界的に関心がもたれるようになった。この第3のイタリアでは、中小企業が周辺経済（peripheral economy）を形成しているだけでなく、日本の地場産業のように多数の産地が形成されているのも大きな特徴になっている。

特定の地域に中小企業、手工業が集中する産地としては、北イタリアと南イタリアに分けた場合では、北部イタリアに産地が多く、その北部イタリアのなかでも繊維・織布、製靴、家具、食器・陶器などが中部・東北部諸州の第3のイタリア地域に集中立地している。州別にみると、繊維は北西部のロンバルディアに産地が多いが、第3のイタリアのエミリア・ロマーニャ、トスカーナ、

ベネト,マルケにも多くみられ,製革・製靴・皮革はベネト,マルケ,トスカーナに産地が多く,木製家具でもベネトやエミリア・ロマーニャに,陶芸品もエミリア・ロマーニャを中心とする地域に産地が多い。機械も北部のロンバルディアのほかエミリア・ロマーニャに多い。[16]

このような産地が形成された経緯については,これらの地域が長い間にわたって手工業の伝統と折半小作制が産地の文化的歴史的性格を育んできたことが指摘されている。中世以来の制度的,文化的な基盤が機能したということであり,企業経営者と農民がともに日々の生産活動を通じて機械や道具の操作を体得し,一方,独立心が強く健全な企業感覚をもつ企業家精神の豊かな地域であったのである。こうした独自の地方的な価値体系が産地形成に作用したといわれる。

地域に1つないし複数の大企業がかつて存在し,ここで働いた多数の労働者が独立労働者として手工業者や中小企業者に転進し,その集積によって産地が形成されたといわれている。また,イタリアでは有名なボローニャの技術専修学校の役割も評価されており,ボローニャの金属機械産地を支える人びとはそこで訓練機会を得て独立し,再訓練によって地域のイノベーションを生み出したといわれる。[17]

2 第3のイタリアの産地構造

(1) 伸縮性のある専門化

第3のイタリアの典型的なモデルとしてしばしばとりあげられるプラート(Prato)は,イタリア最大の繊維産地であり,中世にまでさかのぼることのできる古くからの毛織物産地である。1996年の企業数は8,500,雇用者数は46,000人であり,相当大きな規模の産地である。プラートでは19世紀中頃,イギリスの産業革命の影響を受けて,紡毛用機械が開発され,古着の毛織物を解きほぐす技術が開発されると,これを原料として毛布やショールの再生毛織物の生産がはじまった。安価な原材料によって,大衆向けの製品を生産し輸出するようになった。[18]

第2次世界大戦後になると，1945年から48年にかけて生産が急速に拡大し，生産工程を統合した中規模企業が出現し，毛織物業の従業者数は1,000人単位から2万人以上へと大幅に増加した。しかし，産地が低コストを武器としていたために日本や東欧の製品と競合するようになり，国際競争で敗北した。

　この過程でプラートの企業家たちはさまざまな対策を講じ，産地の生産体制を大きく変えることになった。低コスト生産のために，それまで工場内で統合されていた生産工程を分解し，それぞれの生産工程を家族中心の零細企業がになう生産体制に転換させたのである。

　工場経営者は職人の従業員を大量に解雇することになるが，彼らに賃金や退職金を支払う代わりに織機や道具を現物支給し，解雇された従業員は中古の機械を利用しながら独立した。垂直統合による生産体制から，職人によるネットワークを基盤とする地域的な生産体制へと大きく転換したのである。

　こうした事情からの社会的分業の拡大ではあったが，結果的には，企業内分業から地域内分業へ転換し，伸縮性のある専門化の生産体制が形成され，プラートのその後の繁栄が導かれたのである。工場内の少品種大量生産から産地全体が細かな社会的分業による多品種少量生産へ転換すると，大衆向けの標準的な商品からファッション化し差別化された製品の生産へと産地の転換が行われた。需要の変化に敏速に柔軟に対応できるようになっていったのである。

　さらに，19世紀から生産設備を保有せずに各生産工程の職人を組織するインパナトーレが存在したが，プラートにおける垂直統合の生産体制が崩壊した今日では，生産工程を統合し製品を販売するコンバーターの代わりに中核的な役割を果たすようになったことが重要である。インパナトーレがいなければ，産地全体のまとまりは期待できなかったのである。これは，コモ地区などではコンバーターといわれ，産地ではきわめて重要な位置を占め，その役割なくして発展する産業地域になることができなかった。

　プラートの柔軟な専門化は，大企業の組織とその企業間関係の硬直性と比較すると，大きなメリットをもたらし，地域優位を生み出している。産地の柔軟さという点では，企業の多くが家族経営を主体としており，納期に間に合わせ

るためには休日の労働もいとわない労働における柔軟性も一役買っている。もちろん，法律に反する行為であるが，産地の企業者の信頼関係によってこうした柔軟性がえられているのである。

　もうひとつ発展する産業地域の特徴として必ずといってよいほど言及されるものに政治的側面がある。イタリアは伝統的に左翼政党の強い国であるが，左翼政党が政権にあっても，企業の自由な活動へ介入することが少なく，むしろ，道路，水道などのインフラを整備し，保育園や住宅などの生活関連インフラの整備に力を入れてきた。1970年代の労使紛争に揺れた時期には「第3のイタリア」でも左翼政党の自治体であったが，その沈静化に努めたといわれている。政治の側面における産業支援の風土が地域経済にとって重要なファクターであることが，この地域で証明できるとされているのである。[19]

　しかし，発展する産業地域のプラートも，1980年代に規模の大きい企業はリストラの過程で技術革新をとり入れて多品種少量生産の体制を築くようになった。1970年代に発展途上国の低価格製品と競合するようになったことから，産地がいちじるしく製品多角化を進めてきたため，職人や零細な企業にとっては規模の大きな企業の多品種少量生産体制が脅威となってきた。

　過度の製品多様化によって，特殊技術が要求されるようになったこと，あまりにも小ロットになりコストが高くなったこと，小ロット化がすすむにつれて機械の稼働時間を短縮し，その代わりに労働時間を延長することで対応するようになったことなど，零細な企業にとってきびしい状況になったのである。[20]

　ここに，伸縮的な専業化の生産体制の限界と多品種少量生産の問題が明らかになった。これは，産地のかかえる新しい構造的問題である。こうした事態から，プラートの企業数は大幅に減少しており，その結果，産地が解体し優良企業が点として存在する日本の産地がたどった方向に進みつつあるのである。[21]

(2) 地域オーガナイザーと企業リスクの低減

　イタリアの中小企業には家族経営に依存するものが多く，従業員を雇用した場合に発生する固定費を極力抑制するような形態をとっている。これはイタリアに

一般的にみられる家族中心の考え方，地縁関係を大切にして地域に立脚するという風土に支えられている。このような家族経営による零細企業が多数集積するのが，イタリアの産地にみられる大きな特色である。

多くの産地では，工程間で細かな分業が行われており「伸縮性のある専業化」がみられ，企業間に柔軟な分業体制が形成されているが，この社会的分業をオーガナイズする個人や企業の存在が重要である。繊維などではコンバーターとよばれるオーガナイザーは，自身では生産設備をもたないものが多いが，彼らは国内外の市場動向の把握や商品開発などに専門化し，みずからの商品決定にもとづいて適切な技術をもつ工程専門の企業を選んで発注する。

オーガナイザーは生産設備をもたなくても存立できるから，参入がきわめて容易であるものの，質的には激しい競争関係にある。日本の産地問屋が独占的なために活力に乏しくなるのに引き替え，イタリアにみられるコンバーター同士の激しい競争が産地全体の活力を生み出しているとみられる。このように競争が行われていながら，展示会，国際見本市などではコンバーター同士の協力がみられ，こうした競争（competition）と協調（co-operation）の併存がイタリアの産地を特徴づけている。

一方，工程に専業化した企業は特定分野において高度な技術をもち，複数の企業と取り引きし，仕事量の変動を平準化しリスクを最小限にすることに努めている。オーガナイザーと専門企業のあいだには，信頼関係にもとづいて長期間にわたる取引がみられ，継続的取引関係が形成されている[22]。

ところでコモ地区は，北部イタリアのロンバルディア州に属し，第3のイタリア地域ではないが，イタリア有数の絹織物，染色，アパレルの産地である。1996年の産地の企業数は2,614，雇用者数は29,339人である。撚糸，糸染め，プリントなどの主要工程のほかに，デザイン，スクリーン製造などが工程別に細分化され専業化した分業体制がとられ，コンバーターが製品企画に応じた企業ネットワークを組織して発展する産業地域である（図表6-5参照）。

オーガナイザーによって企業ネットワークが活用されているが，その活用は固定したものではなく，環境変化に対応してネットワークを組み替えるもので

ネットワークそのものは可変的である。コンバーターの海外市場にも通じたマーケティング機能，細分化された分業の存在によってさまざまな需要に柔軟に対応する力が発揮され，企業ネットワークの組み替えの可能性によって無数の多様性に対応できることから，産地の高い競争力が生み出されている。

細かな分業により，工程専門の企業はマーケットに直接的に接触することなく存立でき，多くの面で企業リスクを最小限に抑えることができる。このことは，産地で新規に創業する場合の立ち上がりコストを大きく節約することができ，創業環境としても地域の優位性をもたらしている。産地の集積そのものがインキュベータ機能をもっているのである。

図表6-5　中小製造業産地の構造図（イタリア・コモ地区）

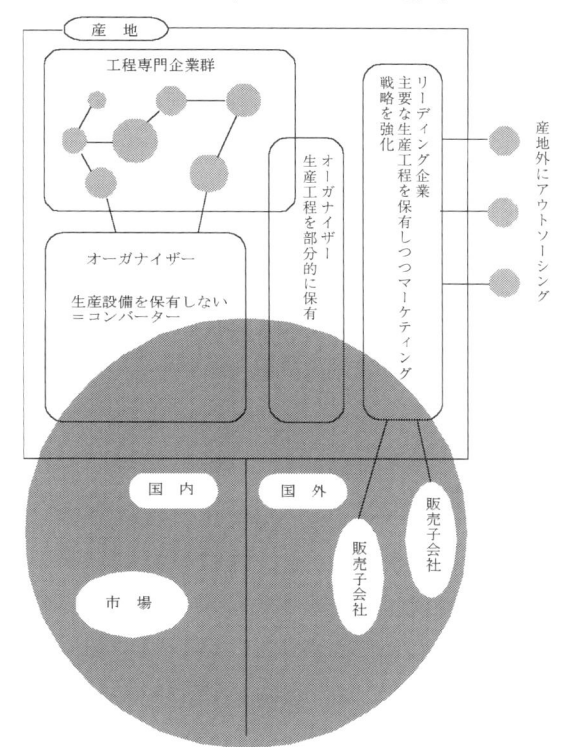

資料：中小企業庁編『平成8年版中小企業白書』大蔵省印刷局，1996年の第3-4-37図を参考に作成。

注
（1）　中小企業庁編『昭和56年版中小企業白書』大蔵省印刷局，同じく『昭和58年版中小企業白書』389-390ページ。
（2）　『昭和59年版中小企業白書』345ページ。また，「市場を広く全国あるいは海外にまで求め，同一業種の中小企業が特定の地域に集積しているものはとくに産地とよばれている」『昭和58年版中小企業白書』1983年，390ページを参照。

（3）　国民金融公庫調査部編『地場産業シリーズⅠ　現代に生きる小さな地場産業』中小企業リサーチセンター，1983年，同調査部編『地場産業シリーズⅡ　地域に根づく小さな地場産業』中小企業リサーチセンター，1984年，同調査部編『地場産業シリーズⅢ　伝統を生かす小さな地場産業』中小企業リサーチセンター，1984年などを参照。

（4）　山崎　充『日本の地場産業』ダイヤモンド社，1977年，同氏『地場産業都市構想』日本経済評論社，1981年を参照。

（5）　中小企業庁編『全国の産地―産地概況調査結果』（各年度版）を参照。

（6）　具体的な産地については，磯部喜一『伝統産業論』有斐閣，1985年，94-102ページに「現代伝統産業の主要産地一覧」があるので参照のこと。

（7）　伊藤正昭「地域産業の視点」百瀬恵夫・木谷一松編著，前掲書『地域産業とコミュニティ』を参照されたい。

（8）　E.デュルケム／井伊玄太郎訳『社会分業論（上）』講談社学術文庫，1989年，96ページ。

（9）　橋本寿朗『戦後日本経済の成長構造―企業システムと産業政策の分析―』有斐閣，2001年，41ページ参照。

（10）　中小企業庁計画部計画監修『新しい地場産業の創造―新地場産業集積圏構想―』東洋法規出版，1986年。

（11）　燕地域の産業集積および企業実態調査については，明治大学政治経済学部地域産業論（伊藤正昭）ゼミナール『新潟県燕・三条地域の産業集積に関する調査研究』2001年1月にくわしい。また，㈶中小企業研究センター編『産地解体からの再生―地域産業集積「燕」の新たなる道―』同友館，2001年，関　満博・福田順子編『変貌する地場産業―複合金属製品産地に向かう"燕"』新評論，1998年を参照。

（12）　高橋　渉「燕・地場産業の活性化」新潟経営大学『新潟経営大学紀要』創刊号，蝦名保彦「国際化と新潟県地場産業」新潟経営大学『新潟経営大学紀要』第2号，1996年3月，加藤　孝「中小企業集積の活性化方策」前田重郎・石崎忠司編著『中小企業の現状とこれからの経営』中央大学出版部，1999年，岡本光治「試練と脱皮の地場産業―新潟県燕市周辺の金属加工業の動向とその一断面―」『中央大学経済研究所年報』第26号⑴1995年，小田宏信「燕・三条地区における金型産業の発展―プラスチック金型中心に―」筑波大学地球科学系人文地理学研究グループ『地域調査報告』第15号，1993年3月などを参照。

（13）　荒澤茂市『燕市産業の起源と変革』1997年は，燕市産業の50年間の歩みを記した資料である。

（14）　「第3のイタリア」に関する文献はきわめて多いが，とくに次のILOの研究プロジェクトの成果が引用される。F. Pyke, G. Becattini and W. Sengenberger (eds.) (1990), *Industrial District and Inter-firm Co-operation in Italy*, W. Sengenberger, G. Loveman and M. J. Piore (eds.) (1990), *The Re-*

emergence of Small Enterprises : Industrial Restructuring in Industrialised Countries. F. Pyke, and W. Sengenberger (eds.) (1992), *Industrial Districts and Local Economic Regeneration*. F. Cossentino, F. Pyke, W. Sengenberger (1996), *Local and Regional Response to Global Pressure : The Case of Italy and Its Indsutrial Districts*, International Institute for Labour Studies.
(15)　「第3のイタリア」はA. Bagnascoによって命名された。E. Goodman and J. Bamford with P. Saynor (1989), *Small Firms and Industrial Ditricts in Italy*, Routledge, p. 29，また，マーシャルの産業地域という表現はつぎの文献を参照。G. Becattini (1990), "The Marshallian Industrial Ditrict as a Socio-economic Notion", in F. Pyke, G. Becattini and W. Sengenberger, *Industrial District and Inter-firm Co-operation in Italy*, International Institute for Labour Studies.
(16)　中小企業庁編『平成9年版中小企業白書』大蔵省印刷局，1997年，間苧谷　努「『第3のイタリア』と中小企業―『産地』を支える『中小企業生産システム』をめぐって―」商工総合研究所『商工金融』1996年11月号の12ページ図注を参照。
(17)　F. ヴィダル／岡本義行訳『イタリア式マネジメント』三田出版会，1995年を参照。
(18)　プラート産地については，岡本義行『イタリアの中小企業戦略』三田出版会，1994年を参照。
(19)　R. D. パットナム／河田潤一訳『哲学する民主主義―伝統と改革の市民的構造』NTT出版，2001年のとくに186-199ページを参照。
(20)　岡本義行「イタリアにおける産地の構造変化―毛織物産地のケース―」法政大学社会学部学会『社会労働研究』第41巻第4号，1995年を参照。
(21)　清成忠男「地域と企業間関係―工業集積を中心に―」『組織科学』Vol. 29, 2, 1995年および清成忠男『ベンチャー・中小企業優位の時代―新産業を創出する企業か資本主義―』東洋経済新報社，1996年の第3章を参照。
(22)　小川秀樹『イタリアの中小企業―独創と多様性のネットワーク―』日本貿易振興会，1998年。イタリア産地などについては，馬場康雄・岡沢憲芙編『イタリアの経済―「メイド・イン・イタリー」を生み出すもの―』早稲田大学出版部，1999年，および中小企業総合研究機構「イタリア型中小企業に関する調査研究」（平成8年度），ボローニャの産業と都市の関係については佐々木雅幸『創造都市の経済学』勁草書房，1997年を参照。

第7章　地域と産業システムのイノベーション

第1節　地域の企業家精神と創業

1　リスクの時代の企業家

(1)　リスクと企業家

　シュンペーター（J. A. Schumpeter）は，資本主義がダイナミックに発展する条件のひとつとして企業家の役割を重視した。資本主義は創造的破壊（creative destruction）によって発展し，そしてまた，この創造的破壊の結果，資本主義は衰退するとした。彼によれば，創造的破壊の技術革新は，新製品の導入，新生産方式の導入，新市場の開拓，原料・中間生産物の新しい供給元の確保，新しい産業組織の結成といった新結合（new combinations）によって生じ，技術革新の連続によって経済がダイナミックに発展するのである[1]。

　この新結合を遂行し創造的破壊をになうものを企業家とよんだ。一方，少なくとも現代の大企業では所有と経営が分離し，経営は自身も被雇用者である専門経営者の手にゆだねられる。この専門経営者はリスクをともなう新事業や計画にチャレンジするという絶対的な条件を必要としないため，必ずしも積極的なイメージをともなわない。

　雇用された経営者は，リスクにかけることをむしろ避け，またハイリターンに強烈な魅力を感じたりしないのがふつうである。このような専門経営者は，シュンペーターがいったような企業家精神をもち合わせ，それを追いかけたりしなくなっているのである。組織が大きくなればなるほど組織そのものの継続性を求めるだろうし，組織のイノベーションである大改革を行うことさえ容易なことではなく，するとすれば英断だということになる。リストラクチャリングが企業経営者の合言葉となっているが，実態としては大きな危険を冒す経営の再構築が行われていないことをみても，そのことが理解できる。

　では，企業家や企業家精神はなにか。日本だけでなく欧米でも，企業家論が

盛んである。このことは、すべての先進国で企業家精神の昂揚が今強く求められていると同時に、企業家精神の衰退が経済的衰退を促進する要因であることに強い懸念を示している。あえてリスクにチャレンジする精神をもち合わせているかどうかが、企業家（entrepreneur）と経営者（manager）の違いであり、リスクを負担して、そのリスクへの報酬を手にするものが企業家である。

　シュンペーターは、新機軸あるいは新結合とよばれる技術革新（innovation）が高く評価される事態において、リスクに対する報酬を企業家利潤とした。また、企業家は危険を負担する資本家と区別することも必要であるとした。

　フランク・ナイト（F. Knight）は、将来起こりうる事象において理論的あるいは統計的に確率が知られているものを危険（risk）とよび、確率さえ知られていないものを不確実性（uncertainty）とよんだ。危険については、確率が計算できて保険をかけ、危険を分散する措置で事態処理はできるが、不確実性の場合、一過性、初発性、無類性がみられるため保険をかけることはできないし、それを引き受ける者もいない。企業経営の中心課題は、この不確実性のもとでの意思決定であることが多い。ナイトは、こうした企業の不確実性処理能力を高く評価したのである。[2]

　ナイトの考えを踏襲したマーシャルは、不確実性に満ちた未知の状況を前に決断を迫られる経営者にとっては、専門的技術的な知識や技能よりも、判断力、機敏さ、当意即妙の才、綿密周到さ、堅固な意志などの総合的な性質を必要な能力とみなした。個人の全人間的・総合的判断が総動員されることになるが、問題の処理と責任は、その個人にゆだねることによって初めて可能になる。こうして、不確実性のもとでの問題処理は個人によって遂行されるのであり、しかも、それは答えをだすことではなく、不確実性を処理する人間を選択することによって、間接的にしかも究極的に不確実性そのものを処理できるとみたのである。

　このようにみたとき、保険をかけることのできる危険（risk）については危険を分散する措置を講じながら、自分で引き受けなければならない不確実性にチャレンジし新たな道を切り拓くものが、今日的意味での企業家ということに

なるであろう。

　経済学の領域においても，ヨーロッパとりわけオーストリア学派を中心にして，企業家の理論的分析がすすめられている。この流れと軌を一にするようにイズラエル・カーズナー（I. M. Kirzner）も，企業家あるいは企業家精神が人間行動においてきわめて重要であるにもかかわらず，経済学の理論体系のなかで取り込みようがない存在にしていると指摘している。[3]

　経済学をどう定義するかの論争から，ライオネル・ロビンズ（L. Robbins）の「経済学は選択の学問である」とした考え方が一般化した。[4] 希少な資源で無限の欲求を満たそうとするとき資源の最適配分が大きな問題になるが，経済学はこの資源配分にかかわる選択が課題であるとしたのである。ここから，効率，能率，生産性が経済学の中心命題になるが，そこには，経済モデルにおいて攪乱要素であるような企業家精神の概念が入り込む余地はきわめて限られてしまうのである。

　ハーヴェイ・ライベンシュタイン（H. Leibenstein）もまた，「重要なことは，企業家精神が標準的な経済理論の構成部分となっていないということである」[5] という。経済学においては均衡の概念がきわめて重要である。しかし，均衡概念にしたがうと，企業の構成メンバー全員が慣性領域にいるなら，そのとき企業は均衡状態にあることになる。ある一人の人間を除く企業のすべての構成員が同じ慣性領域にいる場合，すなわち，この「仲間はずれ」の人の行動は企業になんら影響を与えないという前提をおいて，つねに均衡状態を考慮する。

　このような人物が企業家的な精神をもちあわせていたとしても，平均的な企業行動をそれほど変えるものではないという前提に立っており，極論すれば，変化を起こす人や変化に機敏に反応する人を理論に取り込むより，理論の複雑化を避け単純化を志向するほど，こうした人間的な性向を排除することになるのである。

(2) 企業家と経営者

　リストラクチャリング（事業の再構築），リエンジニアリング（業務の抜本

的見直し)ということばがはやる一方で,"迷経営者"の増加が企業を迷走させているといわれている。日本経済の長期低迷とともに体力を消耗してきた大企業は,中核的業務(core activity)に資源を集中的に投入するようになった。それがリストラであり,本業回帰の傾向である。バブル経済のなかで,儲けがでるものなら何でもの精神によって多角化,多様化に多くの企業が積極的に取り組み,業務分野を拡大してきた。一時は,利益のでる業務が不採算分野をカバーして企業全体では利益を確保してきた。しかし,需要が低迷し本業が危うくなり,不採算部門は当然のことながら整理,切り捨てに取り組まなければならなくなった。

　リストラの過程で日本的経営のあり方が問い直されるのであるが,成長を前提にできあがっている日本的経営システムは,縮小過程では何とも厄介な存在になってきた。既得権益に固執し,事態が悪化してもなお切り捨てをよしとしない日本的風土においては,いかに企業体質をスリムにしようにもダウン・サイジングができず,利益中心への構造改革も容易ではない。事業の再構築であるリストラが,すべて従業員の整理,人員の削減にだけ目がいき,本来の業務改革に至ることなく中途半端な改革にとどまっているのが実状である。

　金融不祥事などにみるまでもなく,企業のトップがその責任をとることも少ない。社長が交代しても,交代したことで免罪符をえたかのように,経営の継続性をたてに後継者を任命して会長になる事例がしばしばみられる。むしろ,引責辞任のケースは全体に減っているのである。日本のトップの経営者は絶対的な人事権をもち,自分の進退から後継者選びまで,すべて胸先ひとつで決定できるといわれる。この王朝型経営が多くの企業では支配的であるが,怖いものがなくなった経営者は迷走し,放漫な経営が企業の収益力の低下をもたらした。

　こうしてみると,企業の現在の苦境は身からでた錆であって,バブル経済の結果であるこの苦境は宿命的と錯覚しているが,同情に値しないというきびしい見方もある。ここで,大切なことは,「会社は経営者のものではない」ということである。企業には株主,従業員,取引先,顧客,地域社会などの利害関係者がいる。こうした利害関係者,すなわちステークホルダー(stakeholders）に十分配慮した経営が行われなければならず、「起業家精神」、独創性、創造力を引きだすビジョンを提示できる企業家精神をもった経営者がいま求められている。

ピーター・ドラッカー（P. F. Drucker）は、その著書『イノベーションと企業家精神』で、企業家精神は実践の原理であり、変化を健全かつ当然のこととみる原理であるという。それは、すでに経験ずみのことをよりよく行うことよりも、新しいことを行うことに社会的価値を見いだすという原理が基礎になっているともいう。企業家みずからが変化を引き起こすとはかぎらない。むしろ、企業家が変化を起こすほうが希であるものの、変化を探し、変化に対応し、変化を機会として利用するものであると指摘している。企業家の役割は、利潤の極大化ではなく「機会の極大化」であり、企業家精神は科学でもなければ芸術でもない、それは実践であるというのがドラッカーのみるところである。[6]

2　地域の起業家精神への期待

(1) 開業と廃業による新陳代謝と創生

わが国の企業数は減少を続けている。1989年以降になって開業数から廃業数を引いた事業所の数はマイナスであり、1989年から1991年にかけて4万社以上減少し、1991年から1994年にかけては減少数が少なくなったものの3,500社が減少した。バブル経済の時期の前後からすでに廃業する事業所が増えていたものの、開業数が年々減少したため、開業率よりも廃業率が上回るようになった。その後、1991年から1994年にかけて開業率がややもち直したものの長期的には低下傾向にあり、廃業率が開業率を上回るという逆転現象が続いている。1991年以降では事業所数は2割以上も減少した。

産業別には、製造業で廃業率が開業率を上回る逆転現象がいちじるしく、とくに従業者数1～4人の小規模企業でこの10年ほど一貫して廃業率が高まっている。また、開業年次が古いほど廃業率が低く、逆に開業年次が比較的新しいほど廃業率が高くなっている。このため、若年企業数が減少し全体の企業年齢

が高くなってきたところから，日本経済における「企業年齢の高齢化」が急速にすすんでいることがうかがわれる。

　開業と廃業の動きは産業や経済の新陳代謝現象をあらわすものであるから，むしろ，開業・廃業の動きがみられることは活発な経済活動を示すものでもある。企業の新旧交代が行われ，その時代にふさわしい企業や産業が生まれ，時代が必要としない企業や産業が消えていく。これが，新陳代謝であり，経済の活力を維持する主要な源である。

　ところが，このところ新規開業が大変困難になっており，そのため廃業だけがめだつようになった。倒産も多いが，倒産には至らなくても事業の不振，人手不足，経営者の高齢化，後継者の不在など社会の硬直化現象を受けた廃業が多くなっている。また，創業活動が停滞した要因はいろいろあるが，そのひとつは，創業資金が高額化していることである。製造業の場合，1970年代ごろまで比較的簡単な機械設備で開業ができたといわれる。その後，メカトロニクス化や高性能化がすすみ機械設備が高額化し購入コストが高まる一方で，製品の高品質化，高精度化が要求されるようになり技術水準が高まり，高性能な機械

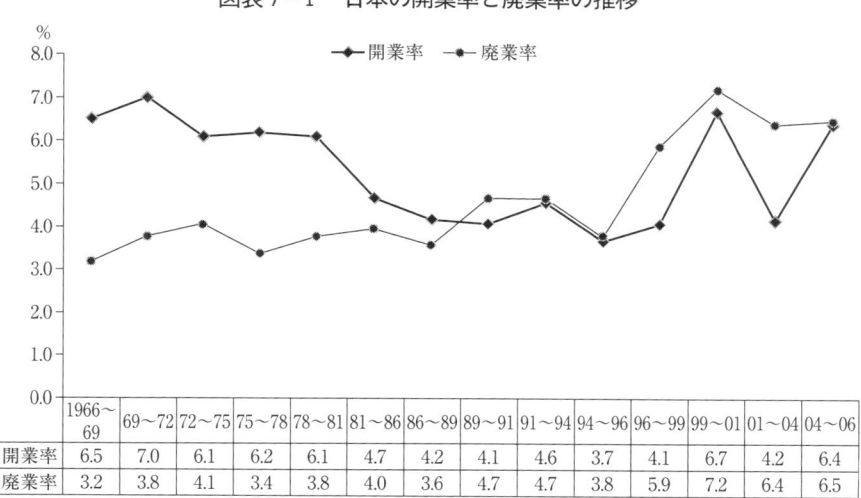

図表7-1　日本の開業率と廃業率の推移

	1966〜69	69〜72	72〜75	75〜78	78〜81	81〜86	86〜89	89〜91	91〜94	94〜96	96〜99	99〜01	01〜04	04〜06
開業率	6.5	7.0	6.1	6.2	6.1	4.7	4.2	4.1	4.6	3.7	4.1	6.7	4.2	6.4
廃業率	3.2	3.8	4.1	3.4	3.8	4.0	3.6	4.7	4.7	3.8	5.9	7.2	6.4	6.5

資料：総務省「事業所・企業統計調査」より作成。

の導入が必要になった。⁽⁷⁾

　さらに，消費者ニーズの高度化，技術革新・情報化が進展し，こうした高度な技術や経営ノウハウについてもレベルが高くなり，創業する場合，当初から多様な分野で高度な経営資源を投入することが必要になってきた。これに対し，高度な資源の蓄積に要する期間も長くなったため，創業や開業の準備期間も長くなり，さらに資金の蓄積，技術やノウハウの取得に時間がかかるようになったことから，創業者の年齢もかつての30歳代から40歳代へと高齢化している。いずれにしても，活発な新規創業による経済活力の維持が難しくなり，この面で「起業家精神」の復活が求められているのである。

　産業の空洞化や開業率の低下，経済活力の低下への対応策には，規制緩和によってあらゆる分野で新たな挑戦を試みることのできる社会的・経済的基盤の整備が必要である。これまで必要とみられていた規制は，新たな道を模索する際に選択範囲をせばめるだけでなく，その行動を制限する可能性が強まった。規制緩和は，新しい展望を切り開くうえで，大きな選択範囲を提供することになるのである。市場メカニズムが機能する場を広げて企業活力を引き出し，新産業を生み出して日本経済を創生しなければならない。

　しかし，地域においては規制緩和にすべてを賭けることなく，つぎに述べる地域産業に埋め込まれた地域がもつ創業促進機能を高める努力が優先されなくてはならない。

(2) 創業を支える社会的分業とネットワーク

　東京都城南地域と長野県坂城町における機械金属工業集積，あるいは企業城下町型集積における下請分業構造，産地型集積における社会的分業を論じる際，いずれの集積でもその内部に創業メカニズムが働いていることに触れた。その内容やレベルに違いはあるとしても，集積そのものに創業を促進するメカニズムが埋め込まれていることが，地域優位性の大きな源泉のひとつである。

　周囲に事業経営者がまったくいなかったり，事業経営によって自分を発見しているような自己実現の事例が身近になければ，事業を起こしてみようという

図表 7-2 アメリカの開業率と廃業率の推移

	92	93	94	95	96	97	98	99	00	01	02	03	0.4
開業率	10.8	11.1	11.0	11.3	11.1	10.8	10.6	10.4	10.2	10.4	10.1	9.7	10.2
廃業率	10.3	9.7	9.7	9.4	9.5	9.7	9.8	9.8	9.7	9.8	10.4	10.0	10.1

資料：*The Small Business Economy-A Report of the President*, 2005より作成。

インセンティブは働かないであろう。いわば，創業環境がないところで，創業や事業経営にチャレンジするには相当のエネルギー投入が必要である。こうした観点からすれば，既存の集積地域ではある程度の創業環境は整っているということができる。ただ，集積規模と内容によって，創業が活発になるかどうかが左右されることはいうまでもない。

東京都城南地域には，高度成長期から機械金属関連の中小企業が数多く誕生した。これは，日本の機械工業が成長する過程で基盤産業の規模が拡大し，この拡大する市場を背景に旺盛な創業が行われてきたもので，新規に参入した企業は「のれん分け型」の創業であった。すなわち，ある企業の従業員として一定期間働いた人物が，ある程度の技術を習得し，工場を賃借してごく小規模な企業としてスタートし，開業前に働いていた企業から仕事を分けてもらうケースが多くみられたのである。大都市圏の機械工業集積は層が厚いだけに創業のチャンスは多かったとみられ，新規創業による潜在的競争がまた地域中小企業の技術レベルを向上させるというネットワーク的共同を育んできた。[8]

また，この機械金属のケースと同様に，下請分業構造のうえに成り立つ加工組立型産業の場合も，分業が地域に組み込まれているから独立や創業のチャン

スには相対的に恵まれている。生産工程を分断したかたちの社会的分業であるから，特定工程に特化したかたちで新規参入が可能になり，特定技術を取得，蓄積し，特定設備を購入して自立することができるのである。

ただし，タテ型の下請構造であるから，親企業をもたなければ事業がすぐに行き詰まる。したがって，「のれん分け型」の創業においては，当初から以前働いていた企業の下請仕事を前提にすることが多い。いったん，取引がはじまると比較的長期にわたってその取引関係が継続するというのが，このタイプの特徴である。

機械金属関連集積にしても，城下町型集積にしても，集積そのものが創業の可能性を内包している。集積を離れた創業の場合は，部分工程ではなくすべての工程を一応備えなければならないから，立ち上がりに必要な資金がまた大きくなり，多様な職種におよぶ人材も確保しなければならない。設備規模も大きくなるから初期投資コストが大きくなり，運営コストとしての人件費コスト，取引先確保に必要な営業コストがかさむ。ところが集積内での創業は，こうした多様なコストが節約でき，限定されたコスト負担で開業ができることになり，創業環境の面でも集積メリットが働くのである。

機械金属集積にみられる創業は派生的な創業ではあるが，集積内では当然に廃業があるものの，開業がみられることは集積の健全性のメルクマールでさえある。実態としては，こうした機械金属集団においても創業が乏しくなっているのをみると，集積の健全さが失われつつあることが示唆される。創業の急激な減少は，土地の入手難と地価の高さといった都市部に顕著な創業抑制条件が強まってきたこと，そのために開業資金が膨らんだことに加え，取得すべき技術も多面的な技術進歩で高度化し，その技術取得にもかなりの期間を要するようになったことによる。

特定加工技術の取得によって創業する機械金属関連業種の場合，どれほどの期間で独立に必要なレベルの技術が取得できるかが，創業を志す人びとの一定基準になっていた。しかし，この基準は時代が新しくなるにつれて急速に高まり，創業意欲を阻害する条件が強まったということができる。技術取得がおも

な参入障壁であったが，今日では参入障壁が多様化しかつそれぞれの障壁がきわめて高くなったともいえる。

　産地型集積の場合も，社会的分業のなかで比較的容易に創業できる条件がみられるが，このケースではむしろチャレンジ精神に富む若者が周囲に数多くいるかどうかが，創業を論じるとき避けて通れない条件である。もともと，創業条件がすぐれているにもかかわらず，産地集積そのものが縮小傾向にあり，明るい展望がもてないところに最大の問題点が横たわっている。

　以上でみてきた「のれん分け型」の創業は，工業化時代において支配的な創業形態であるが，工業中心から情報化時代に移行するにともないスピン・オフ型の創業が多くなった。工業化時代には，一定のハードな技術あるいは技能を軸とした創業が活発であったが，情報化時代，ハイテクの時代になると，大企業から技術者が多数スピン・オフして独立するようになったのである。

　研究開発や技術開発の従事者が独立，開業しているのであるが，これはハードな設備と技術を要する開業とは異なり，頭だけのソフトなノウハウを軸にした創業である。一部のノウハウだけで残りをすべて外部調達や外注で事業を展開し，生産部門を保有しないファブレス企業も多くみられる。

　生産機能，サービス機能が多様化し，これらを担当する企業もまた多様で，それぞれが専門化してレベルも高くなっている。このようなアウトソーシングの環境が一段と整備される傾向にあり，ごく一部のノウハウを取得するだけで事業が行えるようになったことから，スピン・アウト型の創業が広範に観察できるようになった。これらのなかで，先端技術分野のスピン・アウト型創業については，その成長への期待からベンチャー・ビジネスとよぶことが多い。

第2節　地域ベンチャー・ビジネス

1　ベンチャービジネス・ブームの意味

　ベンチャー・ビジネスに関する新聞・雑誌記事がかぎりなく数多くみられ，専門誌も発行され，1994年から第3次のベンチャービジネス・ブームになった。それ以前の1970年代と1980年代の半ばごろにもベンチャー・ビジネスが

続々と生まれた時代があった。しかし，多くのベンチャー・ビジネスが時代の渦に飲み込まれ，また自己崩壊するものも多く，そのブームを定着させるまでに至ることはなかった。むしろ，1970年代から1980年代半ばまで，日本経済は輸出主導型の経済体質を強化して大企業を中心とするリーディング産業が相変わらず主役を演じており，新しく生まれては消えていくベンチャー・ビジネスに対する見方は，気まぐれに変化していた。

既存産業が幅をきかすこれまでの時代では，小さなベンチャー企業は大きく成長することを許されなかった。さらにいえば，ベンチャー・キャピタルを含めて，ベンチャー企業が果たす役割への認識が不十分でベンチャー・ビジネスの成長に手を貸そうとするものもいず，消滅するにまかせたといえよう。

1990年代になると，大企業製品の市場が飽和状態になり，大企業分野の産業が成熟段階に達していることがいっそう明瞭になってきた。大企業も新しい産業分野を探索したものの機動的に小回性に乏しいだけに，新規分野開拓に手間どっている。その狭間にあって，技術力と情報力を駆使する小規模企業がいわゆるニッチ・マーケット（niche market，隙間市場）に果敢に挑戦している。とりわけ，先端技術分野で技術力をもつ新しい企業が急成長し多様な分野でこうした企業が輩出するようになり，第3次のベンチャービジネス・ブームになったのである。

もっとも，新聞や雑誌で紹介されるベンチャー・ビジネスの実質的な数はそれほど多くなく，実態よりも期待感の先行から同一企業が何度も記事に取り上げられているのである。むしろ，このベンチャー・ブームを定着させようというあせりが多方面にみられる。

ところで，「企業家精神」よりも「起業家精神」ということばのほうが，日本経済の現状から好まれる傾向にある。事業を立ち上げる「起業家」や起業家精神については，「他人が見落としている機会を巧みにとらえることのできる人間，そして社会の常識や権威にとらわれることなく，新しい事業を推し進めることのできる人間こそが企業家だろう。しかし，何よりも大切なのは，企業家精神は幸福を追求する手段であるということだ。自分がどういきるか，何を

幸福と考えるか，これを本当に理解した人間こそが企業家たり得るのではないか」というカール・ベスパー（K. Vesper）の表現に集約されるであろう。

このようにみた場合，新しく開業されるニュー・ビジネスのすべてが企業家精神に満ちた活動を行っているとはいえない。たしかにどのような事業でも始めるとなるとリスクはつきものである。しかし，料理店やファーストフード店が開業されても，新しいニーズや新しい価値を創造しようとしているわけではなく，これを企業家精神に富んでいるというのはいい過ぎになる。

ベンチャー企業の経営者像をみると，多くの起業家は組織の一員であることに満足することができず，自主独立の夢をかなえようとして組織からスピン・オフしたものが多い。また，逆境のなかに新しいビジネス・チャンスを見いだしているのも起業家の特質である。多くの起業家は豊かな家庭に生まれ，成長期の教育や多様な経験などの幅が広く，起業家精神を養ううえで大きなプラスの効果をもっている。起業家の最終学歴をみても大学や大学院の教育を終えており，起業家として成功するひとつの条件に教育があることがうかがわれる。

また，幼児期から身近に企業経営を意識できるような環境も影響を与えているとみられる。それは，自営業者あるいは会社経営者の家庭に育つものが起業し，成功するケースが多くみられているからである。

起業する以前の職業では，会社勤務のものが多いが，「自分の夢を実現するため」に会社を起こすものが多く，経済的な豊かさを求めた起業はそれほどのウエイトをもっていない。多くの起業家は協調型よりも企業のなかではむしろ一匹狼型である。自主独立を求め，孤独に耐える精神的にタフなタイプの人物が起業家として成功するようである。結局は，ベンチャー・ビジネスなどは，経営者の人間的資質に大きく依存することになるのであるが，その資質でもっとも重要なことは夢と現実，大胆と細心といった両極端の要素をバランスさせコントロールできる能力である。

最近とみに注目されるベンチャー・ビジネスは，「成長意欲の強いリーダーに率いられたリスクを恐れない若い企業で，商品の独創性，事業の独立性，社会性，さらに国際性を持った企業」と定義されている。[9] リーダーシップとは，

将来を見通し（先見力），タイミングよく決断し（決断力），企業を一定の方向に仕向けていく（機動力）ことをいうとされている。また，ベンチャー・ビジネスの特性は，硬直し自己責任を回避し，横並び的・後追い的経営行動をとる企業とは対極にある企業で，つねに未知の世界に挑戦する意欲の高い企業ということである。したがって，企業全体がリスクを恐れない体質をもっている若い中堅・中小企業がベンチャー・ビジネスである。[10]

2　ベンチャー・ビジネスの地域風土

　未知の機会を発掘してチャレンジしていく企業家精神および起業家精神は，大企業に求めるのは難しいというあきらめの気持ちと裏腹に，ベンチャー・ビジネスにその精神発揮の場を期待する声が大きい。しかし，ベンチャー・ビジネスを輩出するメカニズムや産業風土が存在するのかどうか，十分に検討しなければならない。

　日本的経営の維持が困難になったとはいっても，大学生の就職意識における大企業志向はいっこうに衰えていない。安定志向の強い若者が多いというなかでも，日本人の心のなかの精神的な大企業体制はまったく終っていない。みずから企業とともに成長するよりも，既成の企業で目に見える安定した地位を求める姿勢が強いのである。これは，教育の現場で果たして新しい境地の開拓へのインセンティブを与えられるかどうかという問題でもある。それ以前に，経営学は大企業志向であり，必ずしも中小企業に役立つ学問にはなっていないという問題も指摘せざるをえない。

　また，日本の社会構造が，企業家精神の発揮を好ましいとする風潮にないことも，今後問題になる。先行きが不透明な新たな道にチャレンジするから，失敗も当然あり得るが，日本では一本勝負が好まれ，リターンマッチは歓迎されないし，何度も失敗すれば世間が無視する。キャリアを積んだとかキャリアを形成したと評価することができないことは，企業家精神を尊重する産業風土に欠けるということである。

　大企業での経験，そこで蓄積した知識やノウハウ，取引先や人的ネットワー

クをもってスピン・オフするのがよいことだとみなす環境にあるともいえない。専門的な技術・知識をもってみずから起業して価値を社会に向かって実現しようという気概をもつ人びとを、企業が積極的に支援するぐらいの環境が醸成されなくてはならない。最近はベンチャー・ビジネスの発掘と個人的な支援を行う篤志家であるビジネス・エンジェル（business angel）の役割が注目されている。しかし、アメリカと比較するとその歴史が短いだけに層が薄く、また、エンジェルが育ちにくい風土でもある。

　ベンチャー・ビジネスが生まれるように環境を整えないかぎり、未知の機会を開拓し、新しい時代をつくっていく起業家精神と企業家精神の発揮はおぼつかない。ベンチャー・キャピタルの成長が待たれるが、日本の場合、銀行・証券会社などの金融機関の関連会社としてベンチャー・キャピタルが設立され、その資金が金融機関からの融資によるものであることが多く、安全性志向の金融機関の存在がベンチャー・キャピタルの行動を規定しており、本来のリスクを冒す資本の役割を果たせていない。もっといえば、行政の保護をえた安全志向の日本的金融システムのなかから派生したのがベンチャー・キャピタルであり、前向きな体質を期待できない面が多くみられる[11]。

　起業家精神はリスクをとる（taking risk）人物の行動精神である。したがって、ベンチャー・キャピタルは、起業しようとする人物の「人となり」を的確に判断できる立場になければならない。物的担保よりも人物本位の資金供給のあり方を確立していく必要があるのである。金融機関の存在理由は企業を育成することで利益を得ることにあり、既存の大企業に資金を供給して利益を得る従来型の安全志向の行動だけに、その存在理由があるのではない。

　政府や地方自治体でもインキュベータ施設の整備、融資保証制度の充実などに熱心で、株式市場における店頭登録市場やマザーズ、ヘラクレス（旧ナスダック・ジャパン）、ジャスダックの開設など市場整備がすすんできたが、ベンチャー・ビジネスは育てるものではなく、育つものであることを十分に認識した環境整備でなければならない。

　大企業体制の崩壊にはじまるベンチャー・ビジネスへの期待は大きいが、ベ

ンチャー・ビジネスは日本経済にとっても，地域経済再生にとってもけっして特効薬ではない。ベンチャー企業が成長できるように風土的環境，経済的環境を整えないかぎり，1970年代と1980年代の２度のベンチャー・ブームにおける失敗を再びくり返す危険も大きいのである。ベンチャー・ビジネスの動向が「第２の産業分水嶺」を形成しつつあり，これらベンチャー・ビジネスが主導する技術的発展への取り組みが，その後の経済構造と経済制度を規定してくるのである。

　そこで，地域で展開するベンチャー企業について，商品や市場との関連で成長力の高い企業を新製品開発型企業，新市場開拓型企業，新業態開発型企業に分けてみることにしよう。これらのうち，新製品開発型は首都圏への集中がみられるが，同時に地方にも比較的多く展開している。技術力を有効に生かせる研究開発用スペースや生産用スペースが経営資源として重要となり，高速道路や幹線道路が整備されている地域は，立地に有利な場合がある。

　新市場開拓型では，人口の多い地域で新しい隙間市場が発生しやすいことから，100万人以上の都市に立地する傾向が強い。また，カタログ販売・無店舗販売などの新しい業態で従業者数も１〜４人規模の新業態開発企業は全国に分散し，中国，九州といった地域の10万人から20万人都市に多く立地している。

　成長力の高い企業は，産地や企業城下町としてすでに基盤のある地域，テクノポリスなど国による地域振興の対象となっている地域などに集積する傾向がある。伝統的に高い技術や知識が集積し，地域全体が研究開発に熱心であるところから，技術開発や新製品開発に積極的に取り組む企業風土が形成されやすいと考えられる。

　成長力の高い企業のなかでは，地価が安く研究開発・生産スペースの確保が容易で，従業員の交通費などの負担が少ない，人件費が相対的に安い，静かでゆとりのある環境で仕事ができるなどから，地方圏に立地しようとするものが多い。こうしたなかで，成長企業は東京都，大阪府，神奈川県，愛知県，福岡県など大都市をかかえる地域を中心に多くなっている。

第3節　地域インキュベーション

1　企業誘致から地域インキュベーションへ

　これまで活発な開業活動によって企業数が増加しながら，日本経済は活力を維持してきた。しかし，創業環境が徐々にきびしくなるにともない，経済活力の低下を懸念する事態が進行し，産業の空洞化，技術の空洞化が論じられ，さらに地域経済の空洞化が深刻な問題になってきた。

　日本経済の足もとが揺らぐ事態にあり，新規創業を促進する環境整備がすすめられているが，そのなかでとりわけ先端産業にかかわる企業育成に本腰を入れ，将来の成長産業を発掘して国際比較優位を創出しなければならないことが強調される。新産業に果敢に挑戦する企業家を育成し，事業化を成功に導くために，すでに数多く設けられているアメリカを手本にインキュベータが導入され各地に設置されるようになった。

　ところで，中央の財政移転や中央で計画される地域開発政策に乗って地域を開発する外発的な地域振興が頓挫するにともない，内発的地域振興の道が模索されるようになった。地方圏では，首都圏などの大都市に本社を持つ大企業の工場を誘致して地域振興の起爆剤にする傾向が強かった。しかし，成熟経済へのシフトにともなって生産力拡大の意義が乏しくなり，大規模工場の地方移転にほとんど期待できなくなった。

　また，地場企業の成長で地域経済が活性化するのを待つのに比べれば，企業誘致は地域振興にとってきわめて速効的であるが，企業誘致に賭ける地域体質では，つぎつぎと企業誘致を繰り返さなければならない宿命に陥る。産業の論理からみても企業誘致による地域振興では，いったんは活気づくとしても，基本的には地域外の経済機能に依存する地域経済体質を強める危険が大きい。

　企業誘致型の体質から脱し内発的に産業を振興するために，地域自身で新しい企業や産業を起こし，成長させ，またつぎに新しい産業を連鎖的に内部で創出するメカニズムの出発点としてインキュベータ（incubator）が注目されているのである。ここで，インキュベータがどのようなものかに触れる前に，これ

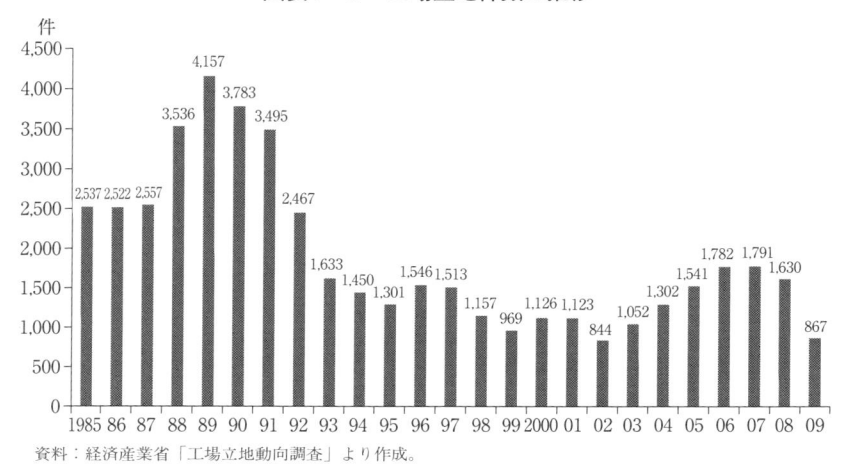

図表7-3　工場立地件数の推移

年	件数
1985	2,537
86	2,522
87	2,557
88	3,536
89	4,157
90	3,783
91	3,495
92	2,467
93	1,633
94	1,450
95	1,301
96	1,546
97	1,513
98	1,157
99	969
2000	1,126
01	1,123
02	844
03	1,052
04	1,302
05	1,541
06	1,782
07	1,791
08	1,630
09	867

資料：経済産業省「工場立地動向調査」より作成。

まで日本に新しい起業や産業を生み出すインキュベート機能はなかったのか，これに代わるものがなかったのか吟味しておく必要がある。

　新しい産業を地域で振興する自立産業化において，従来は共同化，協同化によって企業が協力して新製品開発，新分野進出に取り組むという考え方が支配的であった。異業種交流を通じて新製品を開発し，事業化を通じて新分野に進出することがひとつの地域産業化の大きな手段とされてきた。その延長上で，地元地域が中心となり第3セクター方式で地域中小企業の研究開発・商品開発・販路開拓の能力を高める施設や各種サービスを提供する地域産業創造支援センターが各地に設置されている。これは，地域企業家を育成し自立的に展開できるように支援する地域産業起こしの国の基盤整備事業として行われているものである。

　創業支援という観点から，在来型の方法であるものの中小企業政策の一環として，これまでにも多様な支援が行われてきた。しかし，金融，税制措置，補助金，情報提供などの制度的支援によって創業を活発にしようという発想である点には長いこと変化がみられない。

　また，機械工業集積，企業城下町型集積，産地型集積でみたように，衰えて

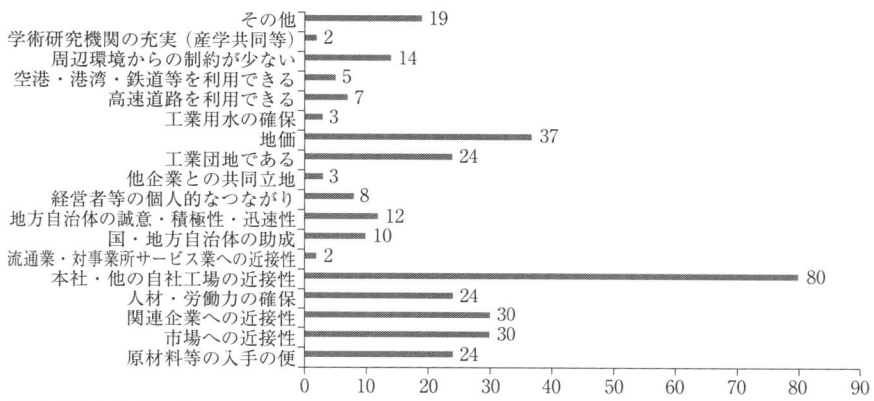

図表7-4　立地地域選定理由（新設，件数）

項目	件数
その他	19
学術研究機関の充実（産学共同等）	2
周辺環境からの制約が少ない	14
空港・港湾・鉄道等を利用できる	5
高速道路を利用できる	7
工業用水の確保	3
地価	37
工業団地である	24
他企業との共同立地	3
経営者等の個人的なつながり	8
地方自治体の誠意・積極性・迅速性	12
国・地方自治体の助成	10
流通業・対事業所サービス業への近接性	2
本社・他の自社工場の近接性	80
人材・労働力の確保	24
関連企業への近接性	30
市場への近接性	30
原材料等の入手の便	24

資料：経済産業省「工場立地動向調査」（2010年）より作成。

きたといっても集積のなかで創業メカニズムが働いてきたことは確かである。ただ，これらのなかから生まれる産業が既存技術の延長であって，新規性に満ちているものは少ない。むしろローテク（low technology）の領域におけるインキュベート機能であるが，こうした既存機能の活性化の意義もまた大きいのである。企業誘致に依存した地域振興から，地域で既存産業のレベルを引き上げながら新規産業を生み出す内発的産業振興へのシフトは，容易なことではなく言葉以上に大転換であり，地道な努力を持続しなければならない。

　創業支援の必要性は地域によって異なるから，国がプランを作成するのではなく，政策主体として地域の状況を把握している地方自治体があたるのは当然である。現実的には，ローカル・イニシアティブによって，優良中小企業の育成に主眼をおいた創業支援とならざるをえないであろう。そこで，地方自治体をみると，新規開業や研究・技術開発のための特別プログラムをもたない県はほとんどなく，市町村の段階でも数多くの政策手段が講じられている。ただ，新規開業促進の基本政策が融資と税制措置にかたよっており，条件もそれほどゆるくはないという点で問題が多い。

　これが地域の実情からみた第1のインキュベーションであるとすれば，今日いわれるインキュベートはこれとはまったく次元が異なる。地域からみた次元

の高い第2のインキュベートは，在来型の延長上の企業ではなく，専門的な技術能力をもち，すぐれた製品企画能力や提案能力をもつまったく新しい企業の創出にかかわるものである。

2　地域インキュベータの役割

　近年，地域開発の新しい手法，とくに内発的地域振興の中核的な組織としてインキュベータ（incubator）への関心が高まっている。インキュベータは「ふ卵器」「保育器」といった意味であるが，企業家の卵やスタート・アップ期の研究開発型企業をひとつの建物に集めて，事業場，事業スペースを安い料金で提供し，経営，財務，法律などの各種コンサルティングなどのサービスを提供するもので，イギリスで1977年に導入され，その成功からわが国の地域開発にも取り入れられている。経営基盤が確立していないスタート・アップ期にある企業に対して，経営や技術に関する課題を解決して，成長を支援する仕組み・組織がインキュベータとよばれるものである。[12]

　この研究開発型企業育成支援施設は，わが国のかつてのテクノポリス計画において重要な位置を占めていた。テクノポリス地域（高度技術工業集積地域）の成否を決めるほど重要な研究開発機能を高次化するために，特定の技術分野において高いポテンシャルをもつベンチャー・ビジネスを育成するリサーチ・コア整備事業に取り入れられていたのである。[13]

　リサーチ・コア事業は民活法（「民間事業者の能力の活用に関する特定施設の整備の促進に関する臨時措置法」1986年制定）にもとづき，デザインを含む工業技術に関する開発，企業化を効果的に行うために施設の充実をはかるもので，これに盛られる研究開発・企業化基盤施設の条件は図表7-7のようになっている。この研究開発・企業化基盤施設がいわゆるリサーチ・コアである。

　インキュベータ業務を企業支援の目的からみると，事務，管理，施設の支援によって，初期投資や運営費用の低減化を支援するものと，起業化した当初の不足するノウハウを補完するものとに分けられる。

　わが国でみられるリサーチ・コアを，企業の研究開発活動の支援拠点ととら

図表 7-5　インキュベータの分類形態と特徴

タイプ	概要	対象企業等
知的・ハイテク型	・国家戦略の中でリーディング・インダストリーと位置づけられる産業を対象とする。大企業や研究機関と直結してその成果を事業化する。 ・複数の研究機関が集積するサイエンスパーク型のものも存在する。 ・技術レベルは高く高度の実験・研究施設を必要とする。 ・大学生が主導となる場合が多いが、わが国には少ない。	・バイオ産業 ・医療・医薬産業
産業集積地型	・既存開発型企業の産業集積地域に立地するインキュベータで、入居企業は既存企業からのスピンアウト、第二創業および異業種交流などから発生する。 ・地元の企業や既存集積企業が支援を行うとともに、地元自治体も地域産業振興の観点から支援することが多い。 ・地域の産業集積特性を活かしやすい。	・機械工業 ・金属機械工業 ・電気・電子機械
公設試等併設型	・公設試の試験、実験、分析設備の貸与および公設試研究員の指導が受けられることをインセンティブとする。頭脳立地法に基づく第3セクターやテクノポリス法により設置されたハイテク系が多い。	・公設試が支援できる業種。機械、金属、繊維、木工などが多い。
都市活性化型 (IT活用型)	・空きビル等を活用し、IT系（コンテンツ系）を導入。インキュベータというより、SOHO的活動形態。公的、民間を問わず、中心市街地や遊休施設の有効利用の観点から、ビルの所有者が実施する例が多い。	・IT（コンテンツ） ・ビジネスサポート
営利目的型	・ベンチャー・キャピタルが投資先企業を入居させ、徹底した支援により株式公開まで育て、その利益を得ることを目的とする。 ・東京や大阪など、大都市に多い。	・IT（e-business）

資料：JANBO 資料より作成。

図表 7-6　インキュベータの機能

①	施設	開放型試験研究施設、人材育成施設、交流施設、研究開発型企業育成支援（インキュベート）施設など4つの特定施設。貸し事務所、宿泊施設、レストランなどの関連施設。
②	提供サービス	低廉かつ高機能つき事業用スペースの賃貸、入居者による共同利用のOA機器、会議室の提供などハード面、研究開発、デザイン開発、マーケティングなどの経営・技術などへのコンサルティング・サービスの提供、経営・技術に関する各種の情報提供、接客・事務一般を代行するセクレタリー・サービスの提供。

えると、テクノポリス法にもとづいて設置された「テクノポリス財団」、民活法によって設置された「研究開発・企業化基盤施設」、頭脳立地法によるリサ

ーチ・パークにおける「産業支援施設」などをリサーチ・コアとみることができた。(14)

　ここで，インキュベータにみられる特徴は，地域産業の活性化の柱としての起業の支援である。これまでの中小企業政策にみられる地域活性化は，中小企業の近代化や集団化といった既存企業の活性化に力点がおかれてきた。産業構造の変化に対応した中小企業のあり方がまず想定され，その方向に制度的支援によって誘導しようというものであった。その後1990年代になると，技術開発型企業の創業支援政策のプログラムを設け，インキュベータがその核として位置づけられるようになったのである。(15)

　インキュベータが対象とするのは既存企業ではなく，専門分野で新たな事業を創造しようとするベンチャー・ビジネスへのステップを踏んでいこうとする企業家の創業を支援することである。インキュベータには，まず企業家を育成することに第1の目的があり，企業家の卵がひとつの場所で相互に啓蒙する場を設け，企業を立ちあげる際の基礎的な支援をハードとソフトの面でサポートする装置をそなえたものである。

　地域からみると，インキュベーションを必要とするのは農村や漁村で過疎化が進行している地域であるが，インキュベータによる新産業や新企業創出の可能性は，こうした地方圏ではなくて都市部，それも大都市でこそ高い。多様な人物が豊富に存在し，企業家精神をもつ人びとが多く，また，都市には多様な産業が集積しているから，狭い範囲での技術力や研究開発力があれば，他企業の生産機能，販売機能など必要な機能をアウトソーシングによって活用できる。だが，地方圏においても，急成長する外部地域で発展するフロンティア技術やベンチャー・ビジネスと連携してうまくネットワークが構築できれば，新産業や新しい企業の地域創出も可能である。

　現状のインキュベータは，ハードな施設が設置されているものの，情報提供事業や人材交流事業の面ではほとんど良い結果をみせていない。情報提供やコンサルティングをになう人材不足が目立つと同時に，日本的な体質からか起業意欲をもつ人びとが個性的ではあるものの，人的交流の重要性に気づかないと

いう問題点も指摘されている。専門外の人びととの交流を通して刺激を受け独立していくといったように、シリコンバレーにおける層の厚い人的ネットワークがインキュベート機能をもっているのと比べると、日本の産業風土はインキュベータをみても未成熟である。

現在、250ほどのインキュベータがあるが、代表的なインキュベータとされる「かながわサイエンスパーク」においても、インキュベータを卒業したものは少なく、途中退学したケースが目につくようで、日本のインキュベータが質的に不十分であることが指摘されている。

インキュベータをたんなる施設として各地に設置することがはやっているが、存在すればよいというだけでなく、ベンチャー・キャピタルの発達、株式市場制度の改革による上場基準の緩和など、スタート・アップから成長段階に応じた資金調達が容易になる環境整備が一体的に行われなければ、インキュベータの存在意義が薄れることになりかねない。そして、それがインキュベータの存続を不可能にする危険性さえ内包している。

第4節　地域生産システムのイノベーション

1　地域生産システムと近接性

(1)　地域生産システムの展開

地域経済を支えるモノづくりやサービス生産の仕組みは、地域における産業システムということができる。いま、欧米では地域生産システム（local production system）が産業地域、学習地域などと並んで実態研究の対象になっている。地域を取り上げた場合、少なくみても図表7-7のようにいくつかの生産システムがみられる。中小企業がバラバラなまま地域で事業活動している状態から、中小企業同士が取引関係を持つ「産業地域」、大企業と中小企業が下請取引関係のなかで事業活動を行うケース、大企業・中堅企業・中小企業が一定方向に向かって連携関係を構築している場合など多様なケースが想定できる。

一般に、中小企業政策という場合、孤立した中小企業あるいは競合企業が地

図表7-7　企業規模，企業間関係，地域内と地域外での埋め込み

A. Marshallian Industrial District

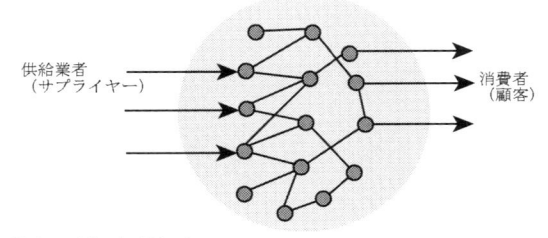

供給業者（サプライヤー）　　消費者（顧客）

B. Hub-and-Spoke District

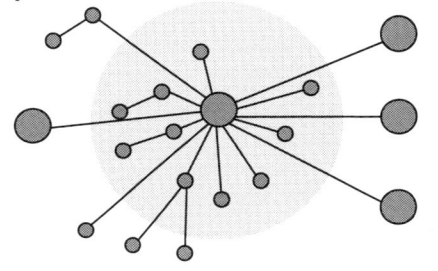

C. Satellite Platform District

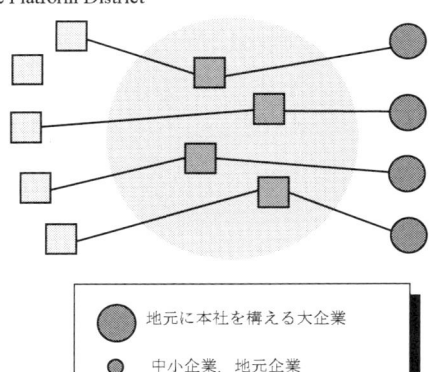

● 地元に本社を構える大企業
● 中小企業，地元企業
□ 支社・支店，工場

資料：A. Markusen, "Sticky Places in Slippery Space, A Typology of Industrial District", *Economic Geography*, Vol. 72, No. 3, July 1996, Figure 1 を参考に作成。

域的に集中しているケースを念頭においている。その先にすすんで地域を主導する企業が存在するものの周辺の企業とはほとんど無関係な場合もあるが，ここまでは地域に仕組みらしきものをもった生産体制ができあがっているとはいえない。これらは大企業，中小企業が独立的に生産するという地域生産システムが形成されていることを示す。(17)

われわれは，1980年代以降に手にし，慣れ親しんできた産業集積という概念にしたがうと，産地や産業地域，企業城下町，都市型機械金属関連企業集積などに地域生産システムが観察できる。しかし，ヨーロッパ諸国ですべてこのような地域生産システムがあるということもできないし，産業地域とよばれる地域生産システムも十分に実態が把握されているわけではない。少なくとも，日本の人びとには当たり前になって

いるが，地域生産システムの視点や概念は普及の途上にある。

　ある地域に中小企業が多数集積するだけでなく，地域内の企業間によい意味での競争と協調が行われこの側面が強くみられるとき，これらの地域を図表7-7のA.のように産業地域（industrial district）といっている。わが国には昔から産地ということばがあるが，1970年代から80年代にかけてイタリアの北東部に位置する「第3のイタリア」にわが国の産地とほとんど同じように中小零細企業が地域的に集中する産地があり，注目が集まった。これら製品を世界に輸出する元気のよい産地が取り上げられるに及んで，産業地域の概念が一般化してきた。

　産業地域は『中小企業白書』などでも取り上げられよく知られているが，しばしば"マーシャルの産業地域"ともよばれている。産業地域というとき，ただ中小企業が集積し一定の製品を産出しているというこれまでの産地とは質の面で異なる。つまり，多数の中小企業がある地域に集積しているだけでなく，①企業間にネットワークが存在し柔軟な専門化がみられる，②企業間で製品や技術の向上をもたらすような競争が行われている，③ともに経営力を向上させるような情報共有などにおいて協調関係がみられる，④地域の行政が地域産業の実態を把握し，適切な政策支援を実施している，ないしその能力を行政サイドが持っているのが産業地域である。

　この例としては，長野県坂城町，東京都大田区や大阪府東大阪市などをあげることができる。その他にも多くの産地があるが，産業地域の定義における質の面で当てはまるものは少ない。大田区などがしばしば言及されるのは，地域内部で技術や製品別に専門化した企業間にフレキシブルなネットワークの関係がみられ，地域における空間的なFMS（spatial flexible manufacturing system）が形成されているという実態による。

　ここで例にとりあげた地域は，いずれも高度経済成長を背景に独立開業，スピン・オフによる新規創業がブームに近いかたちで増え，中小企業が厚く集積した，いわば右肩上がりの時代にできた集積である。それらは，経済が拡大するときには貴重な存在であったが，経済が量的拡大から質的充実へ向かうと

き，経済拡大期と異なる環境条件に直面するようになった。

　地域内で廃業や倒産によって企業数が急速に減少しているが，この減少もまた経済環境の変化がもたらしたひとつの現象である。企業の絶対数の減少は地域の新陳代謝機能を不全にしているが，しかし，経済環境変化を考慮しないまま企業数の減少を嘆くことは正しくない。中国をはじめとした工場や生産の海外移転で地域の需要が減少しても，企業数を一定に保とうとするのは無理なことだからである。

　そうであるならば，東京都城南地域の場合，需要が地域外からくるから，地域の中小企業へのニーズと地域の技術的特性，ネットワークによる需要対応能力などの産業特性を十分に意識したうえで，新たな集積への変質を先取りすることが必要であろう。このまま地域生産システムを変えることができなければ，他地域へ転出する企業，廃業する企業，退出する企業が多くなるのも致し方ない。

　廃業を少なくする努力は当然であるが，むしろ資産を他企業に譲渡するM&A（合併・買収）や従業員に経営権を譲渡するMBO（マネジメント・バイアウト）などでスムーズな廃業，撤退の道を整備するのも将来に向けて大きな政策課題になってくる。現在，倒産法制が整備されているが，これについて地域を念頭においていきたいものである。

　産業地域では社会的分業が形成されているが，いまやそのメリットが働きにくくなっている。既存の企業間ネットワークがより高い機能を発揮できるようにするのが産業地域の発展方向であろう。モノづくりネットワークは時として需要の側面を軽視することがある。需要があってはじめてモノづくりネットワークが働くのであり，ネットワークがあるから需要を創造できるとは限らないという認識も必要である。

　わが国の産業地域を特色づける産業は，ほとんどが都市を基盤に発展することができる都市型産業である。ICT技術を駆使して情報を取り込み，フェイス・トゥ・フェイスの人的接触から新製品や新分野のアイデアをえる，そして共同研究や共同開発に取り組むなど，新たなネットワーク行動への刺激を受け

ることができるのが都市型産業である。したがって，みずからの地域生産システムを革新するためには，現在の生産システムのメリットともっとも大きな特色をさらにいっそう開発することでなくてはならない。

オンリーワン企業の多い東大阪市では固有技術を確立した中小企業も，ゆるやかな連携を超えた企業間連携によって新製品開発に取り組む事例を生み，産学連携を地域生産システムの一部に組み込む努力がみられる。また，東京大田区ではICT技術やインターネット技術を取り入れたネット取引（B to B）に注目している。これらの取り組みはまさに知識経済におけるものであり，地域のシステムが変わろうとしている。

(2) 地域産業システムのイノベーションと近接性

わが国の下請分業生産体制は，現在のようなかたちになったのはそう古いことではない。1960年代から70年代にかけて，先導的な産業分野でリーダーとなる大手企業が，自社で必要な部品のすべてを生産する資本力がなく，外部の中小企業に生産を委託せざるをえなかったことから下請生産が一般化したのである。下請取引に依存する企業数が急速に増加して，一時的に中小企業の8割近くが下請取引を行うようになった。

ところでいま，地域で中小企業を育成してきた中核的な企業が工場を閉鎖・休止し，時には生産の海外移管を積極的に展開している。できる限り地域経済社会への影響を押さえたいとする企業責任者の声もあるが，それも限界に達し経済論理にしたがって工場を閉鎖しなければならなくなった。

企業城下町にみられる企業間の取引関係は，それこそ右肩上がりであればその機能は十二分に発揮することができる。しかし，現在のように市場規模の縮小を前提にできあがった生産システムでないだけに，企業城下町全体の動揺は大きい。先に取り上げた産業地域も同様であるが，企業城下町型集積もまた経済成長を基本的な前提につくられているのである。

近接性は，地域生産システムのイノベーションにおいてきわめて重要な役割を果たす。近接性とイノベーションの関係のとらえ方は，図表7‐8のように

図表7-8 イノベーションと近接性

項　目	産業地域 (Industrial District)	新産業空間 (New Industrial Spaces)	技術革新的環境 (Innovative Milieux)	地域イノベーションシステム (Regional Innovation System)
企業行動	独立した柔軟な組織として行動	経済的交換の受け身の主体、柔軟な生産技術を応用する主体	シュンペーターのいう企業家として行動	学習組織の主体として行動
空間的環境 (spatial environment)	社会的関係(social links)を形成するような行動主体によって構成される。	交換を調整するような地域生産システムあるいはより広い範囲における生産システム。	経済プロセスを促進するような諸資源から構成される。	諸機関のマクロ経済的およびメゾ(メソ、中間的)経済的な仕組み。
企業行動と空間的環境の関係	ボランタリズム；協調、相互依存性および信頼が関係者行動の重要な特徴	経済的および技術決定主義(determinism)	空間的運命論とボランタリズムの混合	インタラクティブ：関係者は独立的であるが、空間環境に貢献しながら空間環境を利用する。
技術革新と近接性の関係	企業間における社会関係やネットワークによって、情報、知識、規格基準などが伝達され普及する。	地域の知識(労働)は非移動的な資源；他企業との交換関係がイノベーションの源泉。	イノベーションと企業の技術戦略の性格にもよるが、環境は資源の供給源となるか、あるいは一定の生産システムを支える。	諸機関の存在、近接性、資源の多様性が地域におけるインタラクティブなコミュニケーション、学習、イノベーションを刺激し、抑制する。
近接性のメカニズム	産業地域は生産組織が国際的に競争しうる段階にある(国際的に考え、地域で活動する。think global, act local)	垂直的分解と組織間取引の特徴が空間的集積を創出する。	技術革新的な環境は、集団学習を一層巧妙に組織化し、より低い情報コストを実現できるような一定地域における能力をもたらす効果である。	空間的近接性は技術変化の結果として相互学習を刺激する。メゾ(中間的)の制度システムが新しい生産形態の創発と応用を支援する。
新たな展開	よりいっそう多様な産業地域の研究	取引外の相互依存性と慣習の重要性における一層の強調	諸機関に対するより一層の強調	地域レベルおよび産業分野レベルにおける一層の応用研究

資料：M. B. Green and R. B. McNaughton (eds.), *Industrial Networks and Proximity*, Ashgate, 2000 の Table 2.3 を参考に作成。

多様であるが、近接性は企業間のインタラクティブなコミュニケーションを促進し、地域企業に学習の機会を提供することによって技術革新と地域生産システムの革新が進展するのである。[18]

　ここで取り上げている地域生産システムに共通するイノベーション要素のひとつは、いうまでもなくフレキシブルな企業間ネットワークである。下請取引のなかで醸成してきた高い生産技術をコア・コンピタンス（中核技術）として、範囲の経済を活かした多品種生産能力を高めることが重要である。そし

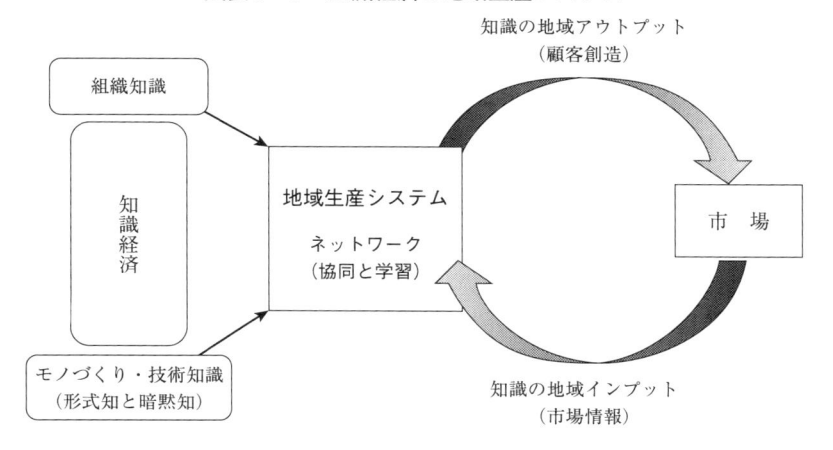

第7章 地域と産業システムのイノベーション 223

図表7-9 知識経済と地域生産システム

（図：左側に「組織知識」「知識経済」「モノづくり・技術知識（形式知と暗黙知）」から「地域生産システム ネットワーク（協同と学習）」へ矢印、右側に「市場」との間に「知識の地域アウトプット（顧客創造）」と「知識の地域インプット（市場情報）」の循環矢印）

て，自社の得意とする技術分野をもってネットワークに参加するのである。

　このときのネットワークは，共通の親企業から受注を待つにとどまらず，親企業ではなくこれまでの下請企業のなかでリーダー的存在となっている企業を中心にまとまった企業集団でなくてはならない。日立地域における日立製作所では，下請企業同士が協力して環境製品の開発，生ゴミ処理機器，ICカード作成機械などの開発に取り組み商品化に踏み出している。日立市の場合，中核的企業が取引先企業に自立して業務を開発するように要請したこともあって，このような事例がみられるようになった。

　今後，ますます城下町の中核的企業が地元の中小企業を十分面倒みることができなくなる。そう考えると，いまから中核的企業の側でも取引企業に将来の覚悟を求める機会を多く設けるのが義務のひとつになる。

　地域生産システムがどのように変化していくべきかを市場に聞かなければならない。下請分業構造においてはトップの企業は市場をよく把握しているが，分業構造に組み込まれた企業は市場圧力を直接受けているわけでない。そこで，地域の中小企業同士が力を合わせながら市場に直接問いかける，市場とはなにかを肌で感じながら，また逆に市場のきびしさと市場のニーズを出発点に協力関係の質の改善をすすめる。図表7-9のように，フィードバック関係の

なかで，いわば地域の学習システムを構築して地域生産システムをイノベートするのである。

(3) 新たな知識集積の形成
① 知の産業集積の創出

情報通信技術（ICT）やバイオ，ゲノム，ナノテクなど最先端技術産業分野への挑戦が日本経済の閉塞状態を打破するためにどうしても必要になってきた。わが国だけでなく先進国ではこうした先端分野を切り開くことができるかどうかで国の競争優位が決まるようになった。技術分野，産業分野でいえばバイオやナノテクなどであるが，もう少し広くとらえると知識経済が進展しているということである。

わが国のモノづくりは空洞化しつつあるが，モノづくりを現状のまま維持することはほとんど不可能で，企業数でみた量的規模の縮小を前提としつつ，技術レベルや納期などすぐれた中小企業の質をどのように維持・向上していくかに意を用いなければならない。その一方で，知識経済を体現する産業分野の開発が急務になっているのである。

ところで，大学の医学関係学部，生命科学関連研究機関，製薬メーカー，バイオベンチャー企業などは，東京を中心に集積がすすんできた。だが，それぞれがまだ連携関係を持つまでには至らず産業資源が眠っている。こうした将来性のある産業資源を結びつける仕組みがどうしても必要である。それは，この場合でいえば，バイオ・クラスターの形成である。

マイケル・ポーターは『競争戦略論Ⅱ』で，産業クラスターを構築して地域生産システムをイノベートしていくべきだと提言している。[19] 地域で製造企業，流通企業，物流企業，試験研究機関，大学，組合のような製品の標準化を推進する団体（規格団体）など関連分野がブドウの房（クラスター）のように連結して連携するのがクラスターである。各分野がバラバラでなく連携をとることにより地域生産システムが構築され，クラスターのレベルアップによって地域生産システムもまた革新するのである。

ポータリアン（ポーター派）が世界中で多くなっているが，わが国の実態からすると隠れポータリアンは多い。下請分業にみられるピラミッドの反対の極にあるのがクラスターである。

② 知識経済が導く地域生産システム

地域の産業資源はもともとバラバラで何の関係もなく存在しているが，ある人物の出現によって産業資源を結合して「モノづくり」がはじまる。企業家精神が産業を興すのである。しかし，そのような企業が地域に「点」として存在したのでは地域に価値連鎖が築かれない。企業が徐々に集積すると地元企業間に取引関係が形成され，場合によっては遠隔地の大企業と取り引きするようになる。

そして，地域生産システムのレベルがあがるとともに，知識が重視される知識経済のもとで企業間や産業間ではネットワーク活動が活発になる。他企業の保有する知識・技術に触れることで，自社の知識や技術のレベルを向上することができるようになる。各企業の知識集積度が高まると，人を介した接触によって相乗的に知識の深度が深まるのである。さらに，各企業が知識を豊富にもつほど相互啓発のメリットも大きくなる。

こうして，なによりも地域に蓄積した知識を共有資産として最大限に相互活用できる仕組みをつくることで，多様な地域生産システムそれぞれに適合したシステム革新を図っていくことができるのである。ウェイン・ベーカー（W. Baker）は，個人的なネットワークやビジネス・ネットワークから得られるさまざまな資源を「ソーシャル・キャピタル」といい，創発的ネットワークについて論じている。[20]彼が主張するように，ひとのネットワークを軸に資産を共有し活用していくことこそ，地域生産システム・イノベーションの鍵になるのである。

こうした地域資産の活用という点では，都道府県など自治体による地域プラットフォームのソフトな知識面を充実し，実効性をあげるような地域にふさわしい工夫が求められ，インキュベータについても箱ものではなくソフト面での充実をはかって地域生産システムの革新に貢献しなければならない。地域プラ

ットフォームもインキュベータも,さらにはベンチャー・キャピタルについても知識面で官民ともに学習経験が乏しいのが問題で,今後はいっそう真正面から取り組むべき課題である。

2　範囲の経済とネットワーク行動

(1)　規模の経済から範囲の経済へ

　インキュベータの活用や産学連携によって地域産業システムのイノベーションの機会を創出しなければならない。しかし,地域産業システムの構造改革には新たな視点に立つ企業行動が前提されるであろう。これまでどの企業でも多様な経営資源を自社内に保有する「自前主義」にもとづいて経営が行われてきたが,今この自前主義に別れを告げようとしているのである。

　地域中小企業も「規模の経済」から「範囲の経済」の追求に転換し,さらに連携をはじめとする企業間の「連結の経済」や「ネットワークの経済」の追求へと大きく変質を迫られている。パク(S. Park),シャピロ(C. Shapiro),ジャリロ(J. Jarillo)などによるネットワークの経済に関する文献は多いが[21],規模の経済,範囲の経済,ネットワークの経済をキーワードにしながら,地域産業はこのような経済の実現にどう取り組んでいるのだろうか[22]。

　中小企業庁の調査によると,1981年に65.5％であった下請企業比率は98年には47.9％にまで低下した。大企業における生産の海外移転によって国内取引が減少して下請受注を失った企業も多いが,一方で,下請企業というよび方が受注側企業だけでなく,発注側企業も好まなくなったことも"わが社は下請企業ではない"と回答する割合が減少した要因である。

　下請企業のなかには独自製品を保有し多数の納入先を確保している企業も増えている。このような自社製品をもつ企業は,みずからを下請企業とよぶことは少なく,取引先とは製品・部品開発の段階から密接な関係にありパートナーシップの関係にあると考えている。1970年代以降,家電製品や自動車などに多い下請企業は市場の拡大とともに生産分野の特化,生産技術の特化と専用機の充実で専門化を急速にすすめた。

国内市場と海外市場がともに拡大し、完成品メーカーが下請企業に取引を保証することができたために、下請企業は専門技術の高度化に力を入れて規模の経済を追求することができたのである。

この技術の専門化は、親企業が取引を継続してくれることを前提にした投資であり、下請企業は親企業との「長期継続的取引」を担保あるいは保険に専門技術を身につけた。親企業が取引をうち切るようなことがあれば、この保険はまったく役に立たない。こうした保険が崩壊するなどあまり考えなかった時代があり、それが1960年代と70年代であった。

当時、下請企業が生産技術を高度化し、専門技術の蓄積で親企業の特殊な注文への対応が可能であっても、他企業はいうまでもなく他分野、他産業に転用ができるものではなかったから、今日でいうところの範囲の経済を享受できなかった。まさに、大手完成品メーカーが要求する特殊で高度な技術には見事に対応し、特殊な受注品の量産によるコスト低減である「規模の経済」を実現し、かつ高品質と低コストの両立を果たしたところに、日本の下請企業の優れた側面が観察できる。

下請企業が専門化すればするほどみずからの受注先を固定化することになり、単一部品を継続的に生産することで部品生産において規模の経済が発揮できたから、親企業からはコスト・ダウンに協力する好ましい取引相手になるのである。こうして、下請企業は専門化をすすめるにつれて規模の経済を享受しながら、他方で企業にとってかけがえのないみずからの柔軟性を失ったのである。この柔軟性の源泉が「範囲の経済」である。

そのため自社製品を開発して脱下請をはかる、取引先を多様化して独立するという場合、単純な規模の経済を追い求めるだけでは不十分である。むしろ、これからみる範囲の経済やネットワークの経済という視点に立つ取り組みが重要である。

大企業だけでなく先にみたように、下請企業にも規模の経済が働いている。工業中心の時代には大量生産に向けて分業生産をシステム化し、下請企業の限られた分野での量産を通して大企業は競争に勝つことができた。ところが価値

観の多様化を反映して消費者行動が多様化するとともに，少品種大量生産から多品種少量生産が求められるようになった。大量生産時代によくみられる規模の経済から多品種少量生産時代には範囲の経済へと，競争力の源泉や競争形態が移ってきたのである。

規模の経済は，同一物を継続的に生産するような場合，生産規模を拡大するにつれて単位当たりの生産費用（生産量／総費用）が低下していくことである。生産量が増大するにつれて生産性が高まり生産コストが低下し，費用節約というメリットが生まれる。このとき発生するメリットが利益あるいは経済（性）である。

規模に関する収穫逓増を示す規模の経済についてみるために，ここでは，複数の工場をもつ企業の生産量と費用の関係を確認しよう。[23]

企業は，n 個の工場をもっており，各工場の生産量を x_j とし企業全体の生産量を x_q とする。したがって，総生産量は，$x_q = x_1 + x_2 + x_3 + \cdots\cdots x_n$ とあらわされる。

また，各工場が同一の費用関数をもつと仮定する。当該企業で x_q の生産量を生産した場合の総費用を $c(x_q)$ とし，n 個の工場で分割して生産したときの総費用を $c(x_1) + c(x_2) + c(x_3) + \cdots\cdots + c(x_n)$ とする。この2つのケースの総費用を比較し，つぎの関係が成立するとき，規模の経済があるという。

$$c(x_q) < c(x_1) + c(x_2) + \cdots\cdots + c(x_n)$$

ただし，$x_q = x_1 + x_2 + x_3 + \cdots\cdots x_n$

したがって，生産量 x_q をひとつの企業で生産するほうが，複数の工場で個別的に生産するよりも費用が低くなるのである。

規模の経済は，単一製品を大量生産する場合の有利さを示すが，これに対して範囲の経済は，ひとつの企業で複数の生産物を生産し販売するほうが生産コストを少なくできることを示す。

いまあるひとつの企業が2つの生産物 x_1, x_2 を生産しており，その費用関数を $C(x_1, x_2)$ とあらわすことにする。当該企業が第1あるいは第2の生産物の生産に特化したときの費用関数はそれぞれ $C(x_1, 0)$, $C(0, x_2)$ と書くことが

できる。

　このとき，つぎのような式が成立するなら，範囲の経済があるという。

　　$C(x_1, x_2) < C(x_1, 0) + C(0, x_2)$

　企業がいずれかひとつの生産物の生産に特化するより，複数の生産物を同時に生産したほうが，費用の劣加法性にしたがってコストが低くなることを示している。

　多品種少量生産の傾向が強まっているが，少量生産でも効率が高まるような技術進歩がある。

　①　ひとつの企業で複数の製品をまとめて生産するとコストが安くつく。

　ひとつの企業内で複数製品をまとめてつくるほうが全体のコストが低い場合，先にみたように範囲の経済が存在するという。ある製品を生産するプロセスに，他の製品の生産にとくにコストを追加することなく転用できる「共通生産要素」が含まれていることが多い。もっとも重要な転用可能な生産要素は情報やノウハウであるが，需要の多様化や小ロット化に対応して共通生産要素をてこに製品の範囲を広げ複数製品を生産する場合，範囲の経済が働く。

　共通部品を活かした製品の多様化や業務の多角化が利益を生むが，この利益を範囲の経済といい，ときに多角化の利益とか多様化の利益といっている。

　②　部品を共通化することで規模の経済が実現できる。

　ある企業が，個別製品の市場では事業規模が小さすぎて規模の経済が享受できない場合でも，異なる製品に使用できる部品を共通化してその部品生産において規模の経済を実現できる。

　部品の共通化は，①で触れた共通生産要素の利用であるが，このように範囲の経済の追求は実は規模の経済の実現とも大いに関係している。つまり，規模の経済と範囲の経済を対立するものと考えるよりも，範囲の経済を追求するプロセスで，生産コストを低減する規模の経済が実現できるという観点が重要であろう。

　たとえば，生産技術を共通生産要素として多種多様なビール（多品種）を生産するビール業界のケース，車台プラットフォームを少数に集約しながら共通

使用して多様な車種（多品種）を生産する自動車業界に範囲の経済への挑戦がみられる。共通に利用できる車台を量産効果によってコスト削減するとともに、総費用の増加を抑制しながら車種を増やすことができるのである。

③ 範囲の経済と規模の経済を両立させる。

大量生産の利点を指す規模の経済を追い求めるのは時代遅れで、いまや多品種少量生産のために範囲の経済を実現すべき時代だというのはいささか誤解を招きやすい。むしろ多品種少量生産に適した範囲の経済を実現することによって、規模の経済も同時に実現する。それによって低価格でかつ高品質の製品を素早く供給することができ、顧客満足を達成できると考えるべきだろう。

(2) 連結の経済とネットワーク

あるひとつの企業における複数製品生産の効率性を範囲の経済という概念でとらえたが、これに対して複数企業間における生産要素の共通化、共同利用によって生まれるメリット、経済が「連結の経済」であり「ネットワークの経済」である。

企業の自前主義についてのべたが、一社でヒト、モノ、カネ、情報などの経営資源をすべて一括して取りそろえ、その総合力で競争を行ってきた。しかし、研究開発の重視、スピード重視の時代の競争力は自前主義では確保が困難になってきた。自社ですべてまかなうという発想のもとでは、不十分な経営資源を補充するために手っ取り早い他企業との合併や合併・買収（M&A）に走るであろう。

実際には分業が一般的であり、合併のような一体化を避けゆるやかな連携のかたちをとる場合が多くなっている。競争に勝ち抜くために企業は組織と市場のどちらを選ぶのだろうかということにつきる。合併や垂直的統合のかたちをとる組織と、分業を前提にした契約にもとづく企業間取引による市場のうちどちらが自社に適切かの判断からグレーゾーンとしての中間部分が注目され、この中間組織のアイデアでネットワークが観察できる。独立企業同士がアームズレングスに（at arm's length）、必要に応じて連携行動をとるというのが具体的

な現象である。

　1980年代の前半まで範囲の経済に言及する人はそれほど多くなかった。下請中小企業におけるヨコのパートナーシップ関係への移行について展望がしばしばされていたが，今日のように範囲の経済とそれから生まれるネットワークの経済は明確に理解されていなかったのである。そのことは，中小企業創造法に先立つ中小企業融合化法における融合化の概念をめぐる議論が錯綜していたことに象徴的にあらわれている。[24]

　経済学で産業組織論のなかに範囲の経済やコア・コンピタンスの概念が取り込まれるようになって，企業の事業戦略における位置づけがはっきりしてきた。とくに複数の企業間における戦略的連携が，実は範囲の経済を実現する手法であることが筋の通ったものとして理解できるようになったのである。しばしば，経営資源を自社で保有し，すべての資源を同時に高度化していくことが無理な中小企業は，経営資源を相互補完することが望ましいといわれる。異業種交流や多角的連携がそのかたちであるが，重要なことは，企業間で専門技術・ノウハウをネットワークでつなぎ，時と場合に応じて柔軟にネットワークを組み替える可能性を獲得することである。企業間協力の目的を明確にすることで，あたかもプロジェクトのように柔軟性に富むネットワークが構築できるのである。

3　範囲の経済を実現する地域中小企業

　規制緩和の潮流のなかで原則的に自由な経済活動を保障し，市場メカニズムにゆだねることで資源の無駄づかいが排除できると考えられている。そのとき企業間の取引にもこの市場の原理が適用され，ある企業がなんらかの原材料や半製品，部品などを他企業から調達しようとする場合，複数企業を競わせ入札によって一社に決定することになる。

　企業や役所，大学などでも合い見積もりが当たり前になってきたが，この反対のケースが建設業界でよくみられ，公共工事などで一般的であった随意契約（随契）の問題が指摘され，自由参加の制限によって企業間の不公平が助長さ

れたことから，公平な入札を実施し落札した企業が事業を請負う方式に変わってきた。このように企業間の競争を前提にした取引が「市場」を活用した経済行動である。

しかし，このような市場を活用した取引を行うにはコストがかかり過ぎるという考え方も成り立つ。市場取引というのは，期限などの条件を明記した契約がいったん履行されてしまうと，次回は同じ内容でも場合によっては別の企業と新たに契約し直すことである。その都度契約を交わすことになるから手間，暇がかかり，面倒なことになる。この面倒な費用も人手もかかる市場取引をやめて別の方法を探りたいと企業は思うかもしれない。

こうして市場取引の面倒さを回避する方法として「組織」が追求され，その典型的なものが垂直統合である。いま製造業者が市場を使うとすれば，必要な原材料を他の原材料メーカーからコストのかかる手続きを経て購入しなければならない。複数の原材料メーカーの品質やコストを徹底的に調べ上げ，今回はどの企業に発注するか決めなければならないのである。

この取引形態では費用がかかり過ぎるため，望む品質の原材料を低コストでもっとタイミングよく的確に調達しようとするなら，この製造業者は原材料生産部門を一事業部として自社内に取り込んでしまう方が経済的である。こうして前方統合が行われるであろう。また，自社が販売力をもたず他企業に販売をゆだねると自社の生産計画の調整に問題が生じると考える場合，販売部門を自社内に取り込むことになる。こうして後方統合が行われることになる。

大企業は資本力を生かして垂直統合によって組織を形成し，市場取引にかかる手間と暇（取引コスト）を抑制することが可能である。しかし，組織を選択すると小回りが利かなくなり環境変化に敏速に対応することが難しくなる。そのためスピードが重視される経営環境のもとで最近は，大企業でも垂直的統合よりも垂直的分解を選ぶ場合が多くなっている。自社ですべてを調達する自前主義から，自社の強みのある部門を選択し保有資源を集中的に投入する「選択と集中」へと経営戦略の柱が変わってきたのである。

統合（インテグレーション）より分解（ディスインテグレーション）を志向

することにより，自社の弱い部門を外部から調達するアウトソーシングに積極的に取り組むのが実態である。

こうした統合や分解の動きが問題になる組織のほかに，企業は中間組織も選択することができる。まず，市場を活用した企業間取引は，独立した個別企業同士の取引であり，したがって必要性が発生するたびに取引契約を交わすスポット取引の「短期的取引」である。ところが，実際には短期的取引よりもむしろ長期継続的な取引が一般的である。5年どころか10年とか20年といった長期にわたり取引が継続しているのである。この「長期継続取引」の可能性とメリットを説明するのが，すでに本書で取り扱った中間組織の考え方である。

市場の原理にもとづく厳格な「市場取引」と市場原理の厳格さを回避する「組織」の2つの取引形態の中間が中間組織であり，下請取引がその代表である。下請取引はまず，発注企業と受注企業がとくに資本関係になく独立企業同士の取引であるから，いわゆるアームズレングスの関係にある。しかしこれが市場取引と異なるところは，発注側の親企業の内部に受注側の下請企業が垂直的に統合されたかのように，一部の経営資源を共有し両者があたかも一体化しひとつの組織として行動しているように見えることである。[25] 純粋に組織ではないのだが，かといって短期的取引である市場取引でもないところから「中間組織」とよばれることになる。

中間組織形態である下請分業生産システムは，いま大きな転機にある。賃金の低さと労働者の勤勉さ，そして経済成長による所得水準の向上から"中国の工場化"が急速に進展し，日本国内各地で大企業が工場を閉鎖し地域の産業空洞化がすすんでいる。企業城下町の下請分業構造では，関連中小企業の集積と内部における長期継続的取引にもとづく下請取引が特徴であったが，その下請取引に変化があらわれている。この下請分業構造は，頂点の大企業からみるとピラミッド型に中小企業を組織すると強い競争力が確保できるという意味で有力な競争手段である。

しかし，下請企業からみるとすぐ上位の発注企業との関係しか現実には触れることができない。下層の下請企業からすれば下請取引は実際にはすぐ上の企

業との2社間のタテの関係である。したがって，頂点に位置する地域の中核的企業が経営戦略や生産体制を変更したとしても，各層の下請企業はすぐ上の発注企業からの受注の質と量の変更を通してしか認識できない。

親企業と下請企業はヨコのパートナーの関係になるべきだといわれて久しい。早くから下請企業は固有技術にもとづく自社製品を確立しなければ将来はないともいわれてきた。実態的にみると，下層の下請企業が技術水準を高度化しても頂点の企業と直接取り引きできるような環境にはなく，せめて上位の企業との取引力を変えることはできても，ピラミッドを逆さまにすることはできないのである。

ピラミッド全体を動かすのではなく，そのなかで地域にとって重要な部分を戦略的に育成する考え方が重要である。ピラミッドでは上層から技術や情報が流れてくるが，それでも限定された情報であり偏った情報であるかもしれない。ピラミッドのなかで同じ層か，近い層の企業間で連携やネットワーク化をすすめることに努め，地域技術蓄積をはかる地域戦略が必要であり，効果的である。

これまで，市場，組織，中間組織の3つの取引形態，企業間関係があるとしてきた。実は，中間組織にはさらにバリエーションが生まれている。企業間連携，異業種交流，企業間ネットワーク，産学官連携など資本的には独立した企業間でひとつの目的，理念をもって準組織を形成する事例が多くなっているのである。企業とは単独で経済活動を完結するものという企業観では収まりきれない多様な経済行動がみられるようになった。

ジャストイン・タイム方式も企業間関係の一側面をあらわしているが，さらに産業間や業種間に広げて企業間関係を形成しようとするサプライチェーン・マネジメントや戦略的連携なども企業間関係の新たな態様である。

地域中小企業を念頭においたとき，中小企業同士の企業間関係として事業協同組合などの組織，異業種交流からはじまる企業間協力と連携，下請企業を組織化するコーディネート企業の出現，さらに産官学連携にまで中間組織の範囲は広がる。つまり，現代は中間組織の観点から地域産業の活力を引き出してい

第7章　地域と産業システムのイノベーション　235

く時代なのである。

　中小企業組織を代表する協同組合においても，ここでみたように経済学的には中間組織と位置づけることが可能なだけに，多様な企業間関係を内部に取り込んでいかなければならないであろう。中小企業基本法に盛り込まれた中小企業の多様な企業間関係の促進として多角的連携が推進されているが，地域でもってさらに産業力を強化しようとする際にもっと真剣に取り組むべき課題である。

　　　注
（1）　塩野谷祐一・中山伊知郎・東畑精一訳『シュムペーター　経済発展の理論』岩波書店，1980年。また，J. A. シュンペーター／清成忠男編訳『企業家とは何か』東洋経済新報社，1998年を参照。なお，伊藤正昭「現代社会と企業家精神」宮本　昇編著『人と組織のイノベーション』同友館，1996年を参照されたい。
（2）　F. H. ナイト／奥隅栄喜訳『危険・不確実性および利潤』文雅堂銀行研究社，1966年。
（3）　I. M. Kirzner（1973），*Competition and Entrepreneurship*, The University of Chicago Press. I. M. カーズナー／田島義博監訳『競争と企業家精神——ベンチャーの経済理論——』千倉書房，1985年，I. M. カーズナー／西岡幹雄・谷村智輝訳『企業家と市場とはなにか』日本経済評論社，2001年を参照。
（4）　L. ロビンズ／中山伊知郎監修・辻　六兵衛訳『経済学の本質と意義』東洋経済新報社，1967年。
（5）　H. ライベンシュタイン／鮎沢茂男・村田　稔監訳『企業の内側——階層制の経済学——』中央大学出版部，1992年。
（6）　P. F. ドラッカー／小林宏治監訳・上田惇生・佐々木実智男訳『イノベーションと企業家精神』ダイヤモンド社，1985年。
（7）　日本政策金融公庫総合研究所編『新規開業白書』（各年版）中小企業リサーチセンターを参照。
（8）　機械工業集積における創業については，鵜飼信一「インキュベータの原点——創業——」関　満博・吉田敬一編『中小企業と地域インキュベータ』新評論，1993年を参照。
（9）　松田修一監修・早稲田大学アントレプレヌール研究会編『ベンチャー企業の経営と支援』日本経済新聞社，1994年，20ページ。
（10）　起業家の特質とベンチャー・ビジネスの経営特性については，森下　正「起業家精神とベンチャー・ビジネス」百瀬恵夫・伊藤正昭編著『新中小企業論』

白桃書房，1996年，および，百瀬恵夫『日本のベンチャービジネス』白桃書房，1985年を参照。
(11) ベンチャー・キャピタルについては，浜田康行『日本のベンチャーキャピタル』日本経済新聞社，1996年，秦　信行・上條正夫編著『ベンチャーファイナンスの多様化―日本型資金供給システムの再構築』日本経済新聞社，1996年，小門裕幸『エンジェル・ネットワーク』中央公論社，1996年を参照。
(12) 先進国のビジネス・インキュベーションについては，OECD (1999), *Business Incubation-International Case Studies-*, OECD を参照。
(13) くわしくは森下　正「インキュベータによるベンチャービジネス創造に関する研究」明治大学政治経済研究所『政経論叢』第64巻第5・6号，1996年を参照。
(14) 日本の実態については，関　満博・吉田敬一『中小企業と地域インキュベータ』新評論，1993年を参照されたい。各地域のテクノポリスについては，伊東維年・田中利彦・中野　元・鈴木　茂『検証・日本のテクノポリス』日本評論社，1995年，関　満博・加藤秀雄編『テクノポリスと地域産業振興』新評論，1994年などを参照。
(15) 全国各地における新規創業を支援する制度については，財団法人ベンチャーエンタープライズセンター編『新規事業支援ハンドブック』通産資料調査会，1997年を参照。
(16) 関　満博・山田伸顯編『地域振興と産業支援施設』新評論，1997年，久保孝雄・原田誠司・新産業政策研究所編著『知識経済とサイエンスパーク』日本評論社，2001年，関　満博・三谷陽造編『地域産業支援施設の新時代』新評論，2001年，関　満博・大野二郎編『サイエンスパークと地域産業』新評論，1999年を参照。
(17) A. Markusen (1996), "Sticky Places in Slippery Space: A Typology of Industrial Districts", *Economic Geography*, Vol. 72, No. 3, July. また，同様な分析手法によるものとして，S. O. Park (1996), "Networks and embeddedness in the Dynamic Types of new Industrial Districts", *Progress in Human Geography*, Vol. 20, No. 4 を参照。
(18) M. B. Green and R. B. McNaughton (eds.) (2000), *Industrial Networks and Proximity*, Aldershot: Ashgate.
(19) M. E. ポーター／竹内弘高訳『競争戦略論 II』ダイヤモンド社，1999年参照。
(20) W. ベーカー／中島　豊訳『ソーシャル・キャピタル』ダイヤモンド社，2001年。
(21) 宮澤健一『現代経済の制度的機構』岩波書店，1978年，同氏『制度と情報の経済学』有斐閣，1988年，同氏『業際化と情報化』有斐閣リブレ，No. 20, 1988年を参照。

(22) S. O. Park (1996), "Networks and embeddedness in the dynamic types of new industrial districts", *Progress in Human Geography*, Vol. 20, No. 4, December. J. C. Jarillo (1988), "On Strategic Networks", *Strategic Management Journal*, Vol. 9, No. 1, January-February. C. シャピロ／H. バリアン／千本倖生・宮本喜一訳『ネットワーク経済の法則』IDGコミュニケーションズ，1999年。

(23) W. J. Baumol, J. C. Panzar, R. D. Willig (1994), *Contestable Markets and the Theory of Industry Structure*, Harcourt Brace Jovanovich, pp. 71-73, M. Dietrich (1994), *Transaction Cost Economics and Beyond‐Towards a new economics of the firm*, London : Routledge, 1994, pp. 75-81. 辻　正次・西脇隆『ネットワーク未来』郵政研究所研究叢書，日本評論社，1996年を参照。

(24) 中小企業庁編『中小企業融合化法の解説』大蔵省印刷局，1988年。

(25) 組織間関係を論じるパースペクティブとしては，①資源依存パースペクティブ，②組織セット・パースペクティブ，③協同戦略パースペクティブ，④制度化パースペクティブ，⑤取引コスト・パースペクティブがあるが，取引コストの面から様式選択について論じるところから市場・中間形態・組織の三分法が形成されてきた。山倉健嗣『組織間関係──企業間ネットワークの変革に向けて──』有斐閣，1993年を参照。

第8章　地域創発型の産業振興と産業の地域化

第1節　地域からの産業政策

1　地域主導の政策と個性ある地域づくり

(1) 地域産業風土を活かす地域づくり

　わが国の地域は，開発されるべき政策対象とされてきた。その地域開発政策のなかに地域の重要性が芽生えたのは「全国総合開発計画」(1962年)以後のことである。この計画における地域のとらえ方は，これに続く「新全国総合開発計画」(1969年)，「第3次全国総合開発計画」(1977年)，「第4次全国総合開発計画」(1987年)に受け継がれ，とくに第2次全総まで，公共投資と企業の地方分散立地の推進の2つを柱に高度成長型の地域開発が行われた。

　しかし，オイルショック後の低成長への移行，国の財政悪化のなかで福田内閣の手によって策定された3全総から，これまでの大規模プロジェクト構想に替えて，定住構想を軸に「地域が主体の計画づくり」が明確に打ちだされた。これは，国の財政が危機的な状況に陥り，公共投資の抑制，地方への補助金・地方交付税の削減などから，もはや地方の開発を国が援助する余裕がなくなったことを直接的な契機としたものである。

　さらに，地域のことはその地域をもっとも的確に理解できる主体によって，その地域にふさわしい開発計画をみずからの手で作成し，みずからの負担と責任で実行すべきだという考えに転換せざるを得なかったのが実態である。

　現状をみると，多くの地域でみずから個性あるまち（街）づくりに努めざるをえなくなったが，各地とも同様な発想と手法に頼ったため，結果的には地域間で競合するケースが多い。長いあいだに培われた中央依存体質のために，地域みずから地域資源を見直し，地域にふさわしい開発計画を作成・実施する能力を身につけるのを怠った結果である。

　さまざまな中央による許認可などにかかわる規制が広範囲に及び，中央省庁

のタテ割行政から，地域が政策を立案してもそのまま実行できないといった問題も確かにある。したがって，効率的な政策運営のためには，自治体への権限移譲（ローカル・エンパワーメント）をともなう地方分権化が必要であることはいうまでもない。この地方分権化には，財政の裏づけが必要であるが，国と地方公共団体がどのように財源調達を機能分担するかという税源配分問題が議論されているものの，なかなか結論がえられない。

　こうして，国レベルの地域政策が大きく変質してきた。今後は，地域がその地域にふさわしい地域政策を模索しなければならない。地域がみずからの力で地域振興を図るべきことはいうまでもなく，「個性ある地域づくり」の必要性が認識されるようになったのである。

　地域が地域に蓄積した知識を総動員することによって，地域から産業を興していくシステムが構築されなければならないが，この方向での地域産業振興を地域創発型産業振興とよびたい。創発はマイケル・ポランニー（M. Polanyi）が使うエマージェンス（emergence）であるが，進化経済学では最近しばしば使われる。この地域創発型産業振興は内発的産業振興と同義であるが，内発型というよりも内部から出現する，生まれるという意味を強く表現するために，地域創発（regional emergence）を用いたい。

　地域創発への方向が重要であるが，地域のおかれている状況は一様ではないから，まずその地域風土にふさわしい地域振興の方向を探らなければならない。それぞれの地域の伝統技術，文化・観光資源はヴァナキュラーな地域固有のものであり，こうした地域資源を活用する際も，他地域の振興パターンを模倣するだけでは不十分である。各地域は相互に競合相手であり，今後はますます地域間競争は激しくなっていく。それだけ，地域がもっている資源の十分な棚卸し作業が必要なのである。独自の地域資源を見直し，有効な活用システムを築くことこそ，地域が自己主張し人を引きつける「個性ある地域づくり」の基本である。

　個性ある地域づくりの具体的な方法は多様であるが，伝統技術と先端産業との組み合わせで地域の個性化を創出するほか，従来の地元技術を他産業へ応用

する地域，異業種交流などによって新たな産業に挑戦する地域がある。また，観光資源の開発（リゾート，スキー場など），海外との独自の貿易関係の形成，海外との文化交流といった方法もしばしばみられる。

　地域活性化をはかるうえで，地域の立場から行動する地域中小企業が果たす役割は大きい。地域中小製造業者も地域活性化の方策として，「地域の核となる企業の育成」「1.5次産業の育成」などが必要だと考えている。地域中小企業は地域の情報に日常接しているだけに，地域の問題に主体的に取り組める存在であり，地域内中小企業の多様な連携活動の核になる。地域経済発展の鍵を握るのは地域に根づいた中小企業であり，個性と主体性をもった地域発展のために，地域中小企業の蓄積技術や地域資源を積極的に活用し，社会・文化面を含めた企業活動への前向きな取り組みが期待される。

(2)　地域の産業求心力──地域の魅力──

　地域産業を育成するため，県や市町村の地方自治体では大都市圏からの企業誘致に大きな力を注いできた。これは50年来ほとんど変わることのない地域振興のもっとも重要な手法であり続けた。安価な土地，安価な労働力が企業立地の魅力であるときは，工業団地の造成は誘致に効果的であったが，もはや「安価で広い面積」は企業にとってさほど魅力的でなくなり，いわゆる"落下傘型"企業誘致はきわめて少なくなった。

　企業誘致はそのタイプから次の5種類があるとされる。①落下傘型企業誘致，②域内移転型企業誘致，③テーマ型企業誘致（業種特化型誘致），④産学連携型企業誘致，⑤産業育成型企業誘致である。企業誘致の実態をみると，落下傘型企業誘致の他にまず，輸送システムの整備によって岩手県北上地域から秋田県内への移転といった域内移転型企業誘致がある。このほかにも熊本県の半導体関連工場集積，北九州市のエレクトロニクス産業集積，岐阜県のスイートバレー構想のような業種特化型企業誘致があり，企業誘致件数は停滞しているなかで誘致形態は多様化している。

　さらには東北大学を中心とする産学連携，多摩地域の大学連携とこれら大学

と産業集積との連携から産学連携型企業誘致が展開しつつある。インキュベーション施設を活用した花巻・浜松などの地域にみられる産業育成型企業誘致があり，金融面や税制面で施策が充実してきた。産学連携型企業誘致，産業育成型企業誘致は，従来の落下傘型企業誘致とは視点と政策手法が異なり，企業が立地するとき地域の側が提供できる人材の豊富さ，大学などの知的地域資産の存在などソフトな資源に関わる「地域の魅力」をいかに充実するかがもっとも重視されるようになった。

　企業誘致という在来手法にありながら，産業集積内における企業間連携や産学連携といったネットワーク力が誘致を左右する条件となっている点が重要である。地域産業の振興は企業誘致から地域創発型産業振興，内発的地域産業振興に変わらなければならないが，見方を変えて内発的な地域産業振興と企業誘致を同時に成り立たせてこそ，産業が地域にとけ込むことになる。

　実際の問題点は，この20年ほどのあいだに地域に誘致された企業で往々にして地域企業と協調する意志と努力が乏しいことである。誘致企業が東京や大阪などの大都市を向くことがしばしばであっても，既存の地元企業との交流がなければ，産業の地域化が進展しないばかりでなく，地元企業，誘致企業の双方が数少ない接触機会を失っていることに気づくべきである。

　ところで，地域は企業に対して，どのような「住みやすさ」をどのように提供できるのであろうか。国や地方自治体が誘致し育成する企業を選択できた時代と異なり，今日は企業が住みやすさを基準に立地する「国を選び」，立地して事業展開を行う「地域を選ぶ」。地域はまさに選ばれる対象になったのである。企業誘致が盛んなときは，地価の安さと工業団地の整備，安価で豊富な労働力の存在が魅力であったが，地域はどのような魅力を企業に提示できるのだろうか。

　いまや地域の魅力は，人材の豊富さとその質の高さにあることは間違いない。企業経営において研究開発力が高付加価値経営の鍵であり，企画，設計，デザイン開発，試作など一連の研究開発にはレベルの高い人的資源が欠かせない。経営資源のヒトのなかでも研究開発をになう人材は企業にとって宝であ

り，まさに人財である。

　地域産業の発展は，製品開発の人材，生産技術開発の人材など各企業の従業員の質だけでなく，大学や試験研究機関に蓄積されている人材，外部の人材に大きく依存するようになった。公設試験研究機関の人びとが地域産業の技術ニーズを正確に把握できないとなれば，人材としては不十分である。地域密着型の大学理念をもつのであれば，その研究者は地域の技術ニーズへの深い理解がなければならない。こうして，地域の魅力は，人材の蓄積とその広さ，深さにかかっているといえる。

　豊富な労働力が第一の魅力であった時代もあるが，信頼できる取引先の存在，それら取引可能な企業の近接性，物流設備の整備状況からさらに進んで，人財立地になっていることを重視すると，地域で産業が求める人財をどのように供給できるかが，今後10年の地域産業の行方を左右する。地域に必要な人材育成を主目的に設立された大学では，この20年のあいだに一定の成果を収めつつある。

　さらに今後をにらんだ地域人材をどのように育成していくかは，どの地域についても重要な戦略課題である。人材戦略次第で地域間格差が発生する可能性も大きく，この面では「失われた20年」を繰り返してはならない。

　地域社会に産業を受け入れ育てる文化や風土がなければ，産業の地域化はほとんど不可能である。たとえば，東京など大都市の住工混在から，工場が追い出され住宅地に純化し工場集積が崩壊した例は多い。工場の活発な生産活動を軸にできあがっていた地域産業コミュニティの崩壊であり，産業を大切にしなければならない地域がみずからその「産業風土」を喪失したのである。

　また，かつて東京から離れた地域として日立製作所が下請企業を育成しなければ自社自身が存立できない環境にあった日立市のように，大企業の傘の下で育てられ営業力をもたない下請企業集団という地域産業風土に悩みをかかえる地域では，中小企業の自立をうながす産業風土への転換が重要な課題である。危機意識が強い下請企業同士のヨコの連携によって新製品を開発し販売に乗りだすなど，確実に産業風土が変わりつつある。多くの下請企業集積が，親企業

の生産海外移転や工場閉鎖・撤退後をにらみながら，自立を志向して共同受注や共同研究開発に力を入れるようになった。下請企業にも，地域産業風土の変化の風を感じてみずから産業風土を変えようとする姿勢が強まっていることは間違いない。

2 　地域経済循環の再設計と産業創出
(1) 　自立産業化のオプション

　全国的な工業の地方分散化が停滞し，また，財政移転による下支え機能が弱体化したことをうけた地域経済の振興，すなわち「自立産業化」にはつぎの5つの方向が提起されている。そしてそれらは，地域主義の地域振興政策の提案とみなされるものである。

　① 　移入代替――地域外から購入している財について地域内で生産可能なものは，できるかぎり地域内の生産に切りかえる（自給率の向上）。
　② 　移出代替――地域内で加工度，付加価値を高めて，地域外に販売する（移出率の向上）。
　③ 　移出財の再移入の抑制――地域内で生産された財は可能なかぎり地域内で流通，消費させる（移出した財のUターンの抑制）。
　④ 　地場産業などの既存産業の見直しと再活性化。
　⑤ 　新しい産業の地域創出，新たな移出産業，非移出産業の創出。

　まず，①〜③のオプションを少なくとも市町村の行政単位でもって地域をとらえて実現しようとすれば，それは破綻する。これは理念であり，それを実現することは地域アウタルキー（自給自足経済）をめざすものとなり，地域に産業をワンセット揃えることに等しく，現実の地域間分業を後退させるものとなる懸念が大きいことはいうまでもない。広域市町村圏や定住圏が想定するようなより広域的な市町村，あるいは複数の県にまたがった地域連担のなかで，ひとつのシステムを考えるときにはより実現性が高くなる。

　地域主義の開発戦略はまず，移出代替と移入代替を促進することである。移出代替は加工度の低いまま財・サービスを他地域に移出していく代わりに，よ

り加工度や付加価値を高めて移出することができれば，地域内の関連産業への需要が誘発され，その結果，地域内の雇用が拡大する。移入代替も移出代替と同様に関連産業に波及し，地域の雇用機会の拡大につながる。

しかし，移入代替は域内の自給率を引き上げることであるから，理論的には他の地域で生産するよりコストが高くなることを前提としなければならない。その場合，地域の生活水準が低下する可能性があるから，これを追求するよりも，地域産業の育成によって自給率の低下を抑制するほうが現実的である。

移出代替と移入代替のメカニズムが形成されると，地域経済は好循環の過程に入ることができる。国際経済において，かつてわが国がこのような過程を経て自立化したのである。第2次世界大戦後，海外先進国からの直接的な影響を遮断したなかで，保護政策によって輸入代替のための工業化に必要な十分な時間と費用が与えられた。そして，一定期間の後に輸出にドライブがかけられるようになり，このようなプロセスで迂回生産が深化して多様な産業が発展し，資本，技術，人材が高度に蓄積される循環が形成されたのであった。

地域経済の振興もまた，これと同様な観点からとらえることもできる。しかし，問題は，国民経済を単位とする輸入・輸出代替の政策を，地域経済に移入・移出代替の政策としてそのまま適用できるかどうかである。国内のある地域が，県境などでもって県外からの影響を遮断し，自地域を保護主義的に振興することはほとんど不可能であるし，移入を阻止するのも困難である。各地域とも国民経済の市場メカニズムに組み込まれ，それぞれの地域は地域間比較優位にある分野に特化し，地域間分業をになっているのである。

少なくとも，域際収支の黒字化をはかって，地域生活水準を高める道が選択される必要がある。一般に工業よりも第1次産業の農業などに依存する比率の圧倒的に高い地域では，付加価値の低い1次産品を移出しながら，一方で，工業製品を移入する場合，域際収支は大幅な赤字になり，これを国の財政移転で補塡してきた。こうした形態の地方援助への期待は今後できないのであり，地域みずからの道を模索しなければならないのである。

さらに，現代の地域経済は，国際経済との関係，そして他地域との関係の二

重の相互依存関係におかれている。国際経済との関係でいえば，国際比較優位の構造を示す地域経済は国際経済の動向と連動した動きをもつであろう。たとえば，マイナス面での影響を受けた構造不況地域の経済，あるいは半導体などの国際競争力をもつ産業が支配的なプラス面の影響を受けた地域の経済をみれば，このことは明らかである。

　アンドルース（R. B. Andrews）のB-N理論による都市の部門別の産業構造では，地域外からの需要に応じて移出品を生産する産業を移出―基礎的（export-basic）産業とよび，産業活動と市場が都市の内部で完結・完了するものを非基礎的（non-basic），ないしサービス産業とよぶ。漁業地域では水産物や水産加工品，企業城下町では自動車，電気機械，鉄鋼製品などが移出産業で都市成長の基盤産業になるわけである。彼の説によれば，都市が自立的な収入源をうるために，移出部門産業を十分に育てることが必要になるのである。

　さて，さきの地域の自立産業化のオプション（選択肢）における既存産業の見直しは，もともと地元に存在している産業を，現代のニーズに合わせて再組織化することである。地場産業や伝統工芸品などは，生活の近代化過程で衰退してきているものも多く，産業の体（てい）をなさなくなったケースが多くみられる。しかし，伝統を現代に活かそうという機運，そうした伝統を見直すことを通して地域のアイデンティティを確認しようとする動きが強まっているが，これが産業を見直す出発点である。こうした動きからでてきた「新しい産業の創出」は地場の資源や労働力を活用して新しい産業を起こすことであり，「地域産業起こし」の運動となっていることは周知のことである。

　現実に地域が主体的にできることは，地域の実情にあった選択的産業化をすすめることであろう。地方とよばれる地域では，伝統を現代に生かす地場産業の再活性化，地域産業起こしなどの新規産業の発掘と産業化が中心となっており，移出促進による域際収支の改善をはかる方向に向かうべきである。しかも，そのとき，移出した財がたとえば大都市の企業ブランドがつけられて他地域から再移入されるのを抑制するように，できるだけ高度な域内循環システムを開発することが必要になる。

地域経済をになう企業類型は中小企業であるといってよい。中小企業の立地上の特徴は全国のどこにでも，風土的規定をうけながら存在するというところにある。もちろん，大企業が中核的な存在となりいわゆる企業城下町を形成する地域もあるが，そうした地域は市町村を含めた1,700以上におよぶ自治体の数からみれば，それほど多いとはいえない。中小企業の立地を規定する需要と供給の要因からみると，① 需要志向立地—地域産業・その他，② 供給志向立地（資源・労働力立地）—地場産業・大企業生産関連産業・その他に分けることができる。

今日，必要になっている地域を支える産業としての地域産業は，需要志向立地型の地域産業（local industry）および供給志向立地型の産業を含めたものである。地域がもっている自然資源，労働力，人材などの生産資源を有効に活用し，しかもその活用が地域内でよりシステム化され，いっそう高度な活用体系が創造されるかどうかに，地域を支える地域産業の質的な重要性がある。こうした流れのなかで生まれ，各地で構築が急がれている地域プラットフォームは，地域産業資源を組織的に活用する仕組みとしてその機能に期待が大きい。

(2) 地域経済循環と産業間連関の形成

第2次世界大戦後，地方自治の独立性を主張したシャウプ勧告（1949年）によって固定資産税が地方税として導入されて以来，地方経済発展の重要な手段として企業誘致に取り組む自治体が多くなった。企業立地による固定資産税の増収によって地方財政の改善を期待したのである。経済規模が拡大する時代においては，工場の地方立地をはかる企業も多く，企業誘致はかなりの成果をもたらしたが，経済のグローバル化がすすみ，少子高齢化などの要因によって国内市場が鈍化する時代にあって誘致戦略の環境は大きく変わった。

企業誘致を志向する場合，国内の地域間競争にとどまらず，外国（たとえば，中国）や外国のある地域（たとえば，中国の東莞市）との競争に勝たなければならない。まさにメガ・コンペティションの激化のなかで当該地域が勝ち残れるかが問われているのであるが，国内産業立地の低迷を踏まえると，地域

外からの資本導入である企業誘致の可能性がますます小さくなり，地域は内発的な産業振興に取り組まなければならないことが明らかになる。

自立的な地域経済の構築が課題であるが，それは，図表 8-1「地域経済循環のイメージ[1]」に示されるように，地域内経済循環のメカニズムを組み込むことを意味する。地域内で製造業をはじめとする産業が雇用と所得の機会を創出し，雇用所得と企業所得が地域内で地域の商業・サービス業分野に支出，消費され，地域の人びとの生活水準を向上させる。地域の生活の質が高まることによって教育投資が行われ人的資本が蓄積され，地域で育成される人材が新しい産業を生み出す。狭い地域に限定して地域経済循環の構造を論じる危険性には留意しなければならないし，閉じられた狭い地域での構造を論じることも避けるべきだが，企業誘致よりも内発的な産業振興を選択するときの考え方である。

ところで，産業構造は経済のサービス化を反映して第3次産業部門が発展をみせ，その第3次産業部門が他部門を牽引する力をもつようになった。このことが，産業連関の構築を可能にしているといえる。第1次産業，第2次産業，第3次産業の連関性の創出を課題とし，各産業部門から中小企業群が参加，連

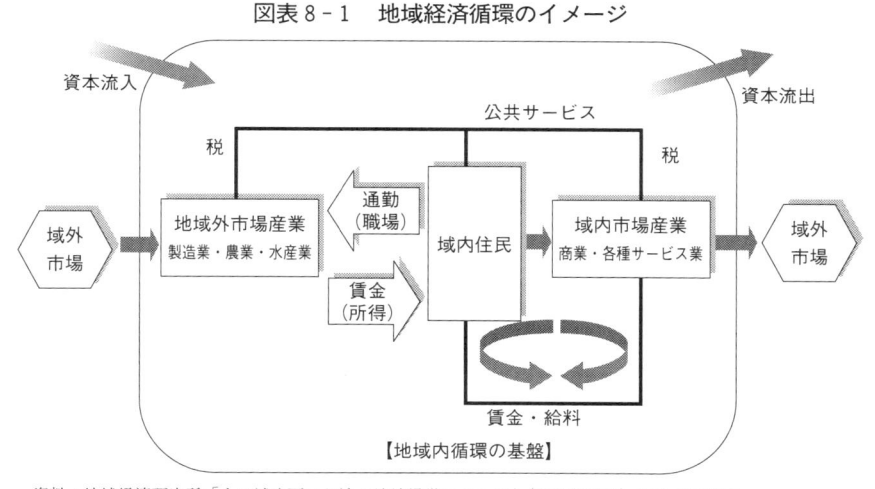

図表 8-1　地域経済循環のイメージ

資料：地域経済研究所「人口減少下における地域経営について」(2006年12月) を参考に作成。

携するかたちをイメージすることができる。

　ひとつの中小企業がこれら3つの産業部門に属する事業分野を生み出して，自社内で連結する試みが各地で展開している。代表的な事例として大分県日田市大山町の木の花ガルテンはメディアで取り上げられることが多いが，この例と同様でありながら，単一企業で産業連関を構築し，産業間ボーダーレス化を実現するビジネス・モデルとして数回のヒアリングを実施したSH社を取り上げたい。

　埼玉県日高市のSH社は，自社牧場での種豚育種改良，肉豚生産，精肉，ハム・ソーセージ製造販売，地元野菜の直売，カフェテリア，レストラン，パークゴルフ場の運営を事業展開する企業である。従業員数からすると大企業に近い存在であるが，1941年に創業を遡る小企業として出発したということでは格好の成長，発展企業の事例と考えることができる。

　1916年生まれの創業者は，肉豚を飼育しハム・ソーセージを製造販売する一貫生産企業を率いているが，肉豚生産に必要な種豚，さらに原種豚といった「ものづくり」では材料にあたる原種豚の品質維持に力を入れながら種豚の育成に情熱を注いだ。この種豚で同社が組織する養豚家が肉豚を育て，同社において精肉加工やハム，ソーセージの生産と販売を行う仕組みを作り上げた。

　創業者は，「緑の牧場から食卓まで」を企業のスローガンにし，「人」間に「良」いと書く「食」文化を育てるという夢の実現に邁進した。肉の理想郷を意味するミートピア構想によって豚肉の生産からハム・ソーセージ加工品の完全一貫経営を志向する過程で養豚業者を組織して安定経営に導き，後継者不在や環境問題の発生などで，確保と育成が困難な養豚業の後継者育成も可能にしており，地域活性化に大きな貢献をしている。

　同社は，野菜生産農家の支援などのかたちをとったアグリトピア事業を経てライフピア事業へと次元を高めているが，ハム・ソーセージ・精肉売場，生鮮野菜売場，フルーツ売場，バーベキュー・レストラン，温泉など多くの建物をもつ敷地に生鮮野菜を中心として販売する「楽農ひろば」を設けている。地元の60戸ほどの農家を組織し，生産者の名前と顔写真も掲示され，生産者名を記

図表8-2　SH社にみる産業連関の形成

自社内の産業連関	地域内産業連関
・種豚の育成 ・自社牧場で肉豚飼育 ・精肉、ハム・ソーセージなどに加工 ・精肉、ハム・ソーセージなどの加工製品を自社店舗販売 ・バーベキュー・レストラン、温泉施設を併設	・地域農家に養豚委託 ・糞尿の活用、有機肥料として販売 ・近隣農家が有機肥料を利用して各種野菜類の生産 ・農家生産の有機野菜を同社経営の店舗で販売 ・農家の後継者育成
自社内における川上から川下までの産業連関を形成、高付加価値創出力を獲得	地域農家の育成とネットワーク化により地域産業としての特性を強化

したラベルをつけて販売している。

　これは各地でみられる光景だが、同社の場合、埼玉県内と宮城県などの牧場のあわせて3万5000頭の養豚の糞尿を含んだ堆肥を埼玉県に輸送して各農家が買い取り、この堆肥を使って栽培した有機野菜を「楽農ひろば」に持ち込んで販売するのである。有機農法による安全野菜としてウィークエンドには早く行かなければ売切れ商品が出るなど好調であり、この年間売上高は好調である。

　農家の組織はかつて農業協同組合が担っていたが、企業的な営農を指導する能力が問われるようになって農家も離れがちとなり、同社のような企業体との連携が多くなった。農家は同社との直接取引によって、これまでの中間マージンの負担がなくなり、売上げの大部分を手にすることができるため一町歩の農家でも大きな収益が得られ、生産意欲が高まり、さらに、農家を後継する若者も現れるようになったのである。

　創業精神と農業を軸とする食文化育成の夢が、地域のネットワークをつくり、共存共栄のコミュニティが形成されたが、これはキーマンの夢の実現プロセスであり、地域産業創出の好例となろう。

(3) 6次産業化と農商工連携

　農村地域への工業導入は1960年代半ばからの政策課題で1971年の「農村地域工業等導入促進法」でもって取り組まれてきた。農業と工業等の均衡ある発展

を図りながら雇用構造の高度化をめざしたものであるが，経済規模が拡大基調にある時代に工業の地方分散の受け皿として整備されたものの，農村地域で工業が十分に発展することはなかった。農村地域が雇用開発を課題として農工団地を整備しても，工業の地域的生産体系に基づく企業立地論からみて，地方の期待に反して工場を誘致・育成に成功する事例は乏しかった。

21世紀に入り地域資源活用の時代が到来して初めて，農業資源を利用した加工業が食品工業のかたちで各地に展開をみることができる。これは，農業を基点とした地域産業づくりの姿であり，第6次産業創出の出発点とされている[2]。先に取り上げたSH社，大分県日田市大山町の木の花ガルテン，徳島県上勝町の株式会社いろどり，高知県馬路村農業協同組合，広島県世羅高原6次産業ネットワークなどが知られた存在であるが，いずれも第1次産業部門の生産性向上によって新産業を創出する試みである。

農業を軸とした地域産業の創出は，近年，農業の見直しから農商工連携へと政策場面を広げてきた。2008年9月に「農商工等連携促進法」（通称）と「企業立地促進法」（通称）の農商工連携関連2法が成立し，中小企業者と農林漁業者が連携して新商品や新サービスを創出する活動を政策支援することになった。

これより先の2005年には異分野の事業者の連携による新事業創出を支援する「新連携支援」，2007年には「中小企業地域資源活用促進法」にもとづく「地域資源活用プログラム」が動き出した。これら一連の政策に共通する特徴は，既存の地域産業資源を活用して内発的に産業を振興していこうとする視点である。

地域の産業が農林水産業の第1次産業から製造業の第2次産業，商業・サービス業を中心とする第3次産業へとウエイトを移すことが，地域の産業構造高度化と地域の経済発展を導く。この目的に向かって各産業部門が発展するにとどまらず，3部門が連関する仕組みをつくることが地域のより大きな付加価値を生み出し，「地域が付加価値創出の場」となる。

製造業部門でも異業種分野の地域中小企業が連携して新製品開発，新事業開

発に取り組むなどの企業間ネットワークから産業間ネットワークといった既存の企業や産業の「連結の経済」「複合化の経済」を実現する時代にある。これをさらに次元を高める手段として産業間連関構造の構築が想定できる。

農林水産業を地域経済の活性化の出発点において農産物の商品化，食品加工，販売機能の付加などに取り組む戦略はプッシュ型のイメージであるが，商業部門が地域農業に安全・安心の商品を求めて地域農業の質が向上するなどの例ではプル型の産業連関形成戦略となる。

製造業における零細「企業」が生業的な性格をもつ存在と考える場合，リスクの経済計算が行われる企業に対比して，企業とは呼ばずに零細「経営」であるといわれた。生業性の色濃い農業部門が企業性を求められる工業部門と連携し，さらに商業部門と連携するのであるから，連携の意義を連結の経済性，ネットワークの経済性に求めるのか，連携することに何らかの意味があるのかがほとんど議論されないまま，農商工連携が一人歩きしている感もある。

第2節　内発的地域振興の選択

1　地域における企業と産業の埋め込み

(1)　地域産業振興の二重経路——新規創業と既存産業の再構築——

経済のグローバル化にともなう生産力の海外移転と国内の中小企業における開業率の停滞，廃業率の上昇が複合化して地域経済の空洞化，地域産業の空洞化が進展してきた。地域産業を取り巻く二重の環境圧力によって深刻化する産業空洞化現象を前に，①新規創業の政策支援，②企業間連携の促進を中心とする既存産業の再構築という複線的に2つの方向性をとることになった。二重経路戦略を採用したということである。

開廃業率の逆転は1986年ごろであるが，この可能性について十分な警告が発せられていなかったことは重大である。われわれの先入観であった中小企業の数が多すぎるという「過小過多」観が支配的であれば創業支援，開業促進は大きな意義を持ち得なかった。したがって，経験の乏しい分野であるために，創業支援のノウハウの蓄積や創業環境の整備にかなり時間とコストがかかってし

まった。1970年代，1980年代，1990年代の3度にわたって経験したベンチャーブームから得た成果が乏しいことを重ねてみると，失われた時間は計り知れない。

新規創業が重要な政策課題であることはいうまでもないが，他方で模索されている既存産業の再設計，再構築がきわめて重要である。新規産業創出の困難さにくらべ，既存産業が培った経済資源や産業資源をベースに企業や産業の創出であるから，その実現性はかなり高くなる。往々にして産地や地場産業は古い体質をもって環境変化に対応できない，まったく新しい試みのほうが早道ではないかと誤解されているが，ゼロからのスタートより時間の節約も可能であるし，リスクも低減できる。

明治時代には外国技術の導入によって殖産興業の名のもとに新産業を創出し，第2次世界大戦後の経済成長がアメリカを中心とする外国の先進的技術の導入によって，新しい産業を育成することに成功してわが国の経済は発展した。そして，いまも同様な成功体験をもって，これまでにない新しい産業の創出に期待が大きい。しかし，明治時代の産業振興について内発的な産業振興を主張した前田正名が，既存の伝統的産業の成長，発展を促すことの必要性を「興業意見」で強く主張したことを忘れることができない。

実際に，1960年代から産地や地場産業は伝統的な技術や経営方式に依存しているとして，その果たす役割が軽視される一方で，1970年代以降，研究開発型企業としてのベンチャー・ビジネスの育成に力を注いできた。1980年代からイタリアにおける産地研究の進展，1990年代の産業集積概念の導入と普及によって，伝統的でありながらも地域経済循環構造における地場産業や産地の役割に対する再認識がすすんだ。

さらに，疲弊した産地の役割後退にあっても，ベンチャー・ビジネスを含めた新規産業の創出によって産業の空洞部分を埋め戻す考え方だけでは不十分なことが明らかであり，古い産業タイプであれ，新しいタイプの産業であれ，地域を軸に既存資源を活用する産業振興，内発的な地域産業振興に取り組む必要性が強く認識されるようになったのである。(3)

(2) 技術の地域化

各地域の自立産業化において想定されている産業は、農業、製造業、サービス業、観光業など多様である。地域の自然資源である景観を希少な資源ととらえて、これを産業化に結びつけた観光業、積雪をサービス産業に結びつけてスキー関連のレジャー産業を開発した地域など、地域におけるさまざまな産業化活動がみられる。

地域産業の振興にこのような方向性が考えられるが、地域振興の具体的な方策となると、繰り返すまでもなく大きくは、①外部依存の地域振興と、②内発的振興の2つである。前者には伝統的な方法が含まれ、国の財政や地域開発政策に便乗する方法、地域が中央の資本と接触して企業誘致や工場誘致を行うなどがこれにあたる。後者は、地域資源を活用して地域が主体的に産業を興し、地域経済を振興するタイプである。

ところで、こうした地域振興、地域革新ニーズが非常に大きいが、はたしてこれを具体化するシーズがどこにあるのか、ニーズとシーズを結合するイノベーター、コーディネーターを誰がになうのか、またそうした創造的活動はどういう環境づくりで実現できるのかなどが大きな問題である。多くの課題を乗り越えてはじめて産業が地域社会経済にとけ込み、埋め込まれる（embedded）のである。絶えざる地域イノベーションが必要なのである。

まず、地域革新に必要な「地域技術」をイノベーションの要素としてとりあげることができよう。これは地域産業と技術のかかわりの問題であって、モノ（物）をつくり出す技術の体系を、地域産業の振興に活かすという視点からくるものである。[4] 地域と技術のかかわりを重視しながら、本書の第4章で機械工業集積、第5章で企業城下町型集積、第6章で産地型集積についてそれぞれ考察を加えた。そのときえられた地域と技術の関連イメージをまとめて示すと図表8-3のようになる。

(A)の産地型集積は、地域の伝統的技術が地域産業と一体化している地場産業に多くみられるケースで、産地型集積に多いタイプである。(B)機械・金属型集積は、大都市の東京城南地域や農村部の長野県坂城町にみられる金属機械加工

集積で観察されるタイプである。機械・金属系の工場が地方に分散したとき，生産工程を下請企業が担当することにより，関連技術がその地域に集積している場合もこれにあたり，このタイプの技術と産業のかかわりのなかで，地場産業がその地域の機械業者との協力によって機械化をし（陶磁器業者と地元の陶磁器製造機械メーカー，製紙業者と周辺の製紙機械メーカーの協力など），あるいはマイクロ・コンピュータを導入していくものである。

(C)企業城下町型集積は，加工組立型大企業を頂点とする下請分業構造をともなうタイプで，大企業立地の当初は地域の既存技術との関係は薄いが，時間が経つにつれてその関係が深まる。タテ型の企業間構造でありながら，ヨコの関係が強い地域技術の深化という点では，(B)のタイプにはおよばない。(D)のハイテク＝コンビナート型集積は，ハイテク企業や基礎素材型の大企業が立地した場合であり，当初の企業間関係による技術伝播は期待できず，自己完結型の技術体系をもつ基礎資材型であれば，地域への技術波及は大きくないし，地域に芽生えた技術としての地域技術とは対応しない。半導体工業もこのタイプであるが，しばしば(C)に変わっていく。

産地集積型の技術と産業の関連で育てられた鋳物業が機械工業に成長するような(A)から(B)への展開，また工場を誘致し地域技術，地域産業を育てる(C)から(B)への移行などがみられるが，理念的には，地域に有する技術を資源として十分活用する産業が育つ(A)の産地型集積への統合が望ましい。(A)(B)あるいは(C)は，社会的分業の網の目をとおして地域に根づく地域産業の育成につながるものである。

こうして，たんに地域を物理的な場として利用する空間的利用でなく，技術的な企業間関係がより深まって統合化過程にすすむことができれば，地域技術が発展する。この技術の地域化によって，つぎのステップである企業間ネットワークの形成がみえてくる。

各地域の特徴を「技術革新」の面からとらえると，①地域がもっている技術集積の活用（技術的連関の利用による業種転換，製品転換，製品構成の多様化など），②先端技術の成果活用（NC技術の木工機械への応用など），③地

第8章 地域創発型の産業振興と産業の地域化　255

図表8-3　リージョナル・イノベーションシステム

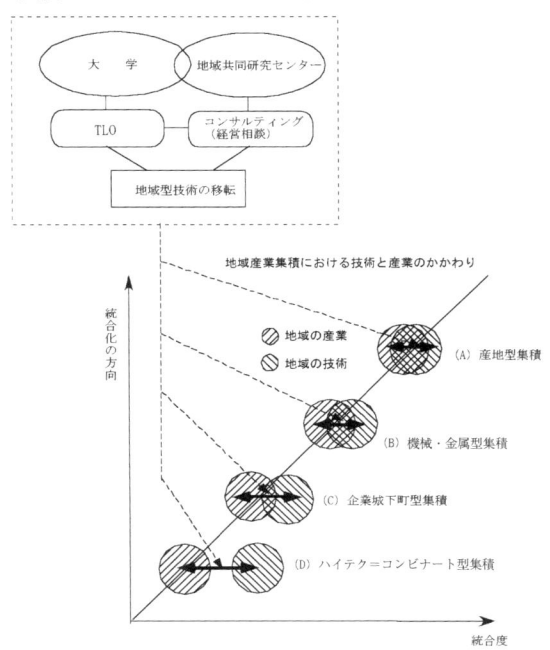

（図：大学、地域共同研究センター、TLO、コンサルティング（経営相談）、地域型技術の移転）

地域産業集積における技術と産業のかかわり
- 地域の産業
- 地域の技術
- (A) 産地型集積
- (B) 機械・金属型集積
- (C) 企業城下町型集積
- (D) ハイテク＝コンビナート型集積

縦軸：統合化の方向　横軸：統合度

域的技術の高度化，先端化（陶磁器技術とニュー・セラミックスの結合など），そして，④農業の先端技術化，1.5次産業化などがあり，これらの技術を図表8-3の下半分のような統合化過程にもちこむことが地域資源の活性化と産業の創発になる。

こうした技術面から地場産業をみると，伝統的な手加工技術に頼ると市場性の獲得が困難になり，かといって機械化では個性を失うことから，伝統性，地域性を失うことなく存立していくために，機械化と手加工のバランスのとれたミックス技術，すなわち，(A)と(B)の中間的な技術として，それぞれの地域にふさわしい「最適化技術」「中間技術」の選択が提案される。図表8-3にも技術移転機関（TLO）を位置づけたが，本来は地域技術のイノベーションや発展を促進するためにこそ，地域の技術移転機関や各種技術試験研究機関の役割がある。

地域型技術の移転，充実に一定の役割が期待されるのであるが，実際には技術移転・指導する側に地域蓄積技術の実態把握と将来展望の策定力に不足することが多い。地域産業のイノベーションの仕組みとしてリージョナル・イノベーションシステムを構築できるかが地域力の証となってきた。

(3) 地域に埋め込まれた技術と情報化

モノづくりにおける技術側面では，中小企業はその時代の先進的な技術を大

企業や公設技術開発機関などから導入することを課題にすることが多かった。しかし今日では、「技術導入」を超えた「固有技術の確立」が要求され、技術の次元が高まっている。

地域産業においても地域技術が蓄積され、他地域や海外からの技術導入ではなく地場における個々の中小企業がみずから技術水準の向上に努力して、各地にレベルの高い技術力が形成されている。鋳造、鍛造、切削、金型などで、この地域でなければ加工や生産ができない分野を得意とする地域があるが、これらは地域技術ということができる。中小企業には、経営革新の基本条件として固有技術の確立が強く求められているが、地域の視点からも、中小企業が個別企業の段階で自社技術を確立してこそ、地域全体として地域固有の技術、地域技術が姿をあらわすことになる。

技術には大きく分けて2種類がある。そのひとつはたとえば、機械工業が集積しているからこそ当該地域でなければ発展しにくい技術であり、織機など繊維関連機械の生産・修理から派生した機械生産技術などである。織機生産から自動車生産が可能になるまで多くの時間が必要であるが、長時日をかけて地域に根づき地域に埋め込まれたこうした技術こそが地域技術である。

もうひとつの技術は、とりたてて重厚な工業集積を前提にする必要もない、熟練技術者の存在を前提にする必要もない、どの地域であろうが誰でも対応や利用ができる技術である。これは、どの地域へも移動できる技術であり、国内のどの地域でも利用が可能であるに止まらず、ヨーロッパ、アメリカ、中国、タイの世界中のどこでも利用できる非個性的で標準化されやすい技術ということになる。

このように技術を2つに類型化したが、実際にはある地域でヴァナキュラーな地域固有の技術として発展したものでも、時間の経過とともに標準化しどの地域でも差異がなくなり同質化する。これまでしばしばわが国で観察されたように、産地固有の技術がいつの間にか差別化を失い、誰でも模倣ができるようになると、「地域に埋め込まれた技術」が「どこにでも移転できる技術」に変化する。

地域固有の技術といえども，絶えずイノベートする地域力がなければ，技術は地域間で移転するのである。ポランニー（M. Polanyi）の形式知と暗黙知に対応づければ，まず地域固有の技術知識は暗黙知であり非移動的な埋め込まれた技術である。また，どこでも利用が可能な技術知識は形式知であり移動型知識を背景にもつ技術である。

技術標準化によって技術移転と地域技術の空洞化が発生することは明らかであり，技術の地域差別化と地域個性を反映した絶えることのない持続的な技術進歩こそが，技術面からみた地域産業の生き残りと発展の条件である。

他地域や海外へ移転しにくい技術を確立し，移転に長期間を要するより高度な技術の先取りが重要である。技術面からみたとき，持続的発展を実現する地域の仕組みをもつ学習地域（ラーニング・リージョン）の概念に関心がもたれているが，疎開企業を中心に第2次世界大戦後に精密機械工業を発展させ，電気・自動車・電子関連産業，超精密加工などハイテク分野に技術力を転換して底の深い地域技術を蓄積してきた諏訪市や岡谷市は，地域中小企業全体が相互の競争と学習のなかで技術革新志向を強めた学習地域のよい事例にあたる。

ところで，地域イノベーションをすすめるうえで企業間ネットワークの構築が重要な方向である。情報化時代を考慮すれば，地域革新の要素としての情報へのアクセスが課題になる。一般に地域経済のにない手である中小企業者は，たたきあげの技能熟練出身が多く自分の殻に閉じこもり，情報に対する認識不足から問題意識に乏しくなりがちでマンネリに陥りやすいといわれる。技術との関連では，経営者や従業員が他企業や研究機関の技術保有者と接触する機会が少なく情報収集，着想，開発テーマの選定，研究開発，企業化，販売の一連の過程をイノベートする手掛りを得る機会が少ない。

中小企業では，取引関係をとおして情報入手することが多いが，地方の企業では情報過疎のため情報革新のチャンスもまた少ないのが実情である。社会的分業や下請分業生産は生産体系であるが，このシステムは機能的には技術のみならず情報のルートの役割を果たしている。経営者の目的意識の明確化が第一に必要であるが，地域中小企業と公設試験研究機関の連携，技術交流プラザな

どにみられる異業種交流，共同技術開発活動などをとおした地域内における情報接近の努力と地域における情報蓄積システムの構築が課題になっている。

先端的といわれる技術にもすでに地域企業の手の届く範囲にあるものが多く，地方圏の企業にとっても接近性（accessibility）の高いものがある。この応用も情報にまつところが非常に大きいし，海外に関する情報も特許の活用を通じて技術を地域に移転する可能性もあり，その事例も多くをみるようになった。

(4) 産業の地域化を展開する人材

① アントレプレナー

第3のイノベーション要素，シーズは地域の人材である。身をもって"経営は人なり"を実践するのが地域中小企業であり，経営者を含めた人材は，地域資源のなかでもっとも大きな位置を占めるといってよい。地場産業が地域資源の活用をはかりながら，"合理的なしくみ"に依拠して展開しているのであるが，一方で産地のもつ"仕組み"を温存させようとする保守的な思想をもたらし，経済環境に適応した革新的な対応を怠らせるデメリットも生んでいる。

個人的な技能にたけている企業者に経営管理能力，近代的な経営管理の感覚に欠けるきらいのあるところは指摘されているが，地域住民の立場から地域社会をリードするこれら経営者が革新的でなければ，産業の高度化も地域社会の前向きな自立化も難しいであろう。人的な経営資源の蓄積をどう活用できるかに，地域社会の存立もかかっている。

革新を推進するイノベーターは，必ずしも人為的に育て得られるものではないが，これを育てる社会的に自由な雰囲気はその土壌を形成し，リスクに挑戦する企業家（entrepreneur）を生むことになる。

他方，地域の中小企業者の多くが地域に住む人びとであることから，地域で事業承継の問題を解決することも必要である。中小企業の経営者は地域に密着した経済活動を行い地域社会の中枢に位置するところから，蓄積された経営者資源を円滑に次の世代に継いでいくことが，地域社会の安定に寄与するという

意味で重要である。それは同時に事業面でのイノベーターとなり，既存産業の高度化や新産業の掘り起こしに結びつくものといえるからである。

　技術者，技能者の面でみると，地域に存在する企業がすべて自動化した機械を利用するといっただけでは問題を解決できず，むしろ技能（skill）を地域に蓄積していくことがそれ以上に大切である。生産工程の工夫，省エネ化，歩留り向上，QC運動の体系化をすすめるのは技術者，技能者であり，こうした人材を開発していくことが課題になっているのである。今後ソフトな技術はますます高度化していくが，このような技術にアクセスする人材教育は個別の地域中小企業の範囲を超えている。むしろ地域活性化のためには，メカトロニクス教育のような自治体を主体とした人材投資，企業の共同的な教育など「教育の地域化」が，イノベーションの多様なシーズを広げるといえるであろう。

　1.5次産業を起こして地域産業に育てようとするときにも，いわゆる起業家とは違った意味で先覚者が必要であり，地域を見直そうという気運のなかで生まれる先覚者の出現は期待するのみであるが，これもまた文化的な地域社会の雰囲気や環境に負うところが大きい。また，高度な情報・知識と技術が一体化して地域経済が強化されることからみると，地域資金供給のあり方，情報過疎の問題，人材教育の問題を克服していくために，地域主体のひとつとして自治体の産業下支え機能の果たすべき役割は，国主体の工業化時代より地方の時代においてこそ，ますます大きくなっている。

②　自治体における産業支援人材

　地方自治体における地域産業振興ノウハウは十分に蓄積されているわけではない。これを批判することは容易であるが，むしろ長きにわたって国が地域開発を行うから地方自治体がとくにノウハウを蓄積する必要もなかったことが強く影響している。地方分権の大きな流れをみて早くから地域産業振興に取り組んだ地域とそうでない地域で，地域産業振興の意識格差が鮮明になってきた。

　地域産業振興に熱心な地域では，公務員が組織人としてではなく個人の資格で企業間連携の会合や研究会に参加して活動していることが多い。県や市町村

の職員が個人として民間活動に参加することによって，地域の産業がかかえる問題発見につながり的確な政策ニーズの把握に役立つ。こうした事例をみると，就業時間以外に経営者たちと接触することになり，たんに職務意識だけでは取り組めないことである。

公務員に個人としてこのような活動を求めるのは現実的ではなく，その動機づけになる危機感を地方自治体の地域産業支援部門がどれだけ明確にもつかという点だけが重要になる。したがって，自治体に組織として地域産業振興の重要性への意識が薄ければ，地域にふさわしい産業政策の立案能力も醸成されず，一方で地域産業システムの陳腐化が急速にすすむにまかすことにもなるのである。

地域産業振興ビジョンを作成する自治体は多い。ときとして外部機関に振興ビジョンの作成を委託することもあり，それこそ金太郎飴のビジョンが多数みられた。地域産業は多様であり，したがって当然，地域産業ビジョンも多様でなければならない。先駆的な事例では，東京都の区役所で中小企業や地域産業関係部署の職員はもちろん，他のセクションの一部の職員も含めて多数の地元中小企業を訪問し経営実態調査や政策ニーズ調査を行うケースがみられる。職員みずからの足と目による中小企業の実態把握のうえにたった産業振興ビジョンの作成と具体的な政策立案，政策の実施は，従来にない手法として評価されている。

専門職でもない立場の公務員に地域産業や中小企業に関わる専門的知識を要求するのは難しいところで，産業によって自分たちの仕事が成り立っているという意識がなければ地域産業に関する専門知識を要求することもできない。地方自治体が自前で調査研究機能と政策立案機能を強化しなければならないことがわかっていても，なかなかできないジレンマを感じる人びとも多い。

地域で起業する行動力に富んだ人材，地域産業に深い関心をもち地域支援機関の立場から地域振興に貢献できる人材を育成する機関や組織が是非とも必要である。高校生や大学生がもっと地域の産業実態に関心をもつことができる仕組みを作ることも必要であろう。大学でも起業講座の開設が多くなったが，カ

リキュラム全体が起業家精神を高揚するようになっているわけではなく，まだシステマチックな地域人材育成の仕組みは未確立ともいうべき状況にある。

2 産業が地域に埋め込まれるための条件
(1) 地域リーダーの役割

　日本経済の仕組みは絶対とはいえないにしても産業優位の体制をとり，企業の経済合理性をベースにしている。産業の論理にみてきたように，地域はたんなる生産の場所として利用される傾向をもち，これまでも産業の論理に地域社会の論理が相乗りしたかたちで誘致に力を入れ，地域の工業化がすすみ地域に定着した地域産業を育ててきた。しかし，地域住民が産業を自主的に選択し，逆選択をする道があるとしても険しい。

　第1章で明らかにしたように，市場経済のメカニズムをうまく利用して，地域が主体的に適応することが必要であろう。それは，ミクロとしての産業が市場メカニズムを利用しながら，マクロとの中間段階に位置するセミ・マクロの地域経済がアイデンティティを自覚できるような行動をとるべきだということであろう。ミクロとマクロを無視したセミ・マクロの地域経済もありえないのである。

　そこで，市場経済が地域にもたらす影響は，中枢管理機能の中央集中のもとで，地域を生産基地として利用する場合にみることができる。地元でコントロールできないことから中央経済が地方を一方的に利用することになり，その結果，地域が自立性を喪失するのである。中枢管理機能を分散化する企業も多くなっているところから，本社・本店機能，事務所機能を現地化することも選択肢のひとつでありうるが，まだ過渡的で多くを期待できない。

　この代替として，本社を現地に配置できる企業，本社を含めた現地移転が可能な中堅・中小企業になってきているのは理由のあるところであり，そうした意識の強い自治体は，たんに工業団地を造成するのみならず，土地の無償提供，税の減免措置など思い切った方法も講じている。すべての地域に同様の期待をするには無理があるが，地域産業が育っている地域のケースをみると，地

元の先覚者の隠れた英断があり，歴史の重みを経て現在開花している地域の事例が多い。

ところで，今日多くの地場産業は地域性を大きく弱め，資源市場，製品市場を拡大する反面，地域文化に密着した製品から，地域外の消費者の嗜好に合致した製品を生産するようになるにともなって，地域社会の生活様式の画一化がもちこまれ，地域の個性を失いつつある。なにも地場産業が伝統工芸品化して地域にとじこもる必要もないし，また地場産業を旧来のままにしておくことなく，もっとオープンな体制に向かって発展し，全国的な産業に成長させるのも間違いではない。

産業活動は開放性を志向しているのであるが，地域の立場からみれば，地域と融合し，地域利益との一致が求められている。これが国内版のヴァナキュラー・ユニバーサリゼーションの方向である。地域産業は，雇用面や財政面での貢献のみならず，地域住民の自然的・社会的・文化的な環境の向上，改善に寄与するものでなくてはならないが，就労の場としても消極的にその職場で働くだけでなく，積極的な参加ができる就労の場を提供できることが肝要である。

(2) 魅力ある職場の創出とステークホルダーの経営

地域の産業が地域住民から遊離しがちな原因のひとつに，小企業形態にともなう生業性，3K（きつい・汚い・危険）といった労働条件の悪さをみることができる。より近代的な経営方法に脱皮しながら，就労の場として魅力のあるものとして，はじめて地域に融けこみ密着することができるのである。企業形態の近代化をとおした人材の確保を起点として，社会的分業システムの活性化をはかるような行動が望まれる。

また，魅力ある産業でありうるためには，産業の高度化，高付加価値化に不断に取り組んで，より高い賃金を支払える産業体質をつくりあげていかなければならず，それはまた地域産業の地域社会における社会的責任ともなる。[5]

利益を上げていれば企業が評価され存続が許される時代は終わり，徹底した顧客満足志向の経営，地域社会への貢献企業でなければ社会から受け入れられ

ない時代になった。企業経営に際しては，株主や従業員，取引先企業だけでなく一般の消費者，そして地域社会の人びとが利害関係者として認識されるようになり，これら多様な関係者をステークホルダーということはすでに述べたが，働きがいのある職場を地域の人びとに創出していくことはまさに企業経営者にとってきわめて重要な任務である。地域中小企業経営者が地域産業の創造的イノベーターとなる立場にあり，地域みずからが産業を振興して豊かな暮らしやすい場を創りあげるとき，多くの事例が示すように，中小企業者の経営理念に地域とともに歩む意志を明確に盛り込むことが期待される。

　高付加価値化は，製品技術，生産技術などの技術と，マーケティングなどのソフトな技術によって実現される。とりわけ生産技術の高度化の役割が大きいが，しかしそれが直ちに機械化とか最先端技術の採用を意味するものでもない。地域にふさわしい中間技術の概念があり，地域環境に最適に対応しうるという意味で「最適化技術」が提起されているのである。

　それはエネルギー，資材・原材料が産地に近く，産地企業の効率化，コスト・ダウンを要求する技術，従業員の安全確保，作業環境の改善を行い，重労働からの解放を促進し，熟練度の高い労働内容に変化させる技術，公害防止・省エネルギー型の技術である。しかも，地域に存在する技術とノウハウを活かせるような連続性をもった技術である。このような方向で技術選択と高度化をしていくことが，地域に主体的に融合していく条件であり，その取り組みが期待されている。

　地域適合的行動として，中小企業の協業化，共同化，協同化をあげることができる。個別企業を超えたところで，新機軸をつくり出していけるのは組織と集団の力である。バラバラでは，低水準なまま企業間格差が拡大するばかりで，少数企業を点の存在として残す危険性も大きい。地域産業をになう企業には組織化努力をとおしたいっそうの飛躍が地域から求められている。

　地域にふさわしい行動，地域に貢献する行動を地域適合的行動ということができるが，地域環境の先取りができない産業はいずれ淘汰されていく。

　地域における主体には，産業，企業と住民，そして自治体がある。住民の感

情と産業の論理には，ときとして大きな隔りやコンフリクトが生じる。地域適合的行動には，この産業の経済論理が強く反映していることから，住民と企業との間に発生する諸問題を解決に導くために，第三者である地方自治体の「調整者」機能がとくに求められる。地方の時代になり，自治体の果たすべき役割はとりわけ大きくなってきているのである。

3 内発的地域振興における小零細企業の役割

(1) 地域における中小企業の再認識

「地域の時代」における主役が中小企業であることはいまさらいうまでもない。地域の特性を活かして地域が自立して独自の発展を追求できるかどうかは，大企業よりも，中小企業そして零細企業が活性化しうるかどうかにかかっている。地域別に中小企業の地位をみると，従業者数でみた場合，各地域とも中小企業の占める割合が圧倒的に大きい。とくに三大都市圏に比べて地方圏で中小企業の地位が高い。しかも製造業にかぎらず，すべての産業において地域の担い手は中小企業である。地方圏では中小企業の地位が高いだけに，それぞれの地域の中小企業の盛衰が地域経済の発展を大きく左右するものであることがわかる。

地域の担い手の実態は中小企業であるが，経済的のみならず社会的な側面からみても，地域における中小企業の役割は大きい。中小企業の存在が地域に及ぼす効果，すなわち，中小企業の地域効果にはつぎのものがある。[6]

① 地域就業・所得効果

中小企業の経営者，家族従業者，雇用者にとっての就業の場と所得機会の提供と確保にかかわる役割。

② 地域知識創出・地域内情報伝播効果

中小企業相互のコミュニケーションのみならず，中小企業が地域における情報流通の結節点となり，地域内に向かって発信源となる。知識を創出する基盤の役割を果たす。

③ 人材教育，経営者，起業家教育効果

多様な技能・専門知識が経営者から従業員に伝達され、それをもとに従業員が新たな中小企業を開業する教育の場であり、起業家を生み出す地域風土をつくりだす役割を果たす。

④ 地域技術革新効果、地域産業イノベーション効果

中小企業の小回り性が環境変化に有利に作用し、その過程でイノベーションが起こる。地域技術を革新し、地域産業の生産システムそのものを革新するのは中小企業の役割。

⑤ 地域文化形成効果

その地域の生活の仕方、暮らし方に影響を与える。中小企業を中心として地元密着型の商店街の形成やまちづくりなどの例があげられる。

⑥ 地域形成効果

以上の効果の総合的な結果として地域社会を支える効果。地域産業風土の形成に中核的な役割を果たすのが中小企業である。

地域中小企業の経営者には、当然のこととして各種の縁関係を円滑に運ぶ努力が求められる。"経営は人なり"といわれる中小企業経営者には、地域における職場と雇用の保障だけでなく、地域社会の融和をうながす潤滑油の役割が課され、また、従業員が地域の住民であるところから、企業内における従業員との十分なコミュニケーションが重要である。企業に対する従業員の帰属意識が高ければ、その意識に裏づけられた地域での生活行動が地域社会でも評価されるであろう。

地域中小企業に対して、地域社会の一員としての役割への期待は地方の時代においてますます高まっている。地域中小企業は、生産・販売面、雇用面といった経済的側面において地域経済の中核的な役割を果たしているが、地域の社会・文化面でもさまざまな活動を行う企業が増えており、地域コミュニティの形成、地域文化活動への参加と支援などで地域への貢献を行う動きがみられる。こうした動きは、地域イメージの確立とともに、地域におけるゆとりと豊かさの実現にもつながるものである。

(2) 地域産業をになう小零細企業

「中小企業基本法」(1999年)と「小規模企業共済法」(1965年)によれば，製造業については「常時使用する従業員の数が20人以下」，商業・サービス業では「常時使用する従業員の数が5人以下」のものが小規模企業とされる。

地方圏では小規模企業で成り立っており，このような従業者数からみた小規模企業は，わが国の事業所数の約75％，従業者数の約26％を占める。事業所数に占める小規模企業の割合がとくに高いことに注目しておきたい。産業別にみると（総務省「事業所・企業統計調査」2006年），製造業46.1万，卸売業・小売業108.7万，サービス業83.9万，建設業51.5万，不動産業31.2万，運輸業9.2万などとなっており，小売業とサービス業に小規模事業所が多い。とりわけ企業の特徴の理解なくして，地域経済の理解もありえない。

小規模企業の実態は，従業員のきわめて少ない零細企業である。小規模零細企業（小零細企業）としてひとくくりにすることが多いが，とくに零細企業は生業的な色彩が濃く，家族労働に多くを依存し，本来は企業とよぶことができないといわれ「零細経営」という表現もある。従業員数300人以下の企業が中小企業であるが，実際には20人以下が圧倒的に多数で，そのなかでも，4〜9人程度からそれ以下の零細企業がほとんどを占めているといっても過言ではない。

小規模企業には「家計と経営の未分離」なままで，事業所得と家計費の区別が曖昧な企業が多い。企業として最低限必要な帳簿を作成していないものも多く，こうした企業では，賃金や利潤の区別を行うために必要な合理的な計算の仕組みをもっていない。したがって，経済計算が行われることが企業としての必要条件であるところからすると，「家計と経営の未分離」な状態にある企業は本来，企業とみられないことになる。国の小規模企業対策の一環として，商工会・商工会議所に記帳を専門に指導する職員が配置されているのもこうした実態を反映している。

小零細企業は，資本と経営の同一体であり，しかも家族経営方式に強く依存する。したがって，経営規模も小さいことから，経営者の特質が企業の性格に

強く反映している。経営者の前歴をみると，他企業の勤務経験者が多く，中小企業や大企業から独立して開業した者が多くみられる。同業種で経験を積んで，自分の企業より大きい企業から独立したというのが小零細企業の経営者の平均像である。

開業目的は，「自己の創造的能力が発揮できるため」「事業主として自由に活動できるため」「努力次第で大きな収入が得られるため」などがおもなもので，「勤め先の企業に満足できなかったため」という理由もある。しかし，積極的な意義を見いだして開業にこぎつけたとしても，競争相手が多いだけに収入は不安定になりがちである。そのため，業主の労働は長時間に及び，長時間労働によって収入の不安定性をカバーすることになりやすい。さらに，収入の低さを家族従業者の数でカバーすることにもなりがちである。

長時間労働に依存し過酷ともいえる労働条件のなかで，あえて存在している零細企業は，企業の所有意識，独立意識の強さをいいあらわす「一国一城の主」の価値観を反映している。一般に，零細企業の業主の年間所得は，雇用されたときの所得よりも低いことが多い。しかし，長時間労働，相対的に低い収入ではあっても，事業経営そのものに大きな魅力を感じ満足感をもつ経営者も多く，人間の本性からみてもけっして衰退してしまう分野でないことがうかがわれる[7]。

日本では自営業者の社会的地位はそれほど評価されていないが，欧米では独立経営者が多ければ社会の安定が保たれるという観点から，むしろ，独立営業を奨励する風潮がある。健全な経済では他人に雇われるよりも自己雇用である独立経営，self-employed（自己雇用すなわち自営業者）を尊敬する産業風土が根づいている。

小零細企業は，その一方で小規模性から生まれるさまざまな問題をかかえている。中規模企業と比べても，従業者1人当たり有形固定資産額（資本装備率）は6割強，従業者1人当たり付加価値額（付加価値生産性）でも8割弱で，機械設備の導入が遅れて生産性が低くなっている。そうしたなかで，もっとも大きな構造的な問題は，業種や地域によらず労働力確保，熟練労働者の確

保が困難になっていることである。この問題は，小規模になるほど深刻になり，また，小規模企業にとって存続にもかかわる後継者問題も深刻になる。地域的には，こうした人材問題が地方圏で深刻で，業種別には製造業で熟練労働力の確保がもっとも大きな問題になっているなどの違いがある。

　小規模企業では休日制度などの労働条件の整備が遅れているため，若年労働者が大都市圏に吸引される一方，熟練した高度な技術を伝承できる人材が地域で減少していることも大きい。こうした人材問題への対応は，企業単独では困難であるから，地域全体が取り組んで若者に魅力ある地域と職場を創造する必要が強まっている。

　地方圏と大都市圏の中小企業を比べたとき，地方圏の中小企業がかかえているつぎの問題は「市場」と「情報」に関するものである。市場に関しては，地方圏に立地する中小企業は対象地域の市場が小さく，生産・販売にも大きな影響を与えている。消費者の所得水準に地域格差があり，消費水準にも格差があるため，地域中小企業は十分な市場展開がはかれない。

　地域中小企業は情報について，対事業所サービス業の未発達，近隣における情報提供機関が少ない，有用な市場情報などへのアクセスが困難なことなどを地域問題として指摘している。入手した情報を活用する能力が不十分な地域企業が多いとはいえ，市場情報，流通・マーケティング情報といった市場との関連が高い情報については，大都市圏よりも地方圏の中小企業のほうがより切実な問題としている。

　インターネットでどこでも情報を入手できるから，物理的な距離は克服できるといわれるが，現状における情報化の進展は不十分で有用な情報が容易に入手できる状況にはいたっていない。また，情報提供の側でも役に立つ情報をインターネットで発信しているとはいいがたい。こうして，地方圏では受信能力の問題もさることながら，現状においては情報集積地との距離を克服できないという不利がみられる。

　地域的な存在である小規模企業には，市場動向の把握，企画力，宣伝・広告力の面で弱さがあるが，ソフトな経営資源の蓄積に前向きにならなければなら

ないことはいうまでもない。しかし，企画開発力，技術開発力などを単独で向上するのは困難である。そこには，研究開発，商品開発などに必要な施設やサービスを提供し，地域中小企業の支援と育成を行う地方自治体の提供する政策が要請されるのである。

注
（1） 地域経済研究会「人口減少下における地域経営について—2030年の地域経済のシミュレーション—」（2006年12月）を参照。
（2） 今村奈良臣「農業の6次産業化の理論と実践」静岡研究機構『SRI』第100号，2010年6月，今村奈良臣「第六次産業の創造を　21世紀農業を花形産業にしよう」『月刊地域づくり』1996年11月。
（3） 2007年に制定された「中小企業地域資源活用促進法」にもとづく「地域資源活用プログラム」のほかに，地域ブランドづくりを促進することになった商標法改正による地域団体商標制度の導入などの政策がある。地域中小企業による地域資源活用の事例は，（財）商工総合研究所『地域力を支える中小企業』商工総合研究所，2009年を参照。
（4） 伊藤正昭「地域産業の視点」百瀬恵夫・木谷一松編著『地域産業とコミュニティ』白桃書房，1986年，30-33ページを参照。
（5） J. W. アンダーソン，Jr. ／百瀬恵夫監訳，伊佐　淳・森下　正訳『企業の社会的責任』白桃書房，1994年を参照。
（6） 清成忠男『中小企業読本（第3版）』東洋経済新報社，1997年，196-198ページ参照。
（7） 百瀬恵夫「中小企業の経営的特質」百瀬恵夫・伊藤正昭編著『新中小企業論』白桃書房，1996年を参照。

第9章　地域産業政策の新たな展開と実態
　　　──クラスター，ネットワーク，連携──

第1節　産業集積の形成から産業創発へ

1　産業集積の視点からの地域産業政策

　わが国には地域からの産業政策の経験が乏しく，各地域が主体的に産業を育成する手法やノウハウを十分に蓄積しているとはいいがたい。地域や産業にかかわる政策は，中央政府が全国的な開発政策を立案し，中央政府みずから実施してきた。そのため，地方とよばれる地域は国が配分する産業を受け入れる現場であった。

　これは，中央政府が国の資源を国土のなかで適切に空間的配分ができるという暗黙の前提に立ったから可能であった。地域開発は実態的には産業開発であり，そこでは選択される産業が地域の自然環境や社会風土にふさわしいかの判断を待つこともなく，地域中心の視点が強く前面に出ることはなかった[1]。

　地域経済の振興に取り組んできた行政側でも，工業再配置などによる企業立地の適正化，工業団地整備による事業環境整備の意味合いが強く，規制的な手段を含めてこれまで定着してきた"産業立地政策"という用語で受け止める範囲と実態が異なってきたと認識するようになった。そこで"産業立地政策"という用語を避け，産業立地をとおした地域経済の振興を含む「地域固有の産業集積を活用して地域経済の内発的・自立的発展をはかる政策」を意味する"地域産業政策"を用いるようになったのである[2]。

　振り返ってみると，1960年代から重化学工業を育成し国際競争力を強化するために拠点整備がすすめられ，1970年代には大都市から工業・工場を地方分散するかたちで工業再配置が積極的に行われ，さらに，1980年代は技術先端産業などを核として地域の工業を高度化する政策がとられた。1960年代から1980年代にかけては，装置型大企業の点的な育成と，新たに成長してきた加工組立型

産業を限定された地域内で面的に育成する手法で産業立地政策がとられてきたが，この期間をとおして明示的に「産業集積」という観点から政策展開されたわけではない。

　1990年代になってはじめて，産業や企業が地理的に集中立地している状況を強く意識した「産業集積」の概念が政策場面でも多くとりあげられるようになった。集積の概念で論じることができる最初の政策は，1983年に施行されたテクノポリス法にもとづく高度技術集積地域における技術先端産業の創出と育成であろう。

　産業集積のもっとも大きな特徴は，たんに多様な企業や産業が地理的に集中しているだけでなく，企業間に何らかのかたちでネットワーク構造がみられることである。むしろ，地域の企業間に取引関係をベースとしたネットワーク的な関係がみられることが，産業集積を定義するときの重要な要件のひとつでさえある。

　このような視点から図表9-1でわが国の産業政策の変遷をみると，まず1960年から70年代にかけての産業立地政策は産業集積を量的に形成するという意義をもっていた。ついで1980年代は，こうして形成された産業集積を質の面で高度化する時期であり，インキュベータ施設の設置を柱とする先端技術産業の創出支援，企業と試験研究機関や大学などの産学官連携の促進によって産業集積をより高いレベルで強化する政策が実施された。

　このいわゆるテクノポリス政策は，各国から産業政策あるいは産業立地政策の新しい手法として注目されたが，地域において産業集積の充実を促進するということでは十分な意義をもっているものの，現実の集積形成が計画どおりに進捗したかという点では十分な成果をもたらしたとは言い難い。[3]

　1987年に始まって1989年に崩壊するバブル経済の後遺症に悩む日本経済は，その後長期にわたって低迷し，増えることはあっても減るとは考えられなかった企業数がいちじるしく減少する事態を迎えた。大企業のリストラがすすむとともに関連中小企業が倒産に追い込まれ，倒産にいたらなくても事業環境の悪化から廃業を選択肢とする中小企業も多くなり，地域経済の急激な空洞化によ

図表 9-1　産業集積の形成から活用へ

産業集積の形成	戦後復興期： 4大工業地帯の復興・合理化・近代化（臨海部における港湾建設，鉄道の再整備，用地・用水等）		
	【工業地帯形成】	1952年 1959年	企業合理化促進法 太平洋ベルト地帯構想
	1960年代： 大都市の過密を是正する地方の重化学工業拠点整備（工業基盤整備を目的とする産業インフラの整備，国主導の産業立地政策）		
	【重化学工業】	1960年 1962年 1962年 1964年	国民所得倍増計画 全国総合開発計画 新産業都市建設促進法 工業整備特別地域整備促進法
	1970年代：工場の移転・分散による地域経済の活性化		
	【内陸立地促進】 【移転促進・地域誘導】	1971年 1972年	農村地域工業導入促進法 工業再配置促進法
産業集積に形成・強化	1980年代：地方における知識集約化産業の拠点開発		
	【ハイテク製造業】 【ビジネス・サービス産業】 【商業集積】 【オフィス機能】	1983年 1989年 1991年 1992年	高度技術工業集積地域開発促進法（テクノポリス法） 頭脳立地法 特定商業集積特別措置法 地方拠点法
	1990年代：経済改革に対応した産業集積を重視する政策の展開		
	【基盤的技術産業】 【都市型産業】 【新事業創出】	1997年 1998年 1999年 1999年	地域産業集積活性化法 中心市街地活性化法 新事業創出促進法 経営革新支援法
産業集積の活用・新産業集積の形成	2000年代以降： 経済のグローバル化，少子高齢化を意識した新しい産業集積形成（産業集積を活用した企業間ネットワーク・産学連携，産業クラスターの形成）		
	【連携による新事業創出】 【新たな産業集積形成】 【基盤的産業の高度化】 【商業集積の活用・まちづくり】 【地域資源活用・事業開発】 【地域自立への産業集積】 【地域経済活性化・連携】 【商業集積活性化】	1999年 2001年 2006年 2006年 2007年 2007年 2008年 2009年	中小企業新事業活動促進法 産業クラスター計画 中小ものづくり高度化法 中心市街地活性化法（改正） 中小企業地域資源活用促進法 企業立地促進法 農商工等連携促進法 地域商店街活性化法

って地域経済の活力が失われるようになった。⁽⁴⁾

　とりわけ，家電産業をはじめ加工組立型産業の成熟化した産業部門では，経済のグローバル化の進展にともなって生産を海外に移転する企業が続出し，関連の下請中小企業を多くかかえる地域の中核的企業が生産規模を縮小するなどの理由から受注量が急減し倒産するものが多くなった。経済が成長する時期には好ましい循環を形成していた下請分業生産システムは，一転して悪循環に陥りシステムの負の部分が目立つようになったのである。

　一般機械，輸送機械，電気機械，精密機械などの機械系工業では中小企業と下請取引を行うことによって高品質かつ低コストで完成品を生産し，価格だけでなく非価格面でも国際競争力を維持してきた。しかし，相次ぐ円高による輸出市場の縮小，生産の海外移転，さらには新興国の企業が技術力を向上するばかりでなく納期などの生産管理に進歩がみられ，非価格競争の面でもわが国の優位性が失われるようになった。

　こうして国内の下請企業が仕事を失い倒産すると，機械産業を下から支えて"モノづくり"を担当する部門が弱体化することになるだけに，いったん基盤的技術産業を失えばほとんど再生が不可能なサポーティング産業部門の活性化がいまもっとも重要な戦略的課題になっているのである。

　1980年代ごろまでの地域産業政策は，国主導による産業集積の形成とその内容の充実にとどまっていたが，1995年ごろからはこれまで各地に集積してきた中小企業をわが国の優位性のひとつとしての"モノづくり"を具体的，実質的に担当する重要な企業群として改めて位置づけ，産業集積の機能をこれまで以上に高度に活用していこうとする姿勢が鮮明になっている。産業集積の活用という点では，歴史的に中小企業集積がすすめられた産地の機能をたんに伝統工芸として閉じこめることなく，新しい時代に対応したものに高度化しようとする政策発想もまた重要である。

　ここで取り上げたサポーティング・インダストリーによる基盤的技術産業集積や産地型集積にかかわる政策が実施されており，「中小ものづくり高度化法」などによる集中的な支援が行われている。「地域産業集積活性化法」に具体化

されており，国ではなく都道府県を政策主体として産業集積を活性化することになっているが，ようやく地域が主体の産業政策として地域産業政策が始動したことを示している。

2 既存産業集積の優位性とその活用

(1) 地域産業集積の高度化

これまでかなりの機能を発揮してきた既存産業集積が，企業数の減少などから十分に機能を発揮しにくい環境にある。繰り返しのべてきたように，産業集積は集積を形成，拡大しているうちは問題点が表面化しないが，何らかの環境変化に対応できず衰退が始まるとそれを止めることが難しくなるだけでなく，構造的な問題点が一挙に顕在化してくる。いまわが国の地域産業集積の多くで，衰退の歯止めがかかりにくくなりつつあり，集積メリットが失われようとしている。

既存産業集積の優位性に注目した場合，この集積をたんに量的に維持するだけでなく，むしろ質の面で高度化させていかなければならない。既存技術の向上や取引ネットワークの拡大を課題として，これまでの分業システムをより柔軟なシステムに高度化していくことが必要である。

鉄鋼，造船，自動車，電気機械などの加工組立型量産工場が立地し，周辺に関連中小企業が集積した企業城下町の地域や，工業地帯と密接な関連をもちながら多様な中小企業が集積した京浜地域，大阪東部地域におけるわが国の機械産業を支える部品，金型，試作品などの生産を担当する"モノづくり"の基盤を構成する産業集積では，量産工場が海外移転し関連中小企業の受注が減少している。また，伝統的な食品，繊維製品，陶磁器などを生産する産地も輸入品と競合するようになり，生産額が急減している。これらの産業集積は，このまま放置された場合，技術を蓄積してきた中小企業の転業や廃業によって十分に機能を発揮できなくなる。

産業集積は，つぎのような機能を果たしている[5]。

① 事業補完機能
・技術的優位を活かした工程間・水平分業などによる事業活動の効率化
・地域ブランドの活用による商品販売力の向上
・多数の関連事業者による共同受注，共同仕入などによる規模の経済の実現
② 事業高度化機能
・市場動向や技術動向などに関する最新情報の入手が容易
・多数の関連事業者による共同研究，企業間ネットワークの構築などの交流・連携活動による相互の技術波及や事業ノウハウの蓄積の活用・高度化
③ 人材育成・確保機能
・優れた人材の育成，確保および就業の容易化

　産地型集積および城下町型集積については，1992年に「特定中小企業集積の活性化に関する臨時措置法」が制定されたが，近年，"モノづくり"の基盤である基盤的技術産業集積の発展が強く制約される事態から，産地型集積と企業城下町型集積に新たに基盤的技術産業集積を加え，この臨時措置法を発展的に解消し1997年に「特定産業集積の活性化に関する臨時措置法」（地域産業集積活性化法）の時限立法の措置がとられた。

　地域産業集積活性化法では，「『特定中小企業集積』とは，自然的経済的条件からみて一体的である地域において，工業に属する特定の事業又はこれと関連性が高い事業を相当数の中小企業者が有機的に連携しつつ行っている場合の当該中小企業者の集積をいう。」としていた。

　ここで「自然的」というのは，原則的に地理的に分離されておらず連続性を有することとされ，「経済的」とは，地域内での取引などが継続的，反復的に行われていることを指し，「社会的」とは，単数または複数の市町村を単位とすることを意味している。こうした側面を総合して，一体性が認められる地域における中小企業集積が政策対象である。

　産地や企業城下町の製造業を中心とする集積を政策の具体的な対象とし，中小企業が有機的に連携しているという具体的な特性を取りだしているが，これは共同受注，共同仕入，共同研究などを指している。すなわち，中小企業集積

に期待される分業と協力といった，基本的かつ共通機能が地域において発揮されていることを重視しているのである。

特定中小企業集積の具体的な活性化の方向は，これまで特定中小企業集積がかかわってきた事業が属する業種と異なる業種に進出すること，従来の業種と変わらないが，原材料や生産加工技術，用途，機能，性能がこれまでの商品と異なる事業に進出することなどとされた。

たとえば，新潟県三条市・燕市を中心とする地域は洋食器・刃物・手道具・金物類製造業で，新素材および高度金属加工技術を活用した市場創造・生活提案型の高品質・高機能・高感性を有する高付加価値製品に関する分野への進出をめざした。また，岐阜県関市・美濃市などの中濃地域では洋食器・刃物・手道具・金物類製造業において，既存金属加工技術の向上による多様なニーズに対応した高付加価値刃物など金属製品に関する分野への進出をねらった。[6]

なお，この地域産業集積活性化法は2007年に廃止され，同年制定の「企業立地促進法」に受け継がれた。

(2) モノづくり産業集積の維持と強化

産業集積活性化施策の対象とされたもう一方の「基盤的技術産業」は，工業製品の設計，製造または修理にかかわる技術のうち汎用性を有し，製造業の発展を支えるもの（基盤的技術）を主として利用する業種である。基盤的技術は，工業製品の生産工程において広く用いられる技術で，幅広く"モノづくり"を支える基盤的な技術である。[7]

モノづくりに不可欠な基盤的技術は，① 成形技術としての製缶・板金，金属プレス，鍛造，鋳造などのほか射出成形，溶接，② 除去技術としての切削，研磨や研削，③ 仕上技術としての熱処理，メッキ，塗装などであり，さらに，④ 製造ラインで用いられる金型，冶工具，工作機械などの工具や資本財などを生産する技術である。このほかに設計における製図，プログラム，デザインなども重要な技術でもある。[8]

このような多様な技術が具体的な基盤技術であり，工業生産において広く用

いられる技術として，加工度の低い単純な技術ではなく付加価値の高い製品の生産に用いられる技術である。しかも，試作開発型産業の発展に必要な技術であり，わが国の製造業の発展に欠かすことのできない技術である。[9]

　基盤的技術産業集積の活性化は，新商品の開発および生産，生産を効率化する生産設備の購入・開発，新しい原材料や部品の使用などにより基盤的技術の水準を向上させること，あるいは，これらの活動によって受注能力や応用領域が拡大することで実現できるとされる。その際の支援機関は，研究開発，技術指導，人材育成などに関係する公的機関であり，地方自治体の公社，都道府県の公的試験研究機関，地場産業振興センター，大学，高等専門学校，職業能力開発機関などである。

　地域産業集積活性化法にもとづいて基盤的技術産業集積活性化計画が承認された地域のなかで東京都大田区・品川区，神奈川県横浜市・川崎市・相模原市・大和市からなる広域京浜地域はおよそ6万9,000ヘクタールで12,207事業所が存在し，大田区や川崎市などの中小企業集積について，工業系大学を中心とした産学共同研究を促進し，金属加工技術，研究開発機能の活性化と強化に取り組んできた。

　これら活性化に対する行政側からの仕組みが整ってきたが，はたしてどれほど地域中小企業の経営者がその仕組みに関心をもち，深くかかわろうとするかが，今後のもっとも大きな課題である。

(3) 産業集積における企業創生

　多くの伝統的な産地のほかに，かつての繊維産地で育まれた機械修理技術がのちに機械製造技術へ昇華したケースのトヨタ自動車をはじめ，群馬県桐生地域，これと地域的に連担する太田市などの自動車，機械工業があり，歴史と産業風土を背景に多様な産業集積地が存在する。既存技術を必ずしも必要としない新技術開発が日本の課題であるが，一般的にはほとんどの地域で地域力の源泉としての新旧を問わない産業集積の基本構造を積極的に活用する時代にある。既存産業が培ったローテクとミドルテクなくしてハイテクは産業化しない

ともいえるのである。[10]

　そこで以下では，事例にもとづいて伝統性の奥深さを示す中小企業，産業風土性が示す産業集積の内部に生まれている変化を取り上げて，地域産業の変化の芽を確認しておきたい。

伝統技術からオンリーワンの創出

　岐阜県関市のＮＢ社は，1560（永禄3）年に鋳物（いもの）を業として創業された超長寿企業として知られる。同社は1940年に株式会社として設立され，大企業もその経営に学ぶべき強さがあるとして注目する従業員数280名の中小企業である。プーリー，カップリング，ハンドル・レバー，特殊ねじなどの製造・販売を事業内容とし，同社売上高の35％を占める主力商品として「ベルトを回転させるための滑車」であるプーリーは，それほど高い技術を必要とせず中国などが代替生産しやすい分野であるが，同社は国内のプーリー市場の約8割を占め，オンリーワン企業である。

　30年程前には，国内に10社前後のプーリーのメーカーがあったが，現在は同社が国内で唯一のプーリー製造元である。現在の製品数は7,000～8,000品目を数え，どのような製品にも99％は対応できる体制を整えているため，これほどの商品数を扱う海外企業はなく，国内で高い占有率を誇っている。技術的には中国企業にも対応が十分に可能であるものの，あまりにも多品種少量であるために参入利益が見いだしにくい分野なのである。

　このように，顧客ニーズに応える同社の製品製造・販売は，多品種少量生産を超えた「寿司バーコンセプト」にもとづく「多品種微量生産」という考え方によって展開している。顧客の機械設備メーカーが大量生産方式から極力在庫をもたない生産方式に移行したことに対応したもので，必要とする需要に見合う加工スピードがあればいいという，高速加工が可能な機械に依存しない逆転の発想である。

　一個の注文から対応するためには，部品を標準化し，取り扱い数をできるだけ増やす。しかし，在庫を抱えるコストを回避するためには，最小限しかもた

ないことが大切である。この多品種微量生産の体制を整えるために，30年前から製造機械を自社生産し，自社製の機械は，現在460台のうち305台を占めている。

外注で調達した汎用の製造機械を使うよりも，特殊な工程に対応した内製機械を素早く使い分けることで，精度の高い製品を短期間で製造できる。自社製造の機械を使うことで製造工程の効率化がすすめられるだけではなく，機械自体のコストも汎用機の10分の1で済み，同社のコスト競争力に結びついているのである。

30年前に大量生産に見切りをつけたことから大口取引先はなく，小口の取引が中心となり，ターゲットはいわゆるロングテールのニッチな部分であり，注文はほとんど顧客からの直接注文である。自社ブランド製品であり，かつ商品をカタログやインターネットから一個からでも注文可能な体制をとることで客単価は比較的低い。しかし，カタログやインターネットでの受注では価格交渉はなく，価格を同社でコントロールすることが可能なため値崩れを抑制できる。これは，企業としての最大の競争優位である。商品数は4万点を数えるが，当日14時までの注文は当日出荷をする体制を整え，現在，当日出荷が7割を占めており，即納体制をとっている。

大企業に負けない経営力の原点で新しい地域産業風土づくり

IK社は栃木県足利市で1888年に織物機械の木製部品製作で創業した歴史のある従業員80人ほどの中小企業である。創業当時，繊維の街の足利にジャガード機が輸入され，創業者が同じ機械の製造に取り組み，館林の尾曳稲荷神社に3,721日の願掛けで足を運び機械製作に成功した。このエピソードは尾曳稲荷神社のパンフレットに記されている。[11]

ジャガード機製作で技術を取得し次第に幅を広げて精密加工部品や省力化装置なども生産するようになり，現在は，一般産業機械，工作機械，印刷機械，半導体関連設備など幅広い分野の製造を手がけている。同社は，①製作者の創造力，②知識や経験だけでなく，より多彩な創造力・個性・感性・技術をもつ

チカラとしての人材，③あらゆる部門で一貫した管理と品質維持のために「人材」「物流」の両面からの綿密なネットワーク，という3つの軸を経営理念に据えている。

多品種単品加工を基本とする同社は，切削から溶接まで自社で技術保有をしており大型で複雑な産業用機械でも比較的短納期で対応できる強みを生み出している。「顧客のニーズを的確にとらえスピーディに応える」方針を明確にし，豊富な知識や技術力を身につけるために熟練した先輩から現場での実践的な指導を受け，よりよい人間関係づくりをしながら効果的な人材育成に取り組んでいる。ものづくり現場で，従業員教育の一環として5S活動を取り入れることによって，この方針を実現している。

5S活動は，1997年にISO90001の認証取得と同時に取り組み始めたものである。I社長がもっとも力を入れている5S活動は，中小企業の足腰を強くし，利益の出る体質にし，人づくりと産業おこしに大変有効な手法であると考え，経営計画書に「5S・改善を重視」と明記し，重点実施事項として従業員が方針を共有している。この5S活動によって工場のスペースが30％以上広く使えるようになるほか，安全向上，品質向上，生産性向上，経営者・従業員の意識改革，顧客からの信頼の確保，短納期生産などすべてにおいてレベルアップした。

図表9-2　IK社における5S

整 理	要る物と要らない物をはっきり分けて，要らない物を捨てる事。
整 頓	要る物を使いやすいようにきちんと置き，誰でもわかるように明示する事。（必要品は，いつでも取り出せるように整頓する）
清 掃	常に清掃をし，きれいにする事。（きれいに清掃し，問題点がわかるようにする）
清 潔	常に汚さないように心掛ける事。（整理・整頓・清掃がつねに維持される仕組みを作る）
躾（しつけ）	決められたことを，いつも正しく守る習慣をつける事。（ルールを守り，確実に実施される職場づくり，決められたとおりに実行できる習慣をつける）

資料：IK社資料による。（　）内は筆者の加筆。

社長は，足利工業高校や地場産業振興センターに出向き，５Ｓのカリキュラムの導入について熱心にPR活動を展開し，今では足利市で5Sのカリキュラムを導入した企業は約40社以上になった。５Ｓこそが地場産業活性化のカギになればと期待しているのである。これに呼応して５Ｓ活動に組織的に取り組む地場企業も多くなり，足利市を「５Ｓの街」として発展させようとする意識が強まって，新たな地域産業風土を形成しようとしている。

中小企業総合研究機構の中小企業へのアンケート調査によれば，企業が社員に期待することで「コミットメント（目標の達成）」がもっとも多いが，ついで「５Ｓの徹底」「改善提案」「新たな発想・手法によるイノベーションの推進」があげられている。経営者は従業員に対して，現行の目標達成や効率的な業務遂行を期待しており，５Ｓへの取り組みによって「決められた役割をキチンと果たすこと」に大きな期待を寄せているのである。(12) 中小企業において５Ｓ活動はかなり普及し珍しいものではないが，取り組み方に問題があり思うような成果が出ないともいわれており，上記の足利市の中小企業のように相互に企業見学するといった地域ぐるみでの取り組みに注目しておきたい。

第２節　地域における産業創発の形態

１　地域産業資源のネットワーク化

地域の産業風土にふさわしい産業や企業を生み出すことは地域創発である。創発はポランニー（M. Polanyi）が明らかにした概念で，英語ではemergenceである。エマージェンスは表出ともいえ，地域産業との関連でとらえれば，地域の特質が前面にあらわれ，地域の風土的特質が具体的な企業行動にあらわれることが地域創発であるといってもよい。

そしてまた，この地域創発に知識創発型の企業行動を加味して，連続的，持続的なイノベーション活動を展開する地域と地域産業に変質していくことが求められる。本書ですでに学習地域と地域イノベーションの関係を考察した。知識経済において，知識や情報を積極的に取り込み，持続的にイノベーションを繰り返すことのできる仕組みをもつ地域を学習地域といい，このようにつねに

新しい知識をつくり出す地域が知識創発型地域ということができる。

知識には移動型知識と非移動型の「埋め込み型知識」があることも明らかにしてきた。たとえば機械，設計仕様書などに具体化された情報や知識は，専門家にとって凝縮された情報として正確に理解することができる。したがって，設備・機械，生産方式などは企業から企業へ，人から人へと相当正確に移転することが可能であり，移動型知識である。製品だけでなく機械や生産方法，納期・在庫管理などの生産技術がすべてワンセットとされ，ハードとソフトがパッケージ化されるなら，すべての知識，ノウハウがセットごと他企業や他の国ぐにへ移転する。

もうひとつの「埋め込み型知識」は，労働者に技術が体化した熟練のように簡単には他の人が受け継げない知識，あるいは他企業が模倣できない企業固有の技術知識，企業風土，企業ブランドなどは移転しにくい知識であり，その人やその企業に埋め込まれた知識である。「移動型知識」は形式知，「埋め込み型知識」は暗黙知に対応するが，日本の企業を動かし国際的にも競争力を勝ち得ている条件は，模倣が困難な埋め込み型知識，暗黙知を重視し，企業内で確立する持続的な努力に傾注したからである。

地域にも実際に多くの暗黙知が蓄積し，地域固有の技術知識がある。これら地域固有の技術や知識は，非移動型で国を超えた移転には時間を要することから，国内の独自性にとどまらず国際的にも独自性が維持できる。地域資源を見直し，こうした地域固有の資源を掘り起こすところにニッチ（隙間）が発見できる。地域産業の全体を一気に動かそうと焦ることなく，じっくり地域の産業風土や産業資源を掘り返すことが大切なのである。

いま，地域における産業創出が大きな課題である。これまで，国が拠点開発などで産業インフラを整備し，環境整備が行われた地方自治体は企業誘致，研究所誘致に力を入れて地域産業を育成する戦略をとってきた。国内の新規立地件数が低迷し，企業誘致競争も国内にとどまらず国際競争になっており，地域が企業進出にとって魅力あるものにするためにも，地域創発型産業振興，内発的産業発展を地域戦略にしなければならなくなった。

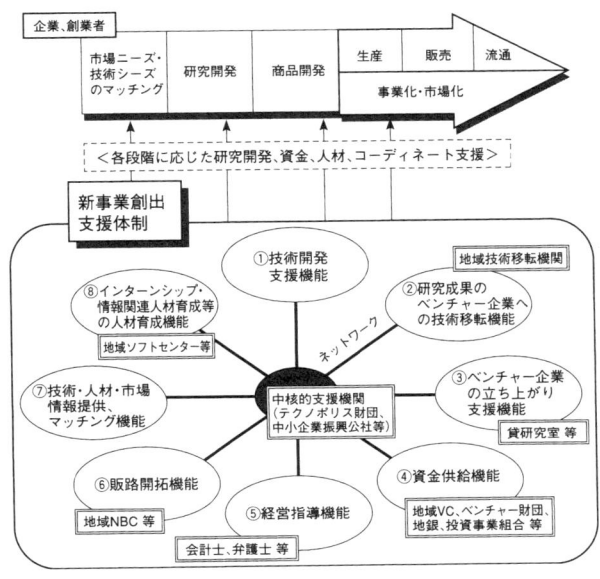

第9章　地域産業政策の新たな展開と実態　283

図表9-3　立地の競争優位の源泉

（図表：企業・創業者→市場ニーズ・技術シーズのマッチング／研究開発／商品開発／生産／販売／流通、事業化・市場化。＜各段階に応じた研究開発、資金、人材、コーディネート支援＞。新事業創出支援体制として、中核的支援機関（テクノポリス財団、中小企業振興公社等）を中心に、①技術開発支援機能、②研究成果のベンチャー企業への技術移転機能（地域技術移転機関）、③ベンチャー企業の立ち上がり支援機能（貸研究室 等）、④資金供給機能（地域VC、ベンチャー財団、地銀、投資事業組合 等）、⑤経営指導機能（会計士、弁護士 等）、⑥販路開拓機能（地域NBC等）、⑦技術・人材・市場情報提供、マッチング機能、⑧インターンシップ・情報関連人材育成等の人材育成機能（地域ソフトセンター等）がネットワークで結ばれている）

資料：通商産業省環境立地局（1999年10月）

　わが国の創業環境の整備をすすめるために，1998年に「新事業創出促進法」(13)が制定され，そのねらいを，①独創性，挑戦意欲，起業家精神に富んだ創業者への直接的な支援の実施，すなわち，創業の促進，②すぐれた技術をもちながらその力を十分に発揮できない中小企業が新技術を利用した事業化の支援，③地域産業資源を活用した事業環境の整備実施におくこととした。(14)

　地域産業資源を活用した事業環境の整備についてみると，テクノポリス構想に代表される地域づくりによって大学を中心として研究開発型企業の集積がすすんでおり，これらの集積のなかに蓄積してきた人材や技術などの経営資源（法律でいう地域産業資源）を活用して，新事業創出を促進するためにいっそうの環境整備をはかろうとしたのである。

　テクノポリス法，頭脳立地法，地域ソフト法などを契機に都道府県が取り組んだ結果，高度技術企業，研究機関，技術・人材・情報・資金面で支援に当たる各種支援機関が設立され，こうした産業資源が各地域に蓄積されてきた。地域産業が自立的に発展していくためには，地域産業資源を活用して新事業の創出をはかり，地域産業の内発的発展に地域が主体性をもって取り組んでいくことが大きな課題である。

　地域が自主的に既存の地域産業資源を再評価し，地域の強み（アドバンテー

ジ）と弱み（ディスアドバンテージ）を明確に認識しながら，地域で発展可能性の高い産業領域を戦略的に設定していくことが求められる。その際，地域に潜在する経営資源（地域産業資源）を顕在化させるため，都道府県などが設立してきた既存の各種産業支援機関の連携を強化し，場合によっては統合をすすめながらネットワーク化し，十分に機能が発揮できるように体制を整備することが必要である。

現状においては，都道府県，市町村においてインキュベータ，テクノポリス機構，中小企業振興公社，公設試験場，公設試験研究センター，各県中小企業団体中央会，商工会議所，商工会など多様な産業支援機関，中小企業支援団体が存在するが，地域内では必ずしもこれら機関のあいだで積極的な連携行動がみられない。

都道府県は地域の特性を考慮した地域プラットフォーム（platform）の整備に取り組んできた。地域プラットフォームは，研究開発から事業化の各段階において技術面，資金面，経営面で課題に直面する企業が，外部から経営資源をアウトソーシングしやすくし，地域に存在するさまざまな産業支援機関の連携や統合をすすめてネットワークを強化することにより，必要なときに必要な支援を総合的に実施する総合的なシステムである。

地域プラットフォームのなかでは，テクノポリス財団や中小企業振興公社が中核的支援機関となり，インキュベータ，地域金融機関，地域ベンチャー・キャピタルなどが連携し，さらに会計士・弁理士・弁護士や経営コンサルタントなどの経営支援にかかわる機能をアウトソーシングできるようにネットワーク化する。地域資源を一定方向にまとめることになるが，ここで集積がより高い機能を発揮できるために，地域の研究集積を活かす産官学の連携が重要な条件のひとつになる。産官学連携や産学公連携による共同プロジェクトのリーダーやコーディネーターといった人材をどのようにアウトソーシングできるかが課題になるのである。

また，地域で産業資源が不足するようなときは，地域間の連携の強化もひとつの選択である。特殊な研究領域で研究集積をもつ大学と連携する場合など

は，同様な産業特性をもつ複数県にまたがる広域的連携によってこそ，地域産業のレベル向上に期待がもてよう。

2　クラスター形成による地域優位

　産業集積，産業地域に言及することがきわめて多いが，産業集積や産業地域における企業間ネットワーク構造の実態や機能に注目する場合，クラスターという概念にしばしば出会う。マイケル・ポーター（M. E. Porter）は，ある特定の分野に属し，相互に関連した，企業と機関からなる地理的に近接した集団がクラスターであるとしている。(16)

　クラスター（cluster）は葡萄やサクランボの房というほどの意味で，「似たもの・ひと同士の集団」とも訳される。地域や産業の面からみると，産業のなかでは多様な企業が取引を通じて連鎖関係をもち，地域のなかでは多様な産業がやはり取引の連鎖関係をもちながら経済活動を行っている。したがって，産業にしろ地域にしろ，企業や団体，機関が共通性や補完性によって結ばれながら，産業優位や地域優位を生み出しているのであるから，クラスターという観点から地域産業をとらえる考え方にも合理性がある。

　ポーターは『国の競争優位』で国レベルの競争力について分析しているが，別の観点からイタリアの革靴・レザーファッション・クラスター，カリフォルニアのワイン・クラスターをとりあげ，分業によるネットワークの構造，州政府や研究機関，業界団体のかかわりがどのように地域で機能しているかについて多面的に検討するなかで，企業の競争優位を実現する「場」を"国"から"地域"に移しながら，クラスターが地域で果たす役割を明らかにした。そうして得られるクラスターを，「特定分野における関連企業，専門性の高い供給業者，サービス提供者，関連業界に属する企業，関連機関（大学，規格団体，業界団体など）が地理的に集中し，競争しつつ同時に協力している状態」と定義している。(17)

　クラスターが形成されると，クラスターの内部で供給業者が特化と深化を強めるが，これは地元に多数の顧客が存在するので市場機会を容易にみつけるこ

図表9-4　立地の競争優位の源泉

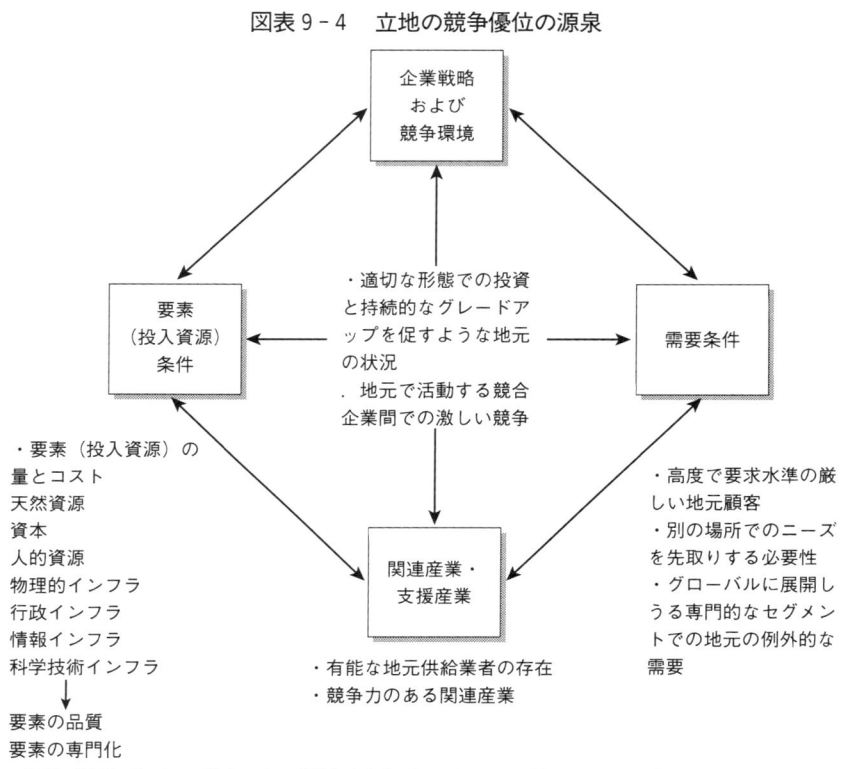

```
              ┌─────────────┐
              │  企業戦略   │
              │  および     │
              │  競争環境   │
              └─────────────┘
             ↗              ↘
    ┌─────────┐              ┌─────────┐
    │  要素   │              │         │
    │(投入資源)│ ←――――――――→ │ 需要条件│
    │  条件   │              │         │
    └─────────┘              └─────────┘
             ↘              ↗
              ┌─────────────┐
              │ 関連産業・  │
              │  支援産業   │
              └─────────────┘
```

・適切な形態での投資と持続的なグレードアップを促すような地元の状況
・地元で活動する競合企業間での激しい競争

・要素（投入資源）の量とコスト
　天然資源
　資本
　人的資源
　物理的インフラ
　行政インフラ
　情報インフラ
　科学技術インフラ

要素の品質
要素の専門化

・高度で要求水準の厳しい地元顧客
・別の場所でのニーズを先取りする必要性
・グローバルに展開しうる専門的なセグメントでの地元の例外的な需要

・有能な地元供給業者の存在
・競争力のある関連産業

資料：M. E. ポーター／竹内弘高訳『競争戦略論Ⅱ』ダイヤモンド社，1998年より作成。

とができ，市場探索・確保に要するリスクが軽減されるからである。

　クラスターの存在がみられる地域では，その地域に立地しようとする企業にとって，必要な資産，スキル，人材などの投入資源が容易に調達でき，それらを組み合わせて新規に創業するのも他の地域で行うより容易である。いわば，クラスターの存在する地域では，新規参入コストが軽減され，トータルな参入障壁が低くなるのである。地域のクラスターの実態にくわしく馴染みがある地元の金融機関や投資家にとっても，投資の際に要求するリスク・プレミアムも低くなる可能性があり，新規創業に有利な条件を提供することになる。

　このようにみると，地域への産業集積によって競争優位を獲得するというよりも，地域の産業集積がどのようにイノベーションを生み出し続けることがで

第9章　地域産業政策の新たな展開と実態　287

きるかという視点からクラスターを考察するのが，いまの日本にとって必要なことであろう。地域の産業集積が持続的に競争優位をどのように維持していくかという視点が必要なのである。[18]

地域プラットフォームの構想も，ポーターが指摘する既存のクラスターの生産性をどのように向上し，イノベーションをどのような仕組みで促進し，さらに新事業を創出するメカニズムは何かという観点に十分に配慮していかなければならない。政府や政策担当者はクラスターの選別を行うべきではなく，どのクラスターであっても生産性を改善し，高賃金支払いの潜在能力をもっているから，まったく新しいクラスターを創出するよりも，既存クラスターの育成や新興クラスターの強化，育成に取り組むべきである。このことは，従来のように望ましい産業を選別して補助金などで保護育成する日本型の産業政策を採用すべきではないことを示唆している。

クラスターの内部で硬直性がみられるとすれば，政府が競争に干渉することが多い地域で生じやすく，内部で硬直性が生まれると，クラスター内で企業や機関の改善意欲が低下しイノベーションのペースも低下してしまうとポーターは指摘している。つまり，古い産業体質のままでは内部に硬直性が生まれることによって，事業費用が予想外に速く増大することになるから，クラスターの自己革新メカニズムの機能が低下した地域ではクラスターそのもののグレードアップが追いつかなくなってしまうのである。

わが国の産地が伝統産地化していくなかで柔軟性を失い硬直化するにつれて対策がつねに後手に回り，産地企業の対応コストだけでなく国や地方自治体の政策コスト増大が加速化し，さらに衰退方向に向かうという悪循環に陥っているところが多い。

クラスターの厳密な定義とは一致しない面もあるが，わが国でも新たな産業クラスターを構築しようとする動きも活発になっている。たとえば，埼玉県南西部，東京都多摩地域，神奈川県中央部の広域多摩地域（TAMA, Technology Advanced Metropolitan Area）における，クラスターの再活性化あるいはクラスターの量的・質的発展の試みがある。[19] この広域的な地域は，85市町村にまた

がる地域で1,000万人を超える巨大な消費地であり，大企業，関連の製品開発型中小企業，基礎技術型中小企業などすぐれた加工技術をもつ企業が集積する地域である。この広域的に地域が連携して全域の共通基盤としてのTAMA産業活性化協会を中心として，地域住民，企業，大学，研究所，自治体など地域構成員がそれぞれの役割を果たしながら，新規産業を創造する仕組みを構築しようとしている。

地域の目標として，「地域産業の付加価値創造と住民の自己実現・活躍の場創造の同時達成による，世界有数の新規産業創造拠点の形成」をあげている。また，新規産業創造拠点形成において基本的に留意すべきこととして，研究開発力・技術力向上による製造ポテンシャルの維持向上，新規事業進出による既存企業の創造的展開，外部経営資源の活用による高付加価値の追求，新しい創業パターンへの対応，自立型地域産業社会の構築の5点をあげている。起業家が多摩地域に集まる仕組みとして起業家発掘機能を整備し，新規産業の成長を促進する仕組みとして各種支援機能の強化を求め，資金，人材，技術，販路，場所の供給とフェイス・トゥ・フェイスのネットワーク形成への支援機能の充実をはかろうとしている。

こうした動きは今後各地で展開することになろうが，すでに，食料品加工関連の産業が分散的に立地している北海道でも，広域的に多様な企業や産業が連携して新たな地域産業を創出しようという例が増えており，ポーターが指摘したクラスターづくりに取り組む地域がみられるようになっている。北海道の場合，ポーターがクラスターの存在を指摘したことに刺激を受けて，道内各地の産業や企業を意識的に連結させようとしており，先駆的な例として評価することができるであろう。

産業を取り巻くパラダイムが変化しており，これまでのように産業を単位とする産業論では地域産業を論じることが難しくなっている。アメリカでは，われわれが馴染んでいる産業構造（industrial structure）という概念は希薄であり，鉄鋼業，自動車産業などのようにひとつの産業をとり上げて論じるよりも，産業と産業の境目をあまり意識しない，業際的な発想や行動がしばしば観

察される。すでに産業と産業の間もボーダーレスであり，産業間のネットワーク的な関係を認識すればクラスターのもつ基本的な特徴が把握でき，その特徴を活かしていくことが地域にとって重要な指針となるのである。わが国の産業論に地域の概念をさらに明確に取り込んでいくという，研究者の側での努力もまた必要であろう。

第3節　地域における戦略的連携

1　地域中小企業の連携と経営資源の共有

　中小企業集積地域にかぎることなく，中小企業にとって絶えず変化する経営環境に対応していくためには，企業間の協力がこれまで以上に必要になっている。中小企業といえども大企業と同様に独立の経済主体であるから，自助努力によってヒト，モノ，カネ，情報などの多様な経営資源を入手し，製品やサービスを開発，生産し販路を求める事業活動を展開するのは当然である。

　しかしながら，低コストで高品質の製品やサービスを生産し，納期を厳守するために，開発，生産，販売，マーケティングの事業プロセスを自社の保有する経営資源のみで展開する時代は終わりつつある。むしろ，ビジネスの各段階で必要な機能をもつ企業を大企業と中小企業の別なく有機的に連携し，より高い効率を追求しなければならなくなった。

　研究開発力やデザイン開発力を備えなければ製品やサービスの高付加価値化は困難であるばかりでなく，製品開発力，生産技術力が発揮できるためにすぐれた人材，資金調達力，経営管理力などトータルな経営資源の投入が必要であることはいうまでもない。あらゆる経営資源を自社で保有する経営スタイルは「自前主義」ということができるが，しかしながら，資金調達にしても融資から株式発行による方法に移行し，研究開発にしても高度な知識をもつ人材の確保が必要になっている。

　このように，自前で資源を調達するやり方では，質的レベルの高い資源を十分に確保することは難しい。個別企業であらゆる経営資源を保有し，さらにそれぞれの資源を高度化していくのは中小企業にとってきわめて厳しいことである。

各種経営資源のそれぞれのレベルが高度化しているだけに，個別企業だけでは資金，人材，情報，流通チャネル，マーケティング力など多様な資源を同時に高度化することがますます困難になっている。それだからこそ，各企業が自社でもっとも力を入れて蓄積した資源を提供し，自社の手薄な資源の提供を受けて補強するために，他企業と幅広く連携する行動が望まれるのである。個別企業の自己啓発にコストがかかりすぎるとなれば，相互啓発をベースとした企業間関係に，経営資源の獲得と蓄積コストを大幅に低減する可能性を期待したい。

　かつては主要な専門技術や特殊なノウハウだけの取得で経営できた中小企業の事業活動においても，その企業のコア技術や周辺技術に関する情報だけでも膨大で，市場に関する情報もますます複雑化し，コンピュータを駆使してもその分析は容易ではない。技術にかかわる人材を個々の企業が獲得し，養成することはコストが大きくなるだけでなく，中小企業がその蓄積のために時間的余裕をつくり出すのも容易なことではない。

　大企業では中核的業務に経営資源を集中するために，多様な資源を外部から調達するアウトソーシングに多くを依存するようになっている。かつて業務の多角化，多様な分野への進出が課題であった大企業でも，規模ではなく経営資源がどれだけ優れているかが企業評価の基準になった。また売上高ではなく収益力やキャッシュ・フローが企業評価の基準になっており，いずれにしても優れた経営資源を投入し，投入した資源を効率的に組み合わせなければ評価されない時代である。この経営資源を収益が高まるように組み合わせる技術が情報通信技術（ICT, information and communication technology）のひとつのあり方である。

　中小企業基本法によれば，経営資源は，「設備，技術，個人の有する知識及び技能その他の事業活動に活用される資源」と定義されている。経営ノウハウ，技術，人材，市場情報，製品企画，技術・デザイン開発，販路開拓に必要な資源などは中小企業の経営革新に必要なソフトな経営資源である。多様な経営資源が高度化し，その調達にもさまざまな障害があるだけに，個別中小企業にとっては，あらゆる資源を自前で調達することがむしろ不可能になったと考

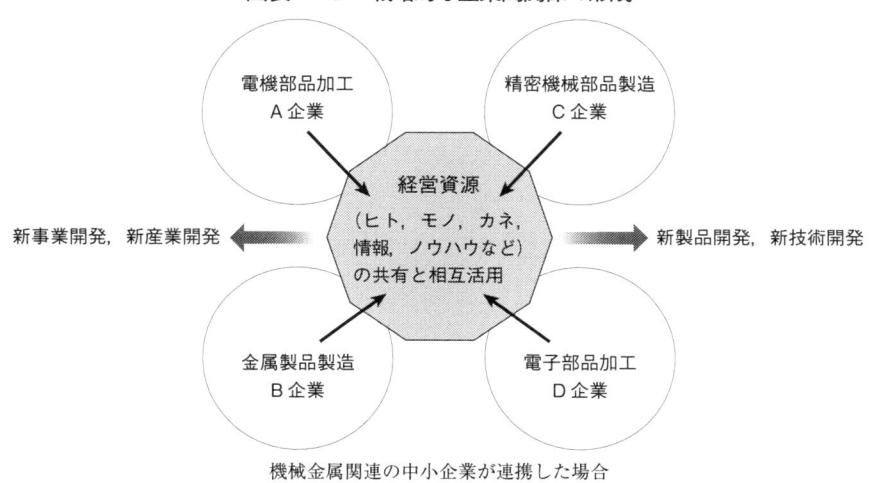

図表9-5 戦略的な企業間関係の形成

- 電機部品加工 A企業
- 精密機械部品製造 C企業
- 金属製品製造 B企業
- 電子部品加工 D企業

経営資源（ヒト，モノ，カネ，情報，ノウハウなど）の共有と相互活用

← 新事業開発，新産業開発
→ 新製品開発，新技術開発

機械金属関連の中小企業が連携した場合

えるべきである。

　中小企業の保有する資源には限りがあるところから，複数企業が経営資源を相互補完する目的で異業種交流などの連携活動が展開されてきた。企業が外部経営資源を活用できる仕組みが，近年多くみられる企業間の戦略的連携や企業間ネットワークであり，外部資源を連携して相互に活用することで，新しい利益といわれる範囲の経済を得ることができる。この活動はアウトソーシングのひとつの形態であるが，中小企業にとって自社内に資源をそろえる場合に発生する固定費を変動費として処理することができることになり，この「固定費の変動費用化」は中小企業経営において大きなメリットである。

　個々の企業が競争的市場で各種の経営資源を入手すべきだとするのは市場中心の考え方であるが，実際にしばしば観察されるように，市場を通さないで経営資源を入手する方法がある。

　画一的な消費者ニーズと経済規模の拡大を前提に仕組まれた少品種大量生産から，消費者やユーザーの多様なニーズにきめ細かく対応するために，多品種少量生産がいちじるしく進展した。前者の大量生産が規模の経済を実現するものとすれば，自社内で資源を共通に活用して生産コストを抑制しながら多品種

を生産する方法は，範囲の経済を実現するものである。共通の資源でもって複数製品を生産するメリットが範囲の経済の典型的な例といえよう。

　また同様に，複数企業が所有する経営資源を持ち寄り，持ち寄った資源を各企業が共通に活用できれば，経営資源を共通化したということになる。企業間で戦略的連携にもとづいて意図的に資源を共有し，相互活用によって連携に加わった各企業がコストを低減することができる。これが企業間連携からえられる範囲の経済であり，ネットワークを形成することによってえられる連結の経済である。

　機械金属関連の業種といっても製品あるいは加工工程が異なる企業が意識的に連携し，新製品，新技術の開発に取り組む事例は多いし（図表9‐5参照），もっと幅広く多様な業種，業態の組織が連携し，メーカー，商社，物流業者，情報関連企業の大企業，中小企業の多様な経済主体が連携し資源を共有するケースも多くなっている。

2　中小企業組織と地域における戦略的連携

　わが国では，中小企業における連携といえば，大企業と中小企業の下請関係と中小企業同士による事業協同組合などの中小企業組織であった。そのうち下請関係もかつてのような専属的・固定的な関係からゆるやかな双方向的な関係に変化し，その実態をとらえてネットワーク関係が機能しているとみる立場もある。

　ピラミッド型の企業間関係の特徴をもちながら，タテ型であるために情報もタテに流れ，ピラミッドの各層に位置する企業にとってヨコに流れる情報に神経をとがらす必要性に乏しかった。近年は，情報が大量に流通し，取引先からくる各種情報だけを頼りに事業活動することができなくなった。限定的な情報に依存していては，時代の変化に対応できず，むしろ，中小企業みずから情報収集しなければならない。こうして，ヨコの企業間関係を利用して効率的に情報を収集する異業種交流に関心を寄せるようになり，戦略的連携，多角的連携の行動がみられるようになったのである。

ここで，企業間の連携を，中小企業政策の大きな柱のひとつを構成する組織化との関連で考察を加えてみよう[20]。

　企業は本来みずからの意思決定によって経済活動を行う経済主体であり，中小企業もまた独自に事業展開する主体として行動することが基本であるが，中小企業であるからこそ協同組合を形成して事業展開することができる。独自の活動，協同組合による行動のほか，さらに，業種や産業の枠を超えて他企業と多様な関係をもちながら事業活動を行う異業種連携をはじめとする戦略的連携，多角的連携が事業展開行動様式の第3の選択肢として広く認められるようになった[21]。

　第2の選択肢として利用されてきた事業協同組合は，経済成長期に数多く設立され有効に機能してきた。基本的には，スケール・メリットを享受する目的であったため，経済の量的拡大期にはその目的が容易に達成できた。しかし，低成長期になり市場規模が縮小するようになると，スケール・メリットを発揮する必要性が薄れ，その結果として組合組織の役割が低下するようになり組織化活動そのものも低調になった。

　たとえば長いあいだ，事業協同組合の主要事業であった共同購入などの重要性が相対的に低下し，情報提供事業，教育事業などソフト面における事業の重要性が高まってきたが，これは経済環境や市場ニーズの変化に対応したものである。共同購入や共同仕入など規模の経済を実現する事業であっても，市場がこれを単純には容認しなくなったからに他ならない。

　そのことは，市場メカニズムにさらされる一般の企業であれば事業再構築（リストラ）で対応するであろうが，協同組合の場合，共同施設の利用度が低下しても員外利用が制限されることや，その規模縮小が必要になっても，事業規模のフレキシブルな変更が難しいという問題に端的にあらわれている。

　規制緩和によって市場機能を発揮させることで日本経済の構造改革をすすめるという立場から，協同組合，商工組合など中小企業の組織化が政策手段として活用されることに疑問が多く，中小企業の組織化について異論が提起されている。中小企業の組織化はそのまま規模の経済の追求と考えられて，事業規模

の拡大は時代に逆行するという批判がこれである。たしかに，市場規模が縮小し，消費者ニーズも変質してくると，これまでのような協同組合組織のメリットを活かしにくくなるが，しかしこれをもって「組合の意義が相対的に低下した」という認識は誤っている。

中小企業組合不要論もみられるが，中小企業組合の本質からみても，中小企業と大企業の経済格差や経営力格差が広がる可能性があるところからみても，21世紀において中小企業が組合活動に積極的に取り組む必要があることはいうまでもない。

生活価値観の変化にもとづく消費者ニーズの多様化，市場の質的変化にともなって，組合のあり方を見直しながら，みずからを改革し強化することによって組合員である中小企業のニーズに応えなければならない。むしろ，組合にとって"新しい仕組み"で環境変化に対応しなければならなくなったと考えるべきである。そこで，個々の企業では対応できないこれまでにない経営環境の変化には，連携などのかたちをとる企業間関係を軸とした対応が注目されるようになったのである。

1999年に改正された中小企業基本法では，第16条で，「国は，中小企業者が相互にその経営資源を補完することに資するため，中小企業者の交流又は連携の推進，中小企業者の事業の共同化のための組織，中小企業者が共同して行う事業の助成その他の必要な施策を講じるものとする」とし，とくに，中小企業の異業種交流や多角的連携によって相互に経営資源を補完する行動を支援するとしている。

これまでの中小企業組織化政策は，スケール・メリットを実現するために固定的で永続的な組合組織の結成とこれを中心とするハード面での支援にとどまっていた。しかしいまや，異質多元な存在である中小企業の組織も多様化し多元となっており，任意グループや企業間ネットワークといった「ゆるやかな連携」，法人格をもたない経済主体も組織化の対象にすべき状況になった。

図表9-6にみられるように，任意グループ，協同組合，共同出資会社，公益法人などが連携組織に該当する。組合には事業協同組合，企業組合，協業組

第9章 地域産業政策の新たな展開と実態 295

図表9-6 中小企業組織の多様化

```
                    中小企業活動の多様化・高度化
  ────────────────────────────────────────→
 ┌──────┐  ┌──────┐  ┌──────┐      ┌──────┐
 │個別企業│  │個別企業│  │個別企業│      │個別企業│
 └──────┘  └──────┘  └──────┘      └──────┘
  ＼         ┌──────┐  ┌──────┐      ┌──────┐       ┌──────────┐
   ＼        │協同組合│  │協同組合│      │協同組合│  →   │共同出資会社│
    ＼       └──────┘  └──────┘  企  ┌──────┐      │への組織変更│
   中＼               ┌──────┐  業  │任意グループ│  →   └──────────┘
   小 ＼              │任意グループ│  間  └──────┘
   企  ＼             └──────┘  連  ┌──────┐
   業   ＼                        携  │共同出資会社│
   組    ＼                       組  └──────┘
   織     ＼                      織  ┌──────┐
   の      ＼                         │公益法人│
   多       ＼                        └──────┘
   様        ＼
   化         ↓
```

合があり，共同出資会社には商法にもとづく合名会社と合資会社，株式会社および有限会社法にもとづく有限会社，公益法人には民法第34条によって設立された法人が該当する。中小企業政策においてはまた，企業間のゆるやかな連携と同時に，全国中小企業団体中央会のように「ゆるやかな連携」を支援する組織も政策対象になった。

中小企業組織化は，これまで協同組合のような限定された形態によって共同事業が行われ，ハード面の共同事業の役割が低下した場合でも，その形態のままではソフト事業など別の活動に移行するのが難しかった。中小企業政策の改正にともなって，連携する中小企業の事業発展段階や環境変化に応じて，組合法人を解散することなく，総会決議を経て共同会社などへ柔軟に組織変更を行って，その時々で適切な組織形態が選択できるように法制度面で整備が行われている。

たとえば，少人数でスタートして，事業が軌道に乗り，従業員，資本金を増やしてさらに成長したいとする場合，最低資本金の定めがない企業組合を設立し，組合から会社に組織を変更するという選択が可能になった。最近は福祉介護や託児所の運営，地元特産品の開発などで企業組合が利用されており，こうした途が開かれていることで簡易な創業の方法として注目されている。

また，組合を活用した研究開発成果の事業化に際し，組合を解散して別法人

を設立するのではなく，組合に蓄積された資源を活用して会社への柔軟な組織変更ができるようになったことも注目に値する。

　研究開発段階で組合組織を活用する事例が多いが，研究開発の成果として新製品を販売するようになったとき，利益を組合員に配分するのが難しくなる。協同組合の場合，組合員の組合利用度に応じて配分するのが原則であるためだが，こうした問題を克服する方法として，会社組織に変更できれば出資者の出資割合に応じた利益配分ができるようになり，不公平に陥ることなく適切な利益配分が行えるのである。

　戦略的連携，多角的連携によって事業領域が拡大し多様化するとともに，活動しやすい組織形態も変化する。そのため，事業成長，組織成長に合った組織変更が容易であることが望ましいことはいうまでもない。また，政府や自治体が用意する各種支援を活用しやすい組織にするという視点も必要である。個々の中小企業ではなく中小企業の組織を対象に融資を行い税制による特別措置を講じることが多いだけに，中小企業にとって組織化が有利な選択になるが，それだけにとどまらず金融機関や一般投資家が融資や投資あるいはコンサルティングなどの支援にかかわりをもてるような相手としても，事業活動の内容に見合った組織形態を選ぶ必要もある。

　中小企業が協同の理念をもって共同で事業に取り組むのが中小企業組織の本質である。同業種組合から異業種連携組合へと組合員の構成も変わり，組合員の利用目的も多様化していくなかで，組合員の協力の目的や方向性もまた多様化し，変化してきているのである。[24] 協同の理念につねに立ち戻りながら，新たな時代にふさわしい組合のあり方を追求しなければならないのである。

3　公設試験研究機関における地域機能の高度化

　地域の企業，中小企業にとって製品開発，生産技術開発などはどの時代においても取り組みたいもっとも大きな課題である。製品や技術開発が企業経営を左右することは十分に承知しながら，資金と投入する人材の不足がネックとなって取り組みが遅れる分野となっている。とくに，研究開発に投入する人材不

足が大きな問題であり，公設試験研究機関などに協力を求めたい領域である。

　ところで，中小企業は，公設試との共同研究開発や委託研究が実施できれば，自社の企業経営力の強化に直結すると考えているのかどうか。企業でヒアリングを行うと，研究志向の強い公設試や地元の大学などはやはり敷居が高く相談に行きにくいという声を聞くことが多い。また，公設試側では技術に特化した相談に応じる能力はあっても，中小企業経営者の経営センスを見抜く力をもつ「目利き」人材は少ないであろう。

　中小企業はかつてのように技術面で貧弱なものではなく，かなりのレベルの技術を受け入れる力をもっていることを軽視してはならない。むしろ，中小企業経営者の悩みは，優れた技術の存在に気づいても，それを自社の経営にどのように咀嚼して（翻訳して）取り込めばよいかがわからないのである。経営レベルや経営体質，従業員の質など経営資源に適合した技術を取り込みたい，あるいは，高いレベルの技術を導入して従業員の技術，経営の質的な改善につなげたいと考える経営者は多い。

　最近は，中小企業においても技術と経営を切り離すことができなくなって一体化が進んでおり，自社の経営力に見合う技術を模索する姿勢が強まっている。これまで地域の科学技術振興を軸に活動し，基礎研究をベースにしながら地域企業の技術指導に取り組んできた公設試験研究機関には，とくに地元の中小企業の経営実態への知識蓄積が強く要請される。これまで地元の中小企業の経営実態への知識がなくても許されたが，今後は公設試験研究機関も地域の他の産業支援機関と競合しながら，技術ニーズ，研究ニーズを発生する地域の中小企業に足繁く訪問するなどで「現場主義」を徹底しなければ存在意義は失われる。

　公設試験研究機関はもともと地域の産業を技術面から支援する目的で設置され，研究活動を展開しながら，技術指導，技術相談，依頼試験・分析，技術講習会や研修生の受入れなどを行ってきたが，公設試の本来の役割である「地域企業の振興に資する研究・指導」の重要性を再認識し，この役割を洗練，強化していかなければならない。研究開発成果を生み出し，地域企業に移転する機

能の高度化が求められているが，地域企業，中小企業の技術面での支援には多様な支援ノウハウを急いで蓄積することが必要になった。

1990年頃，地方自治体は時代の潮流にのってハイテク産業の誘致と育成に力点をおき，一方で「地域に密着した技術指導・受託試験業務」を中心とする多くの公設試は，「研究開発成果を地域に移転する研究重視」へと方向転換した。このなかで，地域企業のニーズに対応した試験・検査業務，巡回指導の比重が低下したといわれる。公設試は1990年代に地域の科学振興政策においても研究重視への転換がみられ，その後に再び方針が変更されたのであるが，こうした環境にあっても，地元密着型の受託研究や試験，技術指導に地道に取り組んだ地域では，公設試に対する地元企業の信頼が厚いとの評価がみられる。

地域社会，地域の産業コミュニティにおける企業間に育まれた相互の信頼関係，企業と連携機関との間おける信頼関係はきわめて重要な地域発展の要素であり，社会関係資本（ソーシャル・キャピタル）であり，地域発展の地域資産（ストック），資本（キャピタル）である。公設試への新しい見方は，信頼関係で結ばれるネットワークにおける役割に重点がおかれ，どのような側面で信頼を勝ち取るかにかかっている。おそらく，技術の面でのみ役割分担できるというだけでは信頼関係が築けず，むしろ，他者である地元中小企業の経営にどれほど理解力を示すことができるかが最重要な課題であろう。

地域の中小企業は，大企業と異なり地元以外からの技術導入はきわめて困難であり，地域に根ざす公設試験研究機関の役割は大きい。さらに，応用研究，開発研究，情報技術，マーケティング技術，デザイン開発など相当に汎用的な技術分野に踏み込んだ活動が視野に入り，中小企業の人材育成支援，事業可能性・市場調査，技術の目利き役，技術を活かした経営の支援など，多様な機能の取得と活用といった公設試の機能高度化が急がれる。[25]

注
（1） こうした見方に反省を迫るものとして，ポスト基地経済の沖縄県が経済・産業の自立化をどう実現すべきかについて具体的な政策提言を行っている富川盛武・百瀬恵夫『沖縄経済・産業　自立化への道』白桃書房，1999年をとりあげ

ておきたい。地域の歴史，独自の自然風土，社会風土，沖縄県の立地特性からくる産業風土に注目した書であり，地域と産業の関係のあり方を示唆している。
（2） 通商産業省環境立地局立地政策課「産業構造審議会地域経済部会報告書―新しい地域経済の姿―」1999年，26ページ。
（3） 伊東維年・田中利彦・中野 元・鈴木 茂『検証 日本のテクノポリス』日本評論社，1995年。伊東維年『テクノポリス政策の研究』日本評論社，1998年。また，国土庁国土計画・調整局監修『21世紀の国土のグランドデザイン―新しい全国総合開発計画の解説―』時事通信社，1999年を参照。
（4） 経済企画庁調査局編『地域経済レポート'99 日本列島総不況からの脱却』大蔵省印刷局，1999年。
（5） 通商産業省環境立地局／中小企業庁『地域産業集積活性化法の解説』通商産業調査会，1998年。
（6） 中小企業集積の実態や活性化の方向性に関するケースについては，加藤 孝「中小企業集積地域の活性化方策」前田重郎・石崎忠司編著『中小企業の現状とこれからの経営』中央大学出版部，1999年を参照。
（7） 詳細な実態および理論的分析については，渡辺幸男『日本機械工業の社会的分業構造―階層構造・産業集積からの下請制把握―』有斐閣，1997年，同氏『大都市圏工業集積の実態 日本機械工業の社会的分業構造 実態分析編1』慶應義塾大学出版会，1998年を参照。
（8） モノづくり機能の再編成について，とくに人材面からとりあげたものに，稲上 毅・八幡成美編『中小企業の競争力基盤と人的資源』文眞堂，1999年がある。
（9） 小関智弘『町工場 世界を超える技術報告』小学館文庫，1999年，森 清『町工場 もうひとつの近代』朝日選書，1992年。
（10） ものづくりの基盤技術の量的な劣化速度も急であり，次代の新産業創出の基盤喪失への懸念から「中小ものづくり高度化法」（2006年6月施行）によってミドルテクノロジーの水準向上がはかられている。
（11） 筆者のヒアリング調査による。栃木県足利市における5S活動の複数の企業事例は，「地域一丸で現場に新風を吹き込む！」『工場管理』2009，Vol. 54, No. 8を参照。
（12） 中小企業総合研究機構「中小企業における行動力に関する調査研究報告書」2007年度を参照。
（13） 「新事業創出促進法」にもとづいて，1998年に中小企業技術革新制度（SBIR, Small Business Innovation Research）が創設された。これはアメリカで国家戦略として中小企業の技術革新を連邦政府が横断的に協力して支援する仕組みとして策定された Small Business Innovation Research Program（中小企業技術革新プログラム）を取り入れたものであり，日本版SBIRともよばれている。

(14) 通商産業省編『新事業創出促進法の解説』通商産業調査会，1999年。通商産業省環境立地局立地政策課「産業構造審議会地域経済部会報告書—新しい地域経済の姿—」1999年，島田春雄編著『産業創出の地域構想』東洋経済新報社，1999年。

(15) 大学から民間への技術移転を促進するために設立されている技術移転機関（TLO, Technology Licensing Office）が果たす役割への期待が大きい。

(16) M. E. ポーター「クラスターが生むグローバル時代の競争優位」『DIAMOND ハーバード・ビジネス』No. 3, 1999年（M. E. Porter (1998), "Clusters and the New Economics of Competition", *Harvard Business Review*, November–December, pp. 70-90.）。M. E. ポーター／竹内弘高訳『競争戦略論I』ダイヤモンド社，1999年。M. E. ポーター／土岐　坤・中辻萬治・小野寺武夫・戸成富美子訳『国の競争優位（上）（下）』ダイヤモンド社，1992年。

(17) M. E. ポーター／竹内弘高訳『競争戦略論II』ダイヤモンド社，1999年，67ページ。クラスターについては，J. Kuijper and H. van der Stappen (1999), "Clusters and Clustering : Genesis, Evolution and Results", in R. Oakley, W. During and S. Mukhtar (eds.), *New Technology-Based Firms in the 1990s*, Volume II, Pergamon, 1999 を参照。M. H. Best (2001), *The New Competitive Advantage*, New York : Oxford University Press, pp. 60-89.

(18) たとえば，「特集　地域社会とイノベーション」組織学会編『組織科学』白桃書房，Vol. 32, No. 4, 1999年を参照。

(19) 関東通商産業局「広域関東圏における製品開発型企業の動向に関する調査—新規産業の創出と地域経済の自立に向けて—」1998年6月を参照。

(20) 全国中小企業団体中央会『平成11年版　中小企業組合白書—連携組織による構造変化への対応と経営革新—』全国中小企業団体中央会，1999年。中小企業組合の本質的なあり方については，百瀬恵夫『中小企業組合の理念と活性化』白桃書房，1989年を参照のこと。

(21) 全国中小企業団体中央会「中小企業多角的連携組織事例集」（平成9年度および平成10年度），同「平成10年度　多角的連携指導強化事業報告書」1999年3月および各都道府県中小企業団体中央会の作成する多角的連携事例集を参照。また，商工総合研究所編集・発行『中小企業の戦略的連携』1999年を参照。

(22) 組合制度の変遷と組合組織のかかえる問題点については，中小企業庁編，前出，『中小企業政策の新たな展開』の第3章を参照。

(23) 百瀬恵夫「新時代の中小企業組織化を考える」『商工金融』2000年2月号を参照。

(24) 企業の協同行動の観点からベンチャー・ビジネスを扱ったものに，宮下　淳『中小企業の協同組織行動』白桃書房，1999年がある。中小企業の新しい連携のあり方などについては，百瀬恵夫『中小企業「協同組織」革命』東洋経済新報社，2000年を参照。三浦一洋「中小企業の組織活動の新展開」百瀬恵夫編著

『中小企業論新講』白桃書房，2000年，三浦一洋「中小企業組織制度と中小企業政策」百瀬恵夫・篠原勲編著『新事業創造論』東洋経済新報社，2003年を参照。

(25) 伊藤正昭「技術支援から技術経営的支援への転換―地域インキュベータとしての公設試験研究機関」東京市政調査会『都市問題』第97巻第12号，2006年12月，植田浩史・本多哲夫編著『公設試験研究機関と中小企業』創風社，2006年を参照。経済産業省中小企業庁「公設試経営の基本戦略―中小企業の技術的支援における公設試のあり方に関する研究会中間報告―」2005年12月，中小企業金融公庫調査部「産学連携・公設試験研究機関等を活用した開発型中小企業の戦略」『中小公庫レポート』No. 2003-2，2004年2月などを参照。

索　引

あ　行

ICT（情報通信技術）　51
アウトソーシング　50, 162
アーサー，B.　56
浅沼萬里　151
新しい企業城下町　157
アームズレングスの関係　233
アンドルース，R. B.　245
アントレプレナー　258
暗黙知　64
異業種交流　52, 154, 212
域際収支　13
移出産業　13
移出代替　243
イタリア経済の構造的特徴　187
イタリアの繊維産地　182
一国一城の主　267
1.5次産業　240
移動型知識　65, 257
移入代替　243
イリイチ，I.　1
インキュベータ（incubator）　12, 211, 214
ヴァナキュラー　1, 239, 256
ヴァナキュラーな文化　12
ヴァナキュラー・ユニバーサリゼーション　1, 262
ウィタカー，D. H.　107, 143
ウィリアムソン，O.　26, 97, 144
鵜飼信一　112
埋め込まれた企業群　31
埋め込まれた状態　30
埋め込み　64
埋め込みがた知識　64
M&A（合併・買収）　28, 220
MBO（マネジメント・バイアウト）　220
エンベデッド　30
エンベデッド・アプローチ　31
エンベデッド・ファーム　20, 31
大田区の機械工業　103

か　行

開業率　87
開廃業率の逆転　251
外部経済　24, 38
外部資源調達　50
外部不経済　25
開放系の経済システム　11
外来的地域産業振興　15
学習経済（ラーニング・エコノミー）　62
学習する地域　63
学習組織（ラーニング・オーガニゼーション）　62
学習地域（ラーニング・リージョン）　61, 95, 257
家計と経営の未分離　266
家計の立地選択　22
カーズナー，I. M.　198
活力ある多数派　84
活力ある中小企業　78
カルドア，N.　51
関係特殊的技能　151
完結した閉鎖系　11
かんばん方式　156
機会主義　149, 150
機会主義的行動　66
企業家　196
企業家精神　5, 122, 196
起業家精神　200, 207
企業家的ダイナミズム　60
企業間
　　――ネットワーク　18, 98, 291
　　――の戦略的連携　291
企業組合　295
企業城下町型集積　37, 95
企業城下町の構造的問題　131
企業城下町　128, 155
企業内国際分業　157
企業年齢の高齢化　201
企業誘致　12, 211, 240
企業立地促進法　94, 250
技術移転機関　67
技術革新（innonation）　196
既存産業集積の優位性　274
基盤的技術産業　276
基盤的技術産業集積　94, 273
規模に関する収穫逓増　49, 55, 227
規模に関する収穫不変　25
規模の経済　6, 24, 40, 52, 76, 226
教育の地域化　259
共進化　26
近接性（proximity）　66, 95, 221
近接性とイノベーションの関係　221
近接性の利益　67
空間経済分析　21
空間的競争　12
空間的経済均衡論　21
空間的な市場システム　21

303

クラスター（cluster） 224, 285
クラスターの自己革新メカニズム 287
グラノヴェター, M. 30
クラフト的生産技術 59
クルーグマン, P. 37, 52
クーン, T. 76
経営の自前主義 226, 289
経済的分業 172
形式知 64
傾斜生産方式 80
契約をベースとする信頼 149
系列 28
ケインズ主義 57
限定的合理性 149, 177
広域的な地域間連携 14
工業再配置 270
工業の地域構造 14
工業の地域的生産体系 250
工業の地域的分業 15
工場内分業 175
公設試験研究機関 68, 296
構造不況産業 9, 133
構造不況地域 133
高度成長型の地域成長 238
効用最大化の原理 22
コース, R. 27, 144
国際的な地域間分業 135
コーディネート型企業 117
コモ地区 180
コモン・ルーツ（common roots） 105

さ 行

サイモン, H. 149
坂城ドリーム 124
坂城町の機械工業化 119
サクセニアン, A. 30, 45
サポーティング・インダストリー 95, 156, 163, 273
サプライチェーン・マネジメント（SCM） 148
サプライヤー 151
産学連携 67, 68
産官学連携 284
産業クラスター 224
産業コミュニティの創設 59
産業財アウトソーシング・システム 138
産業集積 19, 271
産業集積論 19
産業政策 13
産業政策の変遷 271
産業地域 32, 37, 122, 186, 219
産業調整 9, 133
産業調整政策 133

産業
　——の局地化 38
　——の空洞化 10, 135, 179
　——地域化 20, 123
　——地域構造 14
　——地域的集中 38
産業風土（industrial culture） 14, 66, 99, 242
産業分水嶺 58
産業立地政策 270
産地 16, 167
産地型集積 37, 95
産地企業 167
産地問屋 180
産地における問屋機能 180
産地の空洞化 179
産地の存立基盤 170
山脈型社会的分業構造 163
自営業者の社会的地位 267
事業協同組合 234, 293
試作開発型産業 277
資産特殊性 149
市場取引 147, 232
市場の失敗 24
下請企業 136, 140
下請企業による親企業の多角化 154
下請企業の自立化 154
下請企業比率 140
下請再編成 145
下請制 28
下請制の復活と普及 81
下請代金支払遅延等防止法 99
下請分業生産
　——システム 29, 41, 143, 232, 273
　——の構造 142
地場産業 16, 167
資本主義生産様式 40
シャウプ勧告 246
社会的分業（social division of labor） 17, 172
社会的分業構造 18, 173
社会的分業システムの活性化 262
社会的分業体制 131
社会的分業の組織化 142
社会的分業のメリット 176
社会的分業にもとづく不等価交換 145
ジャストイン・タイム方式 234
収穫一定 48
収穫逓減 48
収穫逓増 48, 53
集積の経済 24, 48
集積の健全性 204
集積メリット 99, 173
重層的な下請分業構造 138
柔軟な生産システム 176

索　引

柔軟な専門化　60, 107
周辺経済　188
シュマッハー，E. F.　4
需要搬入企業　110
準垂直統合　27
シュンペーター，J. A.　79, 196
小規模零細企業　266
城南地域の機械工業　106
情報通信技術（ICT）　224, 290
殖産興業政策　15
シリコンバレー　18, 44
自立産業化　243
新規企業の創出機能　114
新業態開発型企業　210
新結合（new combinations）　196
新古典派経済学　19, 20
新事業創出促進法　83
伸縮性のある専門化　189
伸縮的な専門化（フレキシブル・スペシャリゼーション）　41
新制度学派　26
人的資産の特殊性　150
信頼　31
信頼財　99
新連携支援　250
垂直的分解　31
垂直統合　27
水平統合　27
スティグリッツ，J. E.　6, 31
ステークホルダー　199, 263
スピン・アウト型の創業　205
スミス，A.　175
製造業の地域的集積　88
制度学派　26
セイベル，C.　42
世界最適生産体制の構築　134
セミ・マクロ（semi-macro）　6
全国総合開発計画　16, 238
専門経営者　196
戦略的連携　18
創業インセンティブ　177
創業環境　203
創業コスト　177
創業支援　87
創造的破壊（creative destruction）　196
創発（emergence）　65
創発的ネットワーク　225
ソーシャル・キャピタル　225, 298
ソーシャル・ストック　171

た　行

大企業体制　41
大規模小売店舗法　82
第3のイタリア　18, 44, 186
退出障壁　149
対等でない経済取引　145
大都市圏型産業集積　95
大都市の中小機械金属製造業　95
第2の産業分水嶺　58
太平洋ベルト地帯構想　128
大量生産体制　40
第6次産業　250
多角化の利益　229
多角的連携　296
脱下請　140
多様化の利益　229
単一産業型企業城下町　159
地域イノベーション　13, 254
地域開発政策　238
地域間の報酬格差　22
地域間分業体制　105
地域技術　137, 253, 256
地域共同研究センター　67
地域経済学　21
地域経済の空洞化　10, 132, 179
地域構造政策　9
地域固有の技術知識　257, 282
地域産業　36
地域産業化　212
地域産業コミュニティ　242
地域産業資源　283
地域産業システム　217
地域産業社会　122
地域産業集積活性化法　94, 273
地域産業振興の二重経路　251
地域産業風土　16, 242, 265
地域産業政策　270
地域資源活用プログラム　250
地域主義　3
地域主義の開発戦略　243
地域商業集積　88
地域商店街活性化法　94
地域生産システム　95
地域創発（regional emergence）　239, 281
地域創発型産業振興　239
地域中小企業政策　91
地域的な生産体系　105
地域的なフレキシブル生産システム　107
地域転換対策　92
地域特化の経済　24, 49
地域内経済循環　5, 174, 248
　──の構造　247
地域に埋め込まれた技術　255, 256
地域ネットワーク型システム　45
地域の限界生産力　23
地域の時代　264
地域の社会的資産　99
地域の比較優位　49

地域の無形資産　20
地域の魅力　240, 241
地域比較優位産業　171
地域比較劣位産業　171
地域プラットフォーム　284
地域ブランド　174
地域優位　18
知識経済　224
知識創造型企業　65
知識創発型地域　281
中間技術論　4
中間生産物の取引　29
中間組織論　26, 27, 144
中小企業
　――における異質多元性　73
　――の過小評価　77
　――の高度化　85
　――の組織化　293
　――の地位　74
　――の地域効果　264
　――のパラダイム転換　77
中小企業観　78
中小企業技術革新制度（SBIR）　83
中小企業基本法　80
中小企業経営革新支援法　85
中小企業近代化促進法　85
中小企業政策の歴史　80
中小企業創造活動促進法　83
中小企業組織　292
中小企業組織化政策　294
中小企業地域資源活用促進法　250
中小企業パラダイム　76
中小企業問題　80
中小ものづくり高度化法　94, 273
中心市街地活性化法　94
長期継続的取引　143, 147, 152, 226, 232
　――の経済合理性　147
TLO　67
テクノポリス政策　271
テクノポリス地域　214
テクノポリス法　215
デザイン・イン（design-in）　45
デュルケム，E.　172
テーラー主義　42
伝統的経済学　26
同業者組合　122
同業者取引　107
特定商業集積法　94
特定中小企業集積　94
独立企業型システム　45
都市型工業　109
都市型集積　37
都市化の経済　49, 131
ドラッカー，P. F.　200

取引コスト　27, 144
取引当事者の信頼　149
取引特殊的資産　149, 150
問屋制（putting-out）　181

な　行

ナイト，F.　197
内発的産業振興　213
内発的地域振興　12, 211
苗床機能（seedbed function）　112
二重構造論　76, 78
日米構造協議（SII）　147
ニッチ・マーケット　206
日本型産業集積　41
人間に体化した（embodied）技術　68
ネガティブ・フィードバック　181
ネットワークの経済　226, 227, 230
農山村地域の工業化モデル　119
農商工等連携促進法　250
農商工連携　250
農村地域工業等導入促進法　249
能力にかかわる信頼　149
のれん分け型の創業　203

は　行

廃業率　87
ハイテク・クラスター　98
ハイテク・コリドール（high-tech corridor）　117
ハイテク産業　98
ハーシュマン，A.　30
発展する産業地域　44, 125, 192
バードーンの法則　51
パラダイム（paradigm）　77
パラダイム・シフト　40
範囲の経済　6, 52, 76, 153, 227
B-N 理論　245
ピオーリ，M.　42
東大阪市の機械金属工業集積　109
ビジネス・エンジェル（business angel）　209
ピラミッド型の下請構造　162
ピラミッド構造　82
フェイス・トゥ・フェイスコミュニケーション　51, 64, 108
フォーデズム　42
複合化の経済　251
複合産業型企業城下町　161
複雑系の経済学　54
複雑系（complexity）の理論　55
物的資産の特殊性　150
部品の共通化　229
部品のユニット化　162
フリードマン，D.　118
古い企業城下町　157

プル型の産業連関形成戦略　251
フルセット型産業構造　116
フレキシビリティ　43
フレキシブル・スペシャリゼーション　107
フレキシブルな企業間ネットワーク　222
プロトタイプ創出機能　116
ベーカー，W.　225
ベンチャー企業の経営者像　207
ベンチャー・キャピタル　206
ベンチャー・ビジネス　75
ベンチャービジネス・ブーム　205
貿易摩擦回避型の海外進出　134
ポジティブ・フィードバック　51, 181
ポスト・フォーディズム　43, 188
ポーター，M.　19, 224, 285
ポランニー，K.　29
ポランニー，M.　65, 239, 257

ま　行

マーシャルの産業地域　188
前田正名　15, 253
マーシャル，A.　32
マランボー，E.　6
宮澤健一　7
メガ・コンペティション　135, 246
メゾ（メソ，meso）　6
目的限定的資産の特殊性　150
モジュール化　162
モノづくり技術の空洞化　96
百瀬恵夫　20

や　行

山中篤太郎　73
輸出型地場産業　179
ゆるい連結　154
ゆるやかに結合された企業間ネットワーク　144
ゆるやかなネットワーク　46
ゆるやかな連携　294

ら　行

リサーチ・コア　214
利潤極大化の原理　22
立地因子　11
立地上の特殊性　150
リーン生産方式　148
ルート128　45
歴史的経路依存症　54, 143
レギュラシオン学派　42
連結の経済　104, 226, 230
労働の非移動性　24
労働力立地　105, 137
ローカル・イニシアティブ　8, 213
ロック・イン（lock-in）　57
ローテク（low technology）　213
ロビンス，L.　198

わ　行

渡辺幸男　163

著者紹介

伊藤 正昭(いとう まさあき)

1945年	愛知県に生まれる
1968年	明治大学政治経済学部経済学科卒業
1971年	早稲田大学大学院経済学研究科修士課程修了
1975年	明治大学大学院政治経済学研究科博士課程単位取得
1992年	ケンブリッジ大学客員研究員(1994年3月まで)
2008年	キングストン大学(イギリス)客員教授
現 在	明治大学政治経済学部教授　経済学博士
著 書	『現代中小企業論』(共編著)白桃書房，1980年
	『転換期の経済政策』(共著)中央経済社，1984年
	『地域産業とコミュニティ』(共著)白桃書房，1986年
	『産業と地域の経済政策』学文社，1989年
	『経済政策の基礎理論』(共著)八千代出版，1990年
	『中小企業論』(共編著)白桃書房，1991年
	『産業社会の変貌』(共著)慶應通信，1992年
	『通商産業政策史(第14巻)』(共著)通商産業調査会，1993年
	『人と組織のイノベーション』(共著)同友館，1996年
	『新中小企業論』(共編著)白桃書房，1996年
	『地域産業論』学文社，1997年
	『中小企業論新講』(共著)白桃書房，2000年
	『経済学・経済政策』評言社，2001年
	『ネットワーク社会の経営学』(共著)白桃書房，2002年
	『新事業創造論』(共著)東洋経済新報社，2003年
	『地域産業・クラスターと革新的中小企業群』(共著)学文社，2009年

新地域産業論──産業の地域化を求めて──

2011年9月20日　第一版第一刷発行
2012年10月20日　第一版第二刷発行

著者　伊藤　正昭
発行所　㈱学文社
発行者　田中　千津子

東京都目黒区下目黒3-6-1　〒153-0064
電話 03(3715)1501　振替00130-9-98842

落丁・乱丁本は，本社にてお取替えします。印刷／㈱シナノ
定価は売上カード，カバーに表示してあります。http://www.gakubunsha.com

©2011 Itoh Masaaki Printed in Japan　　ISBN978-4-7620-2208-1